材料与化工类课程思政教学指南

陈建芳　陈镇　易兵　主编

中国纺织出版社有限公司

内 容 提 要

本书分专业基础理论课程、专业基础实验课程、化学工程与工艺专业课程、轻化工程专业课程、生物工程专业课程、应用化学专业课程、高分子材料与工程专业课程、材料化学专业课程8章，共涉及理论与实验课程85门。本书从一线教师的视角和教学体验出发，在每门课程中都提供了课程思政说明、课程思政目标、课程每一章节的主要思政元素分析以及将相关思政元素融于具体知识点的教学策略。

本书具有很高的实用性，旨在为广大材料与化工类相关专业的一线教师提供"操作手册"式的教学指南，同时本书也可供相关机构课程思政培训或相关专业学生及专业人士使用。

图书在版编目（CIP）数据

材料与化工类课程思政教学指南 / 陈建芳，陈镇，易兵主编 . -- 北京：中国纺织出版社有限公司，2022.7
ISBN 978-7-5180-9707-4

Ⅰ.①材⋯ Ⅱ.①陈⋯ ②陈⋯ ③易⋯ Ⅲ.①高等学校-思想政治教育-研究-中国 Ⅳ.① G641

中国版本图书馆 CIP 数据核字（2022）第 130131 号

责任编辑：魏 萌 施 琦 责任校对：楼旭红
责任印制：王艳丽

中国纺织出版社有限公司出版发行
地址：北京市朝阳区百子湾东里 A407 号楼 邮政编码：100124
销售电话：010—67004422 传真：010—87155801
http://www.c-textilep.com
中国纺织出版社天猫旗舰店
官方微博 http://weibo.com/2119887771
三河市宏盛印务有限公司印刷 各地新华书店经销
2022 年 7 月第 1 版第 1 次印刷
开本：787×1092 1/16 印张：17
字数：354 千字 定价：68.00 元

编 委 会

前 言

高校立身之本在于立德树人，高校思想政治工作关系高校培养什么样的人、如何培养人以及为谁培养人这个根本问题。

为深入贯彻落实习近平总书记关于教育的重要论述和全国教育大会等精神，发挥好课堂育人的主渠道功能，守好专业课程这段渠道，全面推进专业课程思政建设，实现"课程思政与思政课程"的"同频共振"全过程德育育人，培养全面发展的中国特色社会主义建设者和接班人，我们编写了本书。

专业课程是课程思政建设的基本载体。我们根据学科专业的特色和优势，深入研究专业育人目标，深度挖掘提炼专业知识体系中所蕴含的思想价值和精神内涵，科学合理拓展专业课程的广度、深度和维度，从课程所涉及专业、行业、国家、文化、历史等角度，增加课程的知识性、人文性，提升课程的引领性、时代性和开放性。通过深入梳理专业课教学内容，结合课程特点、思维方法和价值理念，深入系统地挖掘课程思政元素，有机融入课程教学，达到润物细无声的育人效果。在专业课程教学中，我们尤其注重把马克思主义立场观点方法的教育与科学精神的培养结合起来，提高学生正确认识问题、分析问题和解决问题的能力；注重科学思维方法的训练和科学伦理的教育，培养学生探索未知、追求真理、勇攀科学高峰的责任感和使命感；注重强化学生工程伦理教育，培养学生精益求精的大国工匠精神，激发学生以科技报国的家国情怀和使命担当；注重让学生"敢闯会创"，在亲身参与中增强创新精神、创造意识和创业能力；注重教育和引导学生弘扬劳动精神，将"读万卷书"与"行万里路"相结合，扎根中国大地了解国情民情，在实践中增长智慧才干，在艰苦奋斗中锤炼意志品质。

本书由湖南工程学院材料与化工学院一线教师编写，是为适应新时期教学要求，以思政引领、需求导向、德智相融为基本理念，充分挖掘课程中蕴含的家国情怀、社会担当、职业情怀、生态意识及工匠精神等课程思政元素，实现全员、全方位、全过程润物细无声的立体化育人目的。

本书分专业基础理论课程、专业基础实验课程、化学工程与工艺专业课程、轻化工程专业课程、生物工程专业课程、应用化学专业课程、高分子材料与工程专业课程、材料化学专业课程8章，共涉及理论与实验课程85门。本书从一线教师的视角和教学体验出发，在每门课程中都提供了课程思政说明、课程思政目标、每一章节的主要思政元素分析以及相关思政元素融于具体知识点的教学策略。教材具有很高的实用性，旨在为广大材料与化工类相关专业的一线教师提供"操作手册"式的教学指南，同时本书也可供相关机构课程思政培训或相关专业学生及专业人士使用。

本书是在学校领导的统一指导下，学院教师长期从事教学研究和改革的集体智慧积累，感谢学校领导和全体参编教师及其他相关人员对课程思政教学改革的支持与辛勤付出！同时本书引用的思政案例与资料部分来自期刊、网络以及其他相关文献，在此向相关作者表示衷心的感谢。本书得到湖南省普通高等学校课程思政建设研究项目（HNKCSZ-2020-0476）、教育部产学合作协同育人项目（教高司函〔2021〕14号202101134013）等课题经费的资助，在此一并表示感谢。

由于时间仓促和编者水平有限，不当之处敬请广大读者批评指正。

编者

2022年1月

目　录

CONTENTS

6 应用化学专业课程

7 高分子材料与工程专业课程

8 材料化学专业课程

1 >> 专业基础理论课程

1.1 无机化学课程思政教学指南

1.1.1 课程思政说明

"无机化学"是材料与化工学院所有专业的一门学科基础必修课（56学时）。综合考虑课程特点与教学目标，结合学校应用型本科办学定位和工程应用型人才培养特色，坚持"立德树人"根本任务，以"目标导向，思政引领，德智相融，润物无声"作为本课程思政建设的基本理念，科学设计课程目标，在知识传授、能力培养、人格养成的基础上增加价值引领目标，寓道于教、寓德于教、寓教于乐，让融入课程的"思政元素"成为学生求学、做人、做事的动力源泉。

1.1.2 课程思政目标

（1）人格养成：通过同伴学习、小组作业、课堂展示等方式，帮助学生建立理性思维方式，养成学生团队合作、追求卓越、积极乐观的人格。

（2）价值引领：将化学专业知识与思想政治教育相结合，培养学生的家国情怀、民族意识、工匠精神、环保理念、职业道德等，引领学生树立正确的世界观、人生观和价值观。

1.1.3 思政元素融入教学知识点计划与安排

1.1.3.1 绪论（2学时）

（1）知识点：化学与人类社会发展。

（2）思政元素：社会的进步与当代大学生的使命感和责任感。

（3）融入路径：启发学生发挥专业优势特点，助力社会发展。

1.1.3.2 化学反应中的质量关系和能量关系（4学时）

（1）知识点：热力学第一定律；能源综合利用及再生能源发展；化学反应中的能量关系。

（2）思政元素：节能环保意识；家国情怀。

（3）融入路径：①节约是中华民族的美德，应付诸能源使用上。石化资源总有枯竭的一天，充分利用太阳能是一条重要途径。激励学生以化学化工可持续发展为主旨，加快发展绿色化学化工，形成节约资源和保护环境的理念。②"神舟十一号"发射升空是中国人的骄傲，如何利用化学反应中的能量关系精确计算火箭推进器中燃料的量，是成功发射的关键。使学生体会中国现代科技的迅速发展对社会进步的作用，增强民族自豪感、荣誉感，增强民族自信。

1.1.3.3 化学反应的方向、速率和限度（6学时）

（1）知识点：化学反应的方向；吉布斯函数变化对化学反应方向的影响；化学反应速率与爆炸反应；催化剂。

（2）思政元素：环保意识和社会责任；坚定理想信念；安全意识；批判性思维。

（3）融入路径：①通过环境保护案例讲解化学反应的方向问题；培养学生保护环境的意识和社会责任；②介绍中国科学技术大学纳米材料化学制备专家钱逸泰教授成功用金属钠还原四氯化碳和六氯代苯，分别制得金刚石和纳米管的案例；增强学生理想信念；③展示江苏响水化工厂的爆炸事故图片，介绍事故原因和严重后果，培养学生的安全意识告诫学生在实验室、生产和生活中要注意安全；④室内甲醛治理，介绍纳米二氧化钛作为光催化剂治理甲醛超标问题，启发学生学以致用，去伪存真。

1.1.3.4 酸碱反应和沉淀反应（6学时）

（1）知识点：电离理论；弱电解质的电离平衡；水解反应。

（2）思政元素：科学探究和创新精神；实事求是、严谨认真的研究和学习态度；社会责任感。

（3）融入路径：①阿仑尼乌斯对任何问题都一丝不苟、追根究底的钻研精神；②生物体正常生理环境的维持需要正常的酸碱度范围，药物在生物体系内发挥药效也需要合理范围的酸碱度环境，因此与生物体息息相关的医学与药学领域的许多方面都有缓冲溶液的存在。随着科学技术的不断发展，缓冲溶液在医药领域的应用越来越广泛，发挥着不可替代的作用；③湘江水的净化过程，展示湘江水污染危害的图片，讲述湘江水治理的迫切性，培养学生的社会责任感，引导学生利用所学知识，学以致用，为社会的发展贡献自己的力量。

1.1.3.5 氧化还原反应和应用电化学（8学时）

（1）知识点：原电池；电极电势；标准电极电势图的特征和作用；实用电池。

（2）思政元素：爱国情怀；社会责任感；节约能源，综合利用能源。

（3）融入路径：①"巫山神女弄阴晴，截断江流意不平，怒激狂涛撞斗碎，璇机散落海西明"这是赞颂三峡发电站的诗，三峡发电站是中国人的骄傲。介绍三峡发电站的发电原理和电池的发电原理，激发学生热爱祖国、为祖国建设多做贡献的热情。②每年被腐蚀的铁约占我国钢铁年产量的十分之一，因金属腐蚀而造成的损失占到国内生产总值的2%~4%，因此，金属腐蚀与防护的研究非常重要；介绍电极电势在金属腐蚀与防护中的应用，培养学生的社会责任感，引导学生利用所学知识，学以致用，为社会的发展贡献自己的力量；通过问题探索，培养学生与他人合作、交流的意识和能力，提高辩证思维的能力。③能源问题是当前社会发展的重要课题，结合现代科技介绍新能源发展的方向。介绍实用电池与能源的关系，培养学生节约能源、综合利用能源的意识。

1.1.3.6　原子结构与原子周期性（6学时）

（1）知识点：元素周期表；元素性质的周期性变化。

（2）思政元素：质变与量变；科学理论对实践具有指导作用。

（3）融入路径：门捷列夫花了约二十年的时间终于在1868年发现了元素周期律，元素周期律理论揭示了元素性质呈现周期性变化，为新元素的探索、新材料的寻找，提供了一个可遵循的规律，介绍门捷列夫对元素周期表的贡献，使学生感受科学家对规律的研究过程，学习他们对工作严肃认真、不怕困难的科学态度。

1.1.3.7　分子的结构与性质（7学时）

（1）知识点：杂化轨道理论；分子轨道理论。

（2）思政元素：科学精神。

（3）融入路径：介绍鲍林发现杂化轨道理论的过程，培养学生积极进取的精神和严谨、细致的科学态度，并提高用数学的思想解决化学问题的能力。

1.1.3.8　固体的结构与性质（4学时）

（1）知识点：离子晶体的特征和性质；晶体缺陷。

（2）思政元素：规律的客观性；矛盾的普遍性与特殊性。

（3）融入路径：通过合作探究，培养学生责任感和团结协作的职业素养。

1.1.3.9　稀有气体（自学）

（1）知识点：稀有气体。

（2）思政元素：唯物辩证法"一分为二"的观点。

（3）融入路径：氡具有放射性，藏于大理石石材中，具有严重危害，但"祸兮福所倚，福兮祸所伏"，氡的放射性原理，可应用于恶性肿瘤的放射性治疗和地震预测。通过稀有气体的存在与作用使学生明白化学是把双刃剑，既可以危害人类，也可以造福人类，希望学生应用好手中的宝剑。

1.1.3.10　碱金属和碱土金属元素（自学）

（1）知识点：纯碱的工业制备。

（2）思政元素：爱国情怀。

（3）融入路径：著名科学家侯德榜先生在欧美垄断制碱业的时代背景下，研发出一种高效、低成本的制碱方法——侯氏制碱法，创立了中国人自己的制碱工艺，开创了世界制碱工业的新纪元；榜样力量，激发学生的爱国情怀，鼓舞学生努力学习，为实现中华民族伟大复兴梦而努力。

1.1.3.11　卤素和氧族元素（5学时）

（1）知识点：卤素的氧化还原性质；氟及其化合物；臭氧及其性质。

（2）思政元素：学以致用，关注与生活相关的化学问题，学好知识服务于社会；环保意识。

（3）融入路径：①通过比较卤素与84消毒液、洁厕灵的区别，引导学生作防控知识的传播者、健康家园的守护者；讲解元素氟与氟橡胶的故事；观看蒋锡夔院士（1926—2017）九十华诞纪录片，真切感受这位科学家的人格魅力和爱国情怀，学生的家国情怀也油然而生；②分析臭氧层破坏的原因及其危害；介绍臭氧层是地球生命的保护伞，让学生充分认识到全人类只有一个共同的母亲——地球，让绿色理念根植于心。

1.1.3.12　氮族、碳族和硼族元素（4学时）

（1）知识点：氨的合成；N_2O 的性质；碳族元素；石墨烯。

（2）思政元素：科学精神；远离毒品、珍爱生命；民族自豪感、自信心。

（3）融入路径：①从氨的合成及与氨相关的三次诺贝尔获奖为出发点，教会学生认识氮分子的结构、特殊稳定性和氮分子活化，使学生深刻理解科学发展的规律，不能急于求成。②点击超过10万次的网络文章——《最终我坐着轮椅被推出了首都国际机场》，文中讲述了一名在西雅图留学的中国女学生因为好奇吸食笑气，导致身体机能全面紊乱，最终不得不放弃学业，坐着轮椅回国。③讲述我国首位获得诺贝尔科学奖项的科学家屠呦呦的感人事迹，其在历经380多次失败实验后，通过不断改进提取方法，终于成功提取出了青蒿素，被誉为"拯救2亿人口"的发现；通过信息媒介，讲述故事，激发学生民族文化上的自尊心、自豪感和爱国热情，增强了学生的民族自信心。④介绍我国在世界新材料、新技术发展中所发挥的重要作用，通过介绍石墨烯的发展历程，让学生体会中国现代科技的迅速发展对社会进步的作用，增强民族自豪感、荣誉感和自信心。

1.1.3.13　过渡元素（4学时）

（1）知识点：d区元素；钛族元素；钒族元素；铬族元素；锰族元素、铁族元素。

（2）思政元素：绿水青山就是金山银山。

（3）融入路径：重金属污染与绿色化学，专业伦理。重金属污染指由重金属或其化合物造成的环境污染，主要由采矿、废气排放、污水灌溉和使用重金属超标制品等人为因素所致。因人类活动导致环境中的重金属含量增加，超出正常范围，直接危害人体健康，并导致环境质量恶化。

1.1.4　课程思政参考书目及网站

［1］天津大学无机化学教研室.无机化学[M].北京：高等教育出版社，2018.

［2］郭凤仪.无机化学[M].北京：高等教育出版社，2015.

［3］中国知网.

［4］科学网.

1.2 有机化学课程思政教学指南

1.2.1 课程思政说明

"有机化学"是化学工程与工艺、高分子科学与工程、材料化学轻化工程等专业本科生必修的专业主干基础课程之一（72学时）。主要介绍各类有机化合物的系统命名、结构理论、酸碱理论、光谱性质、化学性质、基本有机反应类型的反应机理等。在课程教学中，把"请党放心，强国有我"的科技报国的家国情怀和使命担当教育与科学人文素养和创新能力等方面的培养结合起来，在强化有机化学核心内容和基本特点的基础上，科学地反映有机化学学科对基础研究和前沿发展的新进展。提高学生正确认识问题、分析问题和解决问题的能力，培养德才兼备的化工人才。

有机化学课程教学团队认真领会2016年习近平总书记在全国高校思想政治工作会议的会议精神，运用好课堂教学这一教学主渠道，将理论教学与思想政治理论课同向同行，形成协同效应，不断研究新的教学方法，在不断探索中提高课程思政教学质量。

1.2.2 课程思政目标

（1）结合有机化学课程教学内容的特点，在理论知识教学中，通过提高学生学习兴趣，激发学生专业认同感，通过传播家国情怀开展爱国爱党爱家教育。

（2）结合有机化学实际案例，培养学生积极向上、追求卓越的精神；结合有机化学专业典型人物案例，引导学生树立进取精神和担当意识，形成良好的职业素养和职业伦理。

（3）通过有机化学与生活密切的联系，介绍有机化学在药物、染料、涂料（航天）等方面的应用以及中国科学家在科学前沿取得的成绩，激发学生的职业自豪感与爱国热情。

1.2.3 思政元素融入教学知识点计划与安排

1.2.3.1 绪论（2学时）

（1）知识点：有机化学和有机化合物的特性、结构概念、化学键和酸碱理论。

（2）思政元素：了解化学发展史，传承中国传统文化、理解科学发展的螺旋式上升。培养创新精神、科学精神，树立正确的人生观和价值观。

（3）融入路径：通过有机化学发展史的学习，介绍中国传统文化，如中药学、青蒿素在抗疟疾中起到的重要作用以及中药在疫情防治中的贡献。引导学生树立既要谦虚，又要敢于突破，要尊重权威，但不迷信权威的科学态度。

1.2.3.2 有机化合物的分类 表示方式 命名（6学时）

（1）知识点：有机化合物的分类；结构的表示方式；各类有机物的命名。

（2）思政元素：分类、总结、归纳的科学思维方法。

（3）融入路径：通过学习分类方法，使学生认识到分类管理是提高效率的途径。数以亿计的有机物，没有合理的分类是无法有效地学习的，延伸至生活也是如此，例如，使学习对象理解垃圾分类的重要性。命名是认识和交流的基础，各种命名的规定，宗旨是简单明了易于交流。

1.2.3.3　立体化学（2学时）

（1）知识点：轨道的杂化理论、构象异构、构型异构（几何异构和旋光异构）。

（2）思政元素：严谨的科学态度与美学的和谐统一；正确认识科学双刃剑的理念。

（3）融入路径：从平面结构到立体结构；认识世界的进一步深入；巴斯德机械拆分旋光异构体严谨的科学精神；药物"反应停"的旋光异构体不同的生理活性；药物纯度的重要性；培养学生严谨的工作作风。

1.2.3.4　自由基取代反应（2学时）

（1）知识点：有机反应的分类（化学键的断裂方式）；有机反应机理；有机反应中的热力学和动力学；烷烃的结构和反应性分析；自由基反应。

（2）思政元素：结构决定性质；研究反应机理，通过实验与理论反复印证的研究方法，理解实践是检验真理的唯一标准。培养学生从事物本质分析问题的能力。

（3）融入路径：三苯甲基自由基是人类最先得到的自由基，通过对三苯甲基的获得过程的介绍，培养学生尊重客观规律，敢于尝试、勇于创新的品格。

1.2.3.5　紫外光谱 红外光谱 核磁共振和质谱（4学时）

（1）知识点：紫外光谱（原理和最大吸收波长的估算），红外光谱（原理、计算、特征官能团的吸收频率、指纹区），^{1}H核磁共振（化学位移及影响因素、耦合裂分、积分面积）。

（2）思政元素：通过学习UV、IR、NMR、MS在有机化学中的作用，培养学生的科学兴趣，激发学生对专业的热爱，坚定为祖国繁荣昌盛而努力奋斗的决心。

（3）融入路径：吗啡从分离到结构的测定历经147年，耗费了许多化学家的毕生精力。现代物理方法使结构的鉴定变得快速而方便。加强基础学科数学和物理的学习会使学生对化学的研究走得更远。

1.2.3.6　卤代烃 饱和碳原子上的亲核取代反应 β-消除反应（8学时）

（1）知识点：卤代烃的分类、命名、结构；卤代烃的亲核取代反应和β-消除反应。

（2）思政元素：透过现象看本质，通过对S_N1和E1、S_N2和E2反应的影响因素的分析，培养学生分析问题的能力。

（3）融入路径：S_N1和E1、S_N2和E2反应的并存和竞争，电子效应和空间效应，在错综复杂中寻找各影响因素的完美结合，织就了化学变化之美。

1.2.3.7　醇和醚（4学时）

（1）知识点：醇的分类、命名、结构、性质和制备；醚的分类、命名、结构、性质和制备。

（2）思政元素：通过紫杉醇的发现到全合成，理解有机化学的研究过程，培养学生的科学兴趣，激发学生对专业的热爱及社会进步与当代大学生的使命感与责任感。

（3）融入路径：从紫杉树皮中提取到的紫杉醇是一种抗癌药物。紫杉树是一种濒危树种，全合成紫杉醇对有机化学家是一个很大的挑战。1994年完成了紫杉醇的全合成案例，使学生了解有机化学合成对人类的重要性，消除对合成化合物的误解，提升专业自豪感。

1.2.3.8　烯烃　炔烃　加成反应（8学时）

（1）知识点：烯烃的分类、命名、结构、性质。烯烃的亲电加成反应、自由基加成反应、α-氢的卤化；氧化和还原反应；炔烃的分类、命名、结构、性质；烯烃的亲电加成反应、亲核加成反应、自由基加成反应、氧化和还原反应。

（2）思政元素：水立方的内外层包裹的新型轻质材料——乙烯 - 四氟乙烯共聚物；白色污染和垃圾分类变废为宝的绿色环保意识。

（3）融入路径：通过这些案例培养学生的职业素养，让学生明白科技可能是双刃剑，一定要具有高度的社会责任感才会使科技服务于人类，改善人类生活。

1.2.3.9　共轭烯烃　周环反应（2学时）

（1）知识点：共轭双烯的结构；1,2-加成；1,4-加成；Diels-Alder反应。

（2）思政元素：原子经济；绿色化工思想的培养。

（3）融入路径：周环反应具有极大的原子利用率；Diels-Alder反应在合成六元环化合物上有重要作用。在这一章节需要用到分子轨道理论等，更能让同学们体验学科之间的交融以及立体化学的魅力。

1.2.3.10　醛和酮　加成反应（6学时）

（1）知识点：醛酮的分类、命名、结构和构象；羰基的亲核加成反应；α, β-不饱和醛酮的加成反应；α-活泼氢的反应；羟醛缩合反应；重排反应。

（2）思政元素：黄鸣龙说："一个人不能为科学而科学，应该为人民为祖国作出贡献。"通过对黄鸣龙、黄宪工作的介绍，培养学生的民族自豪感和自信心，塑造为国为民的良好人格和正确的价值观。

（3）融入路径：生活中处处是化学。着重介绍黄鸣龙、黄宪在有机化学的贡献，培养学生的爱国思想和对化学的热爱。

1.2.3.11　羧酸（2学时）

（1）知识点：羧酸的分类、命名、结构、酸性；羧酸α-H的反应；酯化反应；脱羧反应；制备。

（2）思政元素：科技的人文情怀，培养科学兴趣和职业自豪感。

（3）融入路径：由世纪神药阿司匹林（乙酰水杨酸）的发现及研究过程引入，向学生介绍化学合成对社会的贡献，培养职业自豪感。

1.2.3.12　羧酸衍生物　酰基碳上的亲核取代反应（4学时）

（1）知识点：羧酸衍生物的分类、命名、结构；羧酸衍生物的反应；酰卤 α-H 的反应；酯缩合反应；脱羧反应。

（2）思政元素：科学精神的培养；抗生素对延长寿命的重要性及滥用的危害；正确理解科学双刃剑的理念。

（3）融入路径：青霉素类和头孢素类是目前广泛使用的两大类非常重要的抗生素，它们都属于羧酸衍生物。新型药物的开发与合成是由大量有机化学合成工作者辛勤劳动而得来的，对人类疾病的治疗，平均寿命的延长功不可没。消除对化学的不正确的认识从每一个化学从业者开始。

1.2.3.13　缩合反应（4学时）

（1）知识点：氢碳酸的概念；α-H 的酸性；缩合反应；β-二羰基化合物的制备；Michael 反应；Robinson 增环反应；叶立德的反应；Wittig 反应；Perkin 反应；Knoevenagel 反应；Reformatsky 反应；Darzen 反应。

（2）思政元素：培养学生的创新精神，学以致用；培养学生的专业自豪感、正确的人生观、价值观和强烈的爱国思想。

（3）融入路径：缩合反应是形成碳碳键的反应。曼尼希把托品酮的合成从14步改进到1步，给大家展示了合成的魅力。本章节很多人名反应，处处彰显有机化学合成之美。认识世界，改造世界，化学不可或缺、功不可没。

1.2.3.14　脂肪胺（4学时）

（1）知识点：脂肪胺的分类、命名、结构、酸碱性，成盐反应，制备方法；胺的酰基化与 Hinsberg 反应；胺的氧化与 Cope 消除；胺与亚硝酸的反应。

（2）思政元素：崇尚真理，敬畏生命；激发学生对生命的热爱，正确对待生活中的挫折。

（3）融入路径：奎宁曾经是抗疟疾的主要药物，是一种环状三级胺。曾经因为治疗剂量和中毒剂量差异很小，被氯奎宁和青蒿素取代，然而，随着对多种药物具有很强耐药性的疟原虫出现，奎宁又成了抗疟药物的首选。一种药物的使用尚有起伏，何况拥有无数化学反应的人体。生命脆弱却也坚强，由此培养学生抗挫折能力，保持充满正能量向上的生活姿态。

1.2.3.15　苯　芳烃　芳香性（2学时）

（1）知识点：苯的结构、分子轨道理论对苯的结构和芳香性的描述；多苯芳烃和稠环芳烃；芳香性；杂环的芳香性。

（2）思政元素：启发科学思维，树立严谨细致的科学态度和求真务实的工作作风。

（3）融入路径：18世纪初，鲸油脂肪热裂分解后剩下的油状液体长期无人问津，M.Faraday 使用蒸馏的方法对它进行分离，测得碳氢比为 $1:1$；1845年，德国化学家 A.W.von Hoffmann 的学生 C. Mansfield 从煤焦油中得到苯并分离提纯；1997年，科学家在深太空中探测到了苯。对苯的结构研究历时弥久，其中做出杰出贡献的化学家是德国的凯库勒（Friedrich A. Kekule），他在获奖感言中提到梦给予的灵感。教师要特别强调，所谓梦是常年的苦苦思索才获得的灵感，成功源于毅力而非白日梦。

1.2.3.16　芳环上的取代反应（4学时）

（1）知识点：芳香亲电取代反应的定义、反应机理；硝化反应；卤化反应；磺化反应；Friedel-Crafts反应；取代基的定位效应；芳香亲核取代反应。

（2）思政元素：唯物论和量变到质变的哲学思想。

（3）融入路径：利用苯环上的各类反应可以制备品种繁多的芳香衍生物。芳香衍生物极大地丰富了我们的生活，包括日常使用的药物以及日常生活用品，如阿司匹林，聚苯乙烯等。虽然有些芳烃具有致癌性，但不可以偏概全，培养学生全面看待问题的能力。

1.2.3.17　烷基苯衍生物　酚　醌（2学时）

（1）知识点：苄位的化学性质；酚的命名、结构、酸碱性；醚化反应和Claisen重排；酯化反应和Fries重排；酚芳环上的亲电取代反应、制备方法；醌的结构与反应。

（2）思政元素：通过案例与专业知识的结合，引导学生分析问题、解决问题，提高科学素养和创新意识。

（3）融入路径：以异丁基苯为原料合成布洛芬为切入点，培养学生分析问题、解决问题的能力。

1.2.3.18　含氮芳香化合物　芳炔

（1）知识点：芳香胺的结构特征和基本化学性质；芳香硝基化合物的结构、基本性质及其用途；芳香胺的制备、氧化；芳香胺的芳香亲电取代反应；联苯胺重排；芳香重氮盐的性质及其在合成中的应用。

（2）思政元素：培养学生古为今用、洋为中用的继承与发扬思维、创新性思维、批判性思维。

（3）融入路径：大部分染料都是含氮的芳香化合物。异靛蓝是一种古老的天然染料，将异靛蓝作为一个重要的有机电子受体片段，发展了一系列新的缺电子有机半导体材料，使古老的染料成为新的有机半导体材料骨架体系。培养学生古为今用、洋为中用的意识，并以化学造福人类的使命感。

1.2.3.19　杂环化合物（4学时）

（1）知识点：杂环化合物分类、命名；脂杂环化合物化学性质；脂杂环的立体化学；脂杂环的制备；芳香杂环化合物的电子结构及其化学反应；芳杂环的芳香亲核取代反应。

（2）思政元素：培养学生实事求是、理论联系实际的科学研究精神；培养学生爱国、爱党的情怀；培养学生"强国有我"的使命感。

（3）融入路径：从抗生素青霉素，与基因有关的胞嘧啶、胸腺嘧啶、尿嘧啶、鸟嘌呤、腺嘌呤等引入讲解，激发学生对杂环化合物的学习兴趣，深入理解有机化学与相关学科的交互作用，培养学生"强国有我"的使命感。

1.2.3.20　糖类化合物（4学时）

（1）知识点：糖类化合物的分类、命名与结构；糖类化合物的环状结构和变旋现象；单糖的反应；双糖、三糖和寡糖、多糖；决定血型的糖。

（2）思政元素：培养科学兴趣、敬业精神。

（3）融入路径：由葡萄糖引入营养均衡、生活自律教育。对决定血型的糖的讲解进一步提升学生学习乐趣，培养学生敬业乐业的品质。

1.2.3.21　氨基酸多肽蛋白质以及核酸（2学时）

（1）知识点：氨基酸的结构与命名；α–氨基酸的基本化学反应和生化反应；氨基酸的制备；多肽的命名和结构；多肽结构的测定；多肽的合成；蛋白质的分子形状；酶；核酸。

（2）思政元素：家国情怀和民族使命感。

（3）融入路径：人类基因组计划于1990年启动，2000年科学家宣布人类基因组草图的绘制工作已经完成。新冠肺炎疫情期间，科学家们对病毒核酸的分析、对疫苗的研制都离不开对核酸结构的精准分析。有机化学与人类的生活、生产关系密切，学生从每个章节学习中都能体会到，以此增强职业自豪感、民族使命感。

1.2.4　课程思政参考书目及网站

［1］邢其毅，裴伟伟，徐瑞秋，等.基础有机化学（上、下册）[M].4版.北京：北京大学出版社，2016.

［2］王积涛，张宝申，王永梅.有机化学[M].3版.天津：南开大学出版社，2009.

［3］R.T.莫里森.有机化学[M].2版.北京：科学出版社，1992.

［4］Francis A. Carey & Robert M. Gluliano[M].（*Organic chemistry*）Tenth Edition. New York：McGraw Hill Education Press，2016.

［5］K. 彼得·C. 福尔哈特，尼尔·E. 肖.有机化学结构与功能[M].8版.戴立信，席振峰，罗三中，译.北京：化学工业出版社，2020.

［6］《学习强国》学习平台.

［7］《青年湖南》微信公众号.

［8］《人民日报》微信公众号.

［9］中国知网.

［10］科学网.

1.3 分析化学课程思政教学指南

1.3.1 课程思政说明

"分析化学"是化学工程与工艺等专业的一门重要的学科基础必修课程（40学时），在"分析化学"的教学中除了要注重定性和定量的专业基础知识的同时，还应结合理论知识对学生开展思想政治教育，使学生通过课程学习不仅可以掌握理论知识内容，还可以学习正确的人生观和科学素养。只有双管齐下地对学生进行知识和世界观、人生观的教育，才能使学生逐步成长为德智发展相协调的专业技术人才。加强分析化学中人文素质及思政教育更有利于德智的协调教育。

1.3.2 课程思政目标

（1）通过介绍分析化学的发展史以及化学家的故事，增强学生的民族自豪感，激发其报效祖国的爱国热情。用科学家的敬业精神指导学生学习行为，提高学生学习自觉性。

（2）在理论知识教学中，培养学生运用分析化学理论知识解决实际问题的能力，培养学生科学思维方法和创新能力；在实验教学中，培养学生成为能使用恰当检测手段进行产品质量分析与控制的应用型人才。

（3）结合实际案例，培养学生在分析检测相关领域内持续学习、追求卓越的精神；培养学生科学严谨的工作态度、实事求是的工作作风和职业素质。结合典型人物案例，引导学生建立正确的人生观、价值观和道德观，唤醒学生追求卓越、科学报国精神。

1.3.3 思政元素融入教学知识点计划与安排

1.3.3.1 绪论（2学时）

（1）知识点：分析化学的分类和应用。

（2）思政元素：职业道德；文明生态理念；奉献精神；爱国热情；辩证唯物主义。

（3）融入路径：从分析化学在食品安全领域的应用入手，呼吁学生要有职业道德，做一个有道德的分析工作者、有良知的化学工作者。通过分析化学在环境检测领域的应用，引导学生践行"绿水青山就是金山银山"的文明生态理念。通过科学家的奋斗精神，激励学生树立远大理想、热爱伟大祖国、担当时代责任、勇于砥砺奋斗，成就出彩人生。从医药卫生领域的应用，联系逆向而行、无私奉献的中国医务工作者高尚的职业道德，同时提及我国新冠肺炎疫情防控的有力举措和疫苗研发的最新科研进展，激发学生心中满满的爱国热情。

1.3.3.2 定量分析中的误差和数据处理（4学时）

（1）知识点：误差概念，系统误差与必然性因素、测量准确度之间的关系，随机误差与偶然性因素、测量精密度之间的关系；系统误差和随机误差的客观性，过失误差的主观性；分析结果的统计处理；可靠性检验。

（2）思政元素：马克思主义哲学基本原理与方法论；偶然性和必然性的辩证统一；社会责任感。

（3）融入路径：随机误差分布的概率表现出单峰性、对称性、有界性和抵偿性，也体现了偶然性和必然性的辩证统一，正如恩格斯所说："在表面上是偶然性在起作用的地方，这种偶然性始终是受内部的隐蔽的规律支配的，而问题只是在于发现这些规律。"由飞机部件可靠性检验拓展到其他分析数据的可靠性检验，如环境污染物的数据、工农业生产中原料和产品的质量数据、食品中的化学添加成分数据等，进一步体现对实际数据进行可靠性检验的重要性和分析中涉及的社会责任感。

1.3.3.3 滴定分析概述（2学时）

（1）知识点：滴定分析法的发展历程；滴定终点和滴定计量点；常用的滴定方式；标准溶液和基准试剂。

（2）思政元素：理论联系实践；科学的严谨性；创新意识；职业规范意识。

（3）融入路径：①通过滴定分析法的产生发展，阐述只有适应时代的趋势，满足生产生活的变化和要求，科技才能吸引更多的资金投入和人才贡献，才能更好更快地发展，所以说社会需求是科技进步的一大动力。基础研究起于实践，更要回归实践。②由洛伦兹提出的"蝴蝶效应"入手，引导学生认识到事物发展的结果，对初始条件具有极为敏感的依赖性，从而引导学生对科学的严谨性。③条条道路通罗马，创新推动科学技术的进步。通过创新我们可以将原本不能实现的技术得以实现，但是所有的创新都是离不开基础理论研究的，这就是基础性的理论研究对方法起到的推动作用。④基准物质必须符合一定的条件，提醒学生要遵守国家法律法规和行业标准规范，在社会生活中没有规矩，不成方圆。

1.3.3.4 酸碱滴定法（8学时）

（1）知识点：酸碱理论的发展；酸碱质子理论；溶液pH控制；缓冲溶液的作用及其应用；酸碱指示剂；酸碱滴定过程及滴定突跃；酸碱滴定法的应用。

（2）思政元素：公共安全事件与社会责任感；现象与本质的辩证关系；质变与量变；环保意识；食品安全意识；矛盾的对立与统一；职业道德。

（3）融入路径：①酸碱理论的演变——在科学的道理上，我们要学会分析、学会批判、学会求证，不断探索、不断创新、不断进步。②质子理论中酸碱之间对立统一的相互依赖关系，对学生进行辩证唯物主义的思想教育。③引入"金龙鱼食用油事件""磷化工艺"、日常饮用水的酸碱性等与生产生活密切相关的问题，让学生意识到控制溶液酸碱性的重要意义，还可以进一步结合实验室"三废"处理问题，加强环保意识。④缓冲溶液的性质——不急不躁，有容乃大，融入学生的抗挫折、抗压能力教育；缓冲溶液的应用，培养学生保护生态环境意识，培养学生食品安全意识，抵制有害食品。⑤指示剂的变色原理蕴含着唯物辩证法的核心——矛盾的对立统一规律。⑥滴定突跃——不积跬步，无以至千里；不积小流，无以成江海；千里之行，始于足下；水滴石穿，绳锯木断，这正如人生的道路一样，如果把人生比作100步，99步是一半，1步是另一半，最后一步的心理难度其实远远超过之前的99步，但这一步，却最为关键。⑦学习凯氏定氮法时，结合2008年席卷全国的三聚氰胺"毒奶粉"事件，通过直观的案件回放视觉"冲击"，让学生认识到"蛋白质定量分析方法"本身的缺陷，以及相关从业人员的职业道德的缺失所产生的严重后果。

1.3.3.5　配位滴定法（6学时）

（1）知识点：配位滴定法概念；EDTA的性质；金属指示剂的发现；指示剂的封闭与僵化；配位滴定过程；配位滴定法的应用。

（2）思政元素：爱国情怀；环保意识；绿色可持续发展观；矛盾的对立与统一；创新精神和科学态度；现象与本质；质变与量变。

（3）融入路径：①用波尔巧藏诺贝尔奖章的故事对学生进行爱国主义教育。②通过EDTA的性质（适用性广泛和选择性高两个对立面），引导学生以矛盾分析法去理解知识点、去分析和解决问题。③通过波义耳发现指示剂的故事，引导学生学习科学家们善于观察、勤于思考、勇于探索和敢于创新的学术精神和对真理的不懈追求，培养学生的科学方法、科学精神与科学态度。④现象是外在，本质是内在，现象是本质的外在表现。引导学生不仅要看实验现象，还要透过现象思考分析内在本质，才能更好地掌握理论知识，并指导实践。⑤"绿水青山就是金山银山"，强化学生环保意识，为学生树立绿色可持续发展观，意识到我们能获得美好生活的前提是环境的优美和对环境的保护。⑥培养学生善于发现，敢于求新求变的创新精神。⑦在重金属离子检测的应用中，以"铅中毒""铝中毒"等食品和环境安全问题作为切入点，引导学生思考汽车尾气排放、易拉罐包装等个人日常生活小问题与人类健康大问题之间的联系，启发学生树立降低重金属污染，倡导绿色化学的意识。

1.3.3.6　氧化还原滴定法（6学时）

（1）知识点：能斯特方程；氧化还原反应的方向和程度；氧化还原滴定过程；氧化还原指示剂；高锰酸钾法；重铬酸钾法；碘量法。

（2）思政元素：爱国教育；健康理念；质变与量变；现象与本质；环保意识；社会责任感。

（3）融入路径：①由以人名命名的方程延伸到能斯特与哈伯的历史抉择对比，一个科研工作者也要树立正确的价值观和人生观，否则学问可能成为迫害人类的武器。②人体在氧化—抗氧化之间维持一个机体的平衡。通过浓度、酸度、产生沉淀等外因可以改变氧化还原反应的方向。同样，人体遭受有害刺激时，也会产生大量活性氧、活性氮自由基，氧化—抗氧化失去平衡，就会产生氧化应激，严重导致衰老、疾病等，因此需要提倡健康的生活方式，让机体维持一个稳定的氧化—还原平衡状态。③滴定突跃—质变与量变。④指示剂变色—现象与本质。⑤高锰酸钾法、重铬酸钾法、碘量法，以应用实例为切入点，增强学生的环境保护和绿色发展意识，引起对家园生态文明建设的共同关注，树立当代大学生应有的责任感和使命感。

1.3.3.7　沉淀滴定法（2学时）

（1）知识点：沉淀滴定法概述；摩尔法；佛尔哈德法；法杨司法。

（2）思政元素：量变与质变；现象与本质；对立与统一；绿色化学理念。

（3）融入路径：①滴定突跃—质变与量变。②指示剂变色—现象与本质。③在沉淀滴定法中介绍采用微量滴定管进行摩尔法的滴定分析实验，微量滴定的滴定体积可控制在3mL以内，大大减少污染物排放，体现了绿色化学理念。④沉淀的溶解度相关原理与工业中的污水处理密切相关，如含氟工业废水处理、氢氧化物沉淀处理。设计相关案例加强学生运用所学知识分析解决实际问题的能力。⑤事物具有两面性。一个分析方法的优点可能也是缺点，缺点也可转化为优点。沉淀具有吸附现象，在滴定分析中是不利因素，常会产生较大的误差，莫尔法就是因沉淀吸附太严重而无法测定I^-和SCN^-。但是吸附指示剂正是利用沉淀的吸附现象得以改变颜色，因此有了法扬斯法。将不利因素充分利用，这就是哲学上的对立统一。⑥通过盐潮案例，引导学生珍惜宝贵的生命之源，节约用水、合理利用自然资源是十分必要的。

1.3.3.8　吸光光度法（6学时）

（1）知识点：吸光光度法概述；物质对光的选择性吸收；吸光度和透光率；分光光度计的结构和部件；显色条件的选择；测量条件的选择；吸光光度法的应用。

（2）思政元素：创新发展意识；团结就是力量；对立与统一；大胆创新和勇于担当；理论与实践；严谨认真的学习态度。

（3）融入路径：①分析方法的创新、分析仪器的更新迭代时间越来越短，由此带来知识的快速更新。分析化学不能只满足于分析数据的提供，还要与其他学科相结合，逐步成为生产和科学研究中实际问题的解决者。②只有太阳光这样的复合光照射物体时，我们才会感受到绚丽多彩，才会看到全部，这就是团结的力量。③吸光度与透光度是一对既对立又统一的矛盾体。④对仪器结构进行描述，让学生感悟不断升级优化的仪器构造背后更多地凝结着科研工作者的智慧与汗水，鼓励青年学子不畏困难、大胆创新和勇于担当的精神。⑤实践是检验真理的唯一标准，实验是验证假设的最好方法，只有切实地实践，才能得知猜想的正确与否，不能凭主观臆想来衡量事物与原理。在以后的科研试验中遵循试验操作规律，保持严谨认真的学习态度。⑥吸光光度法技术进阶，不仅融入了学科前沿技术，还让同学们感叹科技的发展之快，也明白了科技的发展归功于人类不断创新的学术精神。

1.3.3.9　分析化学中的分离与富集方法（2学时）

（1）知识点：色谱法；现代分离技术。

（2）思政元素：大胆创新；敢于质疑；内因与外因；爱国主义精神和文化自信。

（3）融入路径：①茨维特发现色谱法的故事，告诫学生今后在从事科研工作时，面对学术问题务必要保持不骄不躁、谦虚谨慎的科学态度。鼓励学生大胆创新、敢于质疑、不怕失败。②内因和外因对事物的发展起到重要作用。在液相色谱实验中，色谱柱的性质和流动相的极性均属于内因，对物质能否分离起到决定作用，而柱温和柱压属于外因，能影响分离效果的好坏。③挖掘我国色谱领域的代表性科学家及其成就，以他们的优良品德作为价值引导，培养学生的爱国主义精神与文化自信。④现代仪器分析已高度综合电、光、计算机、材料科学、物理、化学、生物学等先进技术，它既是知识创新和技术创新的前提，也是创新研究的主体内容之一。

1.3.3.10　定量分析的一般步骤（2学时）

（1）知识点：试样的采集、分解；分析方法的选择。

（2）思政元素：严谨认真的工作作风；社会责任感。

（3）融入路径：①讲授固体样品、气体样品、液体样品的采集和国家标准分析方法，拓展学生对实际样品分析的理解和综合应用能力。②不同的方法适用的对象和范围会有不同，所沉淀的离子不同，常常会使结果失之毫厘谬之千里。培养学生严谨认真的工作作风和职业责任感。③以应用实例为切入点，讲述创新是一个民族进步的灵魂，是一个国家兴旺发达的不竭动力，也是中华民族最深沉的民族禀赋。青年是科技发展的未来，让"科学精神"和"科学家精神"成为青年大学生的内在道德，树立起建功立业的强大意识，是推动青年成长成才的必要保证。青年一代大学生应该勇于创新、敢于创新、善于创新，自觉担负起国家、民族科技发展的重任，做新时代的科技追梦人。

1.3.4　课程思政参考书目及网站

［1］廖力夫，刘晓庚，邱凤仙．分析化学[M]．2版．武汉：华中科技大学出版社，2015.

［2］华东理工大学化学系，四川大学化工学院．分析化学[M]．7版．北京：高等教育出版社，2018.

［3］郑燕英．分析化学[M]．上海：同济大学出版社，2015.

1.4　物理化学课程思政教学指南

1.4.1　课程思政说明

"物理化学"是材料与化工学院所有专业的一门学科基础必修课（88学时）。物理化学是从化学现象与物理现象的联系入手，借助数学、物理学等基础科学的理论及其提供的实验手段，来探求化学变化中最具普遍性的基本规律的一门学科。根据物理化学教学目标，从学科发展史、科学家简介、经典理论和方法，学科发展前沿及生产生活中的实例，帮助学生形成科学人文素养。培养学生勇攀科学高峰的精神，培养学生的国际视野和创新意识、培养学生的家国情怀和文化传承。

1.4.2　课程思政目标

（1）理论教学中融入马克思主义方法论培养不畏艰辛、勇于探索的科学精神，提升学生的思辨力和创新力。

（2）培养学生在物理化学相关领域内持续学习、追求卓越的精神；结合典型人物案例，引导学生树立进取精神、担当意识，形成良好的职业素养。

（3）通过介绍学科相关中国科学家在科学前沿取得的成绩，激发学生的民族自豪感与爱国热情。

1.4.3　思政元素融入教学知识点计划与安排

1.4.3.1　绪论（1学时）

（1）知识点：物理化学的研究对象、意义，物理化学的研究方法和学习方法。

（2）思政元素：社会的进步与当代大学生正确的科学的世界观、方法论。

（3）融入路径：通过物理化学学科发展简史的学习，渗透科学的世界观、方法论；帮助学生形成科学文化素养。

1.4.3.2　气体的PVT关系（5学时）

（1）知识点：理想气体状态方程；真实气体的液化与临界性质；范德华方程。

（2）思政元素：理想与现实的辩证关系。

（3）融入路径：理想与现实的关系——理想和现实是一对矛盾，它们的关系既对立又统一；理想源于现实，是对现实的反映，但不等于现实，是现实的升华。鼓励学生努力为了理想信念而勤奋学习、努力奋斗，创造更好的生活条件。

1.4.3.3　热力学第一定律（10学时）

（1）知识点：热力学基本概念及术语；热力学第一定律；恒容热、恒压热、焓、摩尔热容、相变焓；化学反应焓、标准摩尔反应焓的计算、可逆过程与可逆体积功。

（2）思政元素：吸收知识的重要性；能量是守恒的，节约能源和资源；化学反应中的能量问题与家国情怀。

（3）融入路径：①介绍吸热为正的时候，可让学生明白吸收知识的重要性，知识可以改变命运等。②能源既不可能凭空产生也不可能凭空消失。节约是中华民族的美德，应付诸能源使用上。石化资源总有枯竭的一天，充分利用太阳能是一条重要途径。激励学生以化学化工可持续发展为主旨，加快发展绿色化学化工，形成节约资源和保护环境的理念。③"神舟十一号"发射升空是我们中国人的骄傲。如何利用化学反应中的能量关系精确计算火箭推进器中燃料的量，是成功发射的关键。使学生体会中国现代科技的迅速发展对社会进步的作用，增强民族自豪感、荣誉感，增强民族自信心。

1.4.3.4　热力学第二定律（12学时）

（1）知识点：热力学第二定律；卡诺循环与卡诺定理；熵、吉布斯函数及其判据判断对变化的方向。

（2）思政元素：正确对待得与失；卡诺的事迹激励学生学习的斗志；提醒大家养成良好的学习和生活习惯，习惯造就性格，性格决定命运。

（3）融入路径：①热力学第二定律揭示的道理是投入并不能100%转化为正向的回报。当学生付出了而没有得到回报时，请不要伤心不要气馁，要以平常的心态对待，要认识到付出不一定会有回报，但不付出一定不会有回报。②卡诺坎坷的一生以及其坚持不懈科研的精神，激励学生学习的斗志。③事物总是自然地向着"熵增"的方向发展，所以一切符合"熵增"的，都非常的容易和舒适，比如懒散。那些引导我们纯消遣娱乐、放纵自我的东西在帮助我们"熵增"。如果你要变得自律，就得逆着"熵增"做功，这个过程会非常痛苦。"熵增"不费力，因为它是自发的作用力，所以坏习惯总是很容易养成且难改变；而"熵减"费力，因为必须克服"熵增"的趋势、通过不断地做功才能达成。提醒大家行为养成习惯，习惯造就性格，性格决定命运。

1.4.3.5　多组分系统热力学（8学时）

（1）知识点：凝固点降低法测相对分子量；溶液依数性。

（2）思政元素：理论联系实际、理性认识感性、认识的辩证关系。

（3）融入路径：①强调过冷水的相对稳定性，既为表面化学的理论学习奠定基础，也指出了物质存在与物质运动的相对性，这一观念在化学平衡的学习中也会得到巩固，对标毕业要求中的培养"逻辑思维能力、批判精神和反思意识"。②物理化学与我们的生活息息相关，理解这些过程能激发学生探究科学的热情，有利于培养他们严谨科学的态度。

1.4.3.6　相平衡（10学时）

（1）知识点：相图；水的相图；青藏铁路热棒。

（2）思政元素：民族自豪感、爱国情怀；理论联系实际。

（3）融入路径：①学习科学家们对工作严肃认真不怕困难的科学态度，以此增强学生的民族自豪感和自信心，渗透爱国情怀。②梁敬魁先生系统地测定了大量相图，被国内外相图汇编收集，并在中国推进了相图在单晶生长中的应用。展示花样滑冰运动员在冰上运动的情景，请学生分析运动员滑冰鞋的作用，并思考为什么滑冰时会在冰面上留下划痕，冰融化后产生的水对滑冰运动起什么作用。这是理论学习与生活实际的结合。滑冰鞋的底部较窄，增大了运动员对冰面的压强，从而降低了水的凝固点，造成固态冰融化为水，于是在冰面上形成了一道道划痕。融化所形成的水，对滑冰运动又起到了润滑的作用。③中国人自己的冻土治理技术——低温热棒，成功解决了40多年来一直困扰中国科学家和青藏铁路建设者的重大技术难题——青藏铁路路基多年冻土层夏季融沉、冬季冻胀的不稳定问题。启迪学生理论联系实际的能力、独立思考的精神，深入认识热力学第二定律，培养学生创新素质。

1.4.3.7 化学平衡（6学时）

（1）知识点：可逆反应；化学反应等温方程的导出和平衡条件；用化学反应等温方程判断化学反应的方向和限度。

（2）思政元素：量变和质变之间的辩证关系。

（3）融入路径：介绍 $N_2+H_2 \rightleftharpoons NH_3$ 三批获诺贝尔奖的故事，以及浙江工业大学刘化章教授获催化成就奖的案例，激励学生逐步树立哲学思维。

1.4.3.8 电化学（12学时）

（1）知识点：电解质溶液；电极电势；标准电极电势图的特征和作用；实用电池。

（2）思政元素：社会责任感；节能意识。

（3）融入路径：介绍中国科学家在科学前沿作出的贡献，李方训教授长期从事电解质溶液性质及理论的研究，如离子熵、离子的极化和半径以及混合电解质溶液。激发学生的民族自豪感与投身科学的热情。介绍电极电势在金属腐蚀与防护中的应用。培养学生的社会责任感，引导学生利用所学知识，学以致用，为社会的发展贡献自己的力量。知识拓展，介绍实用电池与能源的关系，培养学生节约能源、综合利用能源的意识。

1.4.3.9 化学动力学（12学时）

（1）知识点：化学反应的速率及其速率方程、简单级数反应、速率方程的确定方法；速率常数与温度的关系、典型的复合反应、链反应与爆炸；碰撞理论和过渡态理论，溶液反应、光化学反应及催化作用。

（2）思政元素：理论指导实践；安全意识、安全知识教育；我国在世界新材料、新技术发展中所发挥的重要作用。

（3）融入路径：通过介绍合成氨的发展历程，说明理论指导实践的重要性。展示天津港爆炸的事故照片，介绍事故原因和严重后果，培养学生的安全意识，告诫学生在实验室、生产和生活中要注意安全。彭少逸教授为中国催化化学的开拓者。张大煜先生提出"表面键"催化理论，推动催化动力学的发展。

1.4.3.10 界面现象（6学时）

（1）知识点：表面张力；表面吉布斯函数；弯曲液面的附加压力；固体表面的吸附；润湿现象；溶液表面的吸附；表面活性物质。

（2）思政元素：理论联系实际，将理论知识用于实践中。

（3）融入路径：通过介绍日化用品洗发水、洗洁精等主要成分为表面活性物质，引导学生利用所学知识，学以致用，为社会的发展贡献自己的力量。

1.4.3.11 胶体化学（6学时）

（1）知识点：胶体的制备与性质；胶体的稳定与聚沉；乳状液；大分子溶液。

（2）思政元素：爱国情怀。

（3）融入路径：傅鹰在中华人民共和国成立后，历经重重阻挠回到了祖国的怀抱，并在胶体化学和表面化学领域作出了卓越贡献，是中国胶体科学的奠基人。以榜样力量，激发学生的爱国情怀，鼓舞学生努力学习，为实现中华民族伟大复兴而努力。

1.4.4　课程思政参考书目及网站

［1］天津大学物理化学教研室.物理化学 [M].北京：高等教育出版社，2017.
［2］李先国.物理化学[M].北京：北京大学出版社，2016.
［3］中国知网.
［4］科学网.

1.5　化工原理课程思政教学指南

1.5.1　课程思政说明

"化工原理"是化学工程与工艺专业的学科基础必修课（96学时）。课程思政的提出与实施，不仅符合新时期高校思想政治工作需求，也是"三全育人"理念的有效举措之一。本课程探索将思政教育融入化工原理课程教学的过程，充分发挥课程育人功能，使学生在学习专业技能的同时，培养学生不断追求真理，勇于探索未知领域的精神，提高学生的辩证思维、科学思维、创新思维能力，提高思想道德水平，进行正确的价值取向引导。培养学生精益求精的大国工匠精神，激发学生科技报国的家国情怀和使命担当。培养学生遵守标准规范的职业素养，创新、绿色、安全化工的理念，树立化工生产"安全至上，生态和谐"的意识。

1.5.2　课程思政目标

（1）通过介绍化学工业发展史以及在我国的经济和社会发展的重要性，激发学生科技报国的家国情怀、爱专业的热情，使学生投身专业学习、逐梦无悔青春。

（2）在理论知识教学中，通过融入马克思主义方法论和强化工程伦理教育，引导学生树立工程意识和大工程观，培养解决复杂工程问题的能力和不畏艰辛、勇于探索的科学精神；在实验教学中，培养学生正确认识、分析和解决问题的能力，提升学生的思辨力和创新力。

（3）结合工程实际案例，培养学生在化工相关领域内持续学习、追求卓越的精神；结合典型人物案例，引导学生树立进取精神、担当意识，形成良好的职业素养和职业伦理。

（4）结合工程实际案例，培养学生遵守标准规范的职业素养，建立创新、绿色、安全化工的理念，树立化工生产"安全至上，生态和谐"的意识。

1.5.3 思政元素融入教学知识点计划与安排

1.5.3.1 绪论（2学时）

（1）知识点：化工原理课程性质及任务；化工过程及单元操作；单位及单位换算；物料衡算及热量衡算方法。

（2）思政元素：事物内在客观性；严谨的科学精神的培养。

（3）融入路径：介绍三传理论和守恒定律时，渗透辩证唯物主义自然观、认识论和方法论，事物运动、变化、发展的动力和内在客观性；讲解单位换算时，回顾1998年美国NASA气象卫星因单位制没有换算而坠落的事件，培养学生精细、严谨的科学精神。

1.5.3.2 流体流动（12学时）

（1）知识点：牛顿黏性定律，黏度的基本概念、国际单位、物理单位以及各单位之间的换算，混合气体和混合液体密度的计算；流体压强的表示方法、压强的单位及单位换算，流体静力学方程及其应用；流速、质量流速、体积流量与质量流量的概念，掌握连续性方程、能量衡算式的表达式以及它们的应用，稳定流动与不稳定流动的概念；流体流动的两种形态，流动形态的判据，雷诺数的表达式及应用，流体边界层的概念及边界层分离现象，圆管内流体流动速度的分布；沿程阻力与局部阻力的概念以及它们的计算方法；沿程阻力系数的相关因数及层流时的计算表达式；简单管路、分支管路与汇合管路的计算；孔板流量计、转子流量计的测量原理与测量方法。

（2）思政元素：科学精神；"量变到质变"的哲学思想；理想信念和科学精神教育、使命感和科学精神、爱国主义情怀的培养。

（3）融入路径：①牛顿黏性定理：介绍牛顿生平，激励学习的动力，激发挑战学科前沿的勇气。②流体动力学原理：介绍伯努利生平，培养学生勇于探索的精神和严谨的科学态度。③连续性方程：引入大禹治水的例子，禹在认真研究和测量山地尺寸的基础上，采取疏通河道，拓宽峡口的方法，让洪水能更顺畅地通过，这恰好符合连续性方程原理，即流体流径越大、流速越小，流速越小、流体流动越稳定，不易发生边界层分离，从而不易冲垮河堤，造成洪水泛滥。④以机械能守恒定律指出机械能总和不变，但各种不同形式的机械能会发生转换，以此解释在站台等高铁时为什么要站在黄线后，防止高速运行的高铁，带动附近气流高速运动，紧贴高铁的气流运动速度增加，动能增大，根据机械能守恒定律，静压能降低，造成周围空气压强大于紧贴高铁侧的空气压强，如果顾客离高铁过近，巨大的压差会将顾客推向高速运行的高铁，后果严重，以此培养学生利用科学知识武装自己，提高安全意识。⑤介绍雷诺准数时，简要介绍雷诺事迹，激励学生的科学精神。⑥试差法的学习让学生认识到，要做好一件事情并不会是一蹴而就的，可能需要反反复复地尝试，培养学生的抗挫精神。

1.5.3.3 流体输送机械（6学时）

（1）知识点：离心泵的结构及工作原理；离心泵的性能参数及性能曲线；离心泵的

有效功率、效率、工作点的基本概念；气蚀现象、气蚀余量、最大允许吸上真空度的概念；离心泵的工作点与流量调节；离心泵的类型及选择；其他类型液体输送机械；气体输送和压缩机。

（2）思政元素：精益求精、创造创新的工匠精神和匠心品格。

（3）融入路径：介绍输送设备发展史，唤醒学生工匠精神。

1.5.3.4　非均相物系的分离和固体流态化（10学时）

（1）知识点：非均相混合物分离方法、颗粒及颗粒群特性；重力沉降和离心沉降的基本原理、沉降速度的意义及基本计算方法，降尘室、旋风分离器和悬液分离器的结构特点、工作原理及选型；过滤操作的基本概念（过滤介质、过滤速率、恒压过滤、恒速过滤、过滤常数等）、过滤常数的测定方法，过滤基本方程及其应用，常用过滤设备；非均相混合物分离技术和设备的新进展；离心分离设备；固体流态化的概念及相关原理。

（2）思政元素：环境保护和可持续发展；提高学生的安全意识。

（3）融入路径：与当今严重的空气污染相结合，将含尘气体的处理手段融入雾霾治理过程；通过粉尘爆炸的案例介绍控制大气粉尘浓度的必要性，提醒同学通过理论知识武装自己，提高生活和化工生产中的安全意识。

1.5.3.5　传热（12学时）

（1）知识点：传热速率、传热速度、热传导、热对流、热辐射、对流传热、稳态传热和非稳态传热；温度场及温度梯度的基本概念，导热基本定律，单层、多层平壁的导热速率式及圆筒壁的导热速率式；对流给热系数、对流传热计算、对流传热机理、保温层的临界直径；传热过程的热量衡算、总传热系数、总传热速率方程及其应用、平均温度差的计算、传热单元数法；对流传热系数的影响因素、对流传热过程的量纲分析、流体无相变时的对流系数、流体有相变时的对流系数、壁温的估算；辐射传热的概念和定律；换热器的分类、间壁式换热器的结构形式及其设计和选型、间壁式换热器的比较和传热强化。

（2）思政元素：环境保护和可持续发展；资源的循环利用；培养学生科学的态度，百折不挠的精神。

（3）融入路径：①讲到换热器时，介绍青藏铁路工程中用到的热管技术。利用低温热管的单向导热作用，不仅在冬天强化了冻土层的冷冻过程，而且在夏天又不会增加冻土层的融化过程，从而保证了冻土路基的长期稳定，这使得青藏铁路在冻土地区的运行速度始终保持在100km/h，远远超过世界同类铁路40km/h的平均速度。如今，我国的低温热管技术已经成功推广到了俄罗斯和加拿大等国家。②循环利用是转变经济发展模式的必然要求，是提高资源利用效率的必由之路，也是降低企业成本的有效方法。在本章，介绍一些化工企业废热利用的案例，达到节能减排，进一步拓展了学生对环境保护和可持续发展理念和资源的循环利用的理解，并使学生能更好地将所学的理论知识与工业应用相结合。③用傅立叶等科学家的事迹培养学生科学的态度，百折不挠的精神。④向学生介绍换热网络优化的工程概念，带领学生了解当前常用的化工设计软件（ASPEN）。

1.5.3.6　蒸发（6学时）

（1）知识点：蒸发、单效蒸发、多效蒸发的概念；典型蒸发设备的基本结构及选型、蒸发系统的辅助装置；溶液温度差损失及有效温度差、单效蒸发的计算、管内沸腾传热系数α的关联式；多效蒸发的流程及特点、多效蒸发的计算，多效蒸发和单效蒸发的比较、提高加热蒸汽经济性的其他措施；蒸发器的工艺设计。

（2）思政元素：激励学生的科学探索精神；强化学生的环保意识。

（3）融入路径：通过蒸发器类型的介绍，激励学生的科学探究精神；废热利用问题，强化学生环保意识。

1.5.3.7　蒸馏（12学时）

（1）知识点：蒸馏概述；两组分溶液的气—液相平衡关系；简单蒸馏和平衡蒸馏；精馏原理和流程；双组分连续精馏的计算——理论板的概念和恒摩尔流假设；物料衡算和操作线方程式；回流比的概念及其影响和选择；进料热状态的影响；理论板层数的求取；塔高和塔径的计算；过程的焓衡算；精馏塔的操作和调节；回流比恒定时的间歇精馏和馏出液组成恒定时的间歇精馏；恒沸精馏、萃取精馏；多组分精馏流程方案的选择、最小回流比和简捷法确定理论板；多组分物系的气液平衡、关键组分的概念及组分在产品中的分配。

（2）思政元素：对立统一规律；资源的循环利用；辩证思维和逻辑思维的培养。

（3）融入路径：①化工原理知识中蕴含了丰富的哲学思想。精馏操作过程，增加回流比，精馏段操作线和提馏段操作线远离平衡线，有利于传质过程，理论板数下降，设备费用降低，但是同时造成冷凝器和再沸器的热负荷增加，操作费用增加。操作费用和设备费用就是一对矛盾，它们相互联系又相互制约，体现了矛盾的对立统一规律。②精馏过程产生大量废热，同传热章节一样，普及废热循环利用，提高学生环保意识，培养学生树立可持续发展和循环利用的意识。③精馏塔设计过程各个参数的优化及相互间的矛盾，培养学生的辩证思维和逻辑思维，矛盾的对立与统一，并使学生能更好地将所学的理论知识与工业应用结合。

1.5.3.8　吸收（12学时）

（1）知识点：吸收操作的基本概念；气—液相平衡关系及其对吸收操作的意义；分子扩散与菲克定律，扩散系数的影响因素，对流传质，吸收过程的机理及其速率方程；吸收塔的物料衡算与操作线方程，收剂用量的决定，填料层高度和理论板层数的计算；吸收系数的测定及其经验公式，吸收系数的特征数关联式；高浓度气体的吸收、非等温吸收、多组分吸收、化学吸收、脱吸过程。

（2）思政元素：绿色发展理念；资源的循环利用；辩证思维和逻辑思维的培养。

（3）融入路径：①讲气体吸收时介绍解吸操作回收吸收剂的案例，可以有效拓展学生对资源循环利用的理解，并使学生能够更好将所学理论知识与工业实际应用进行耦联；让学生了解空气中二氧化硫主要源于不可再生的化石燃料以及相关的脱除方法，引导学生积极了解洁净煤技术、清洁能源和绿色化工的概念，培养学生牢固树立"保护环境就是保护生产力"和"绿水青山就是金山银山"的绿色发展理念。②吸收塔设计过程各个参数的优化及相互间的矛盾，培养学生的辩证思维和逻辑思维，矛盾的对立与统一，并使学生能更好地将所学的理论知识与工业应用结合。

1.5.3.9　蒸馏和吸收塔设备（8学时）

（1）知识点：塔设备概述；板式塔的结构和塔板的类型、板式塔的流体力学性能与操作特性、板式塔的工艺设计；填料塔的结构与特点、填料的特性及类型、填料塔的流体力学性能与操作特性、填料塔的计算、填料塔的内件。

（2）思政元素：通过塔设备机械设计知识的讲解，告诫学生要全面地分析问题，自然地达到思政育人的效果；培养学生辩证思维，认识矛盾的对立与统一；科学精神；工匠精神。

（3）融入路径：通过案例分析塔设计过程各个参数的优化及相互间的矛盾，培养学生的辩证思维和逻辑思维，矛盾的对立与统一，并使学生能更好地将所学的理论知识与工业应用结合；在进行塔设备的设计过程中，需要进行反反复复地计算，培养学生的抗挫精神和百折不挠的工匠精神。

1.5.3.10　液—液萃取（8学时）

（1）知识点：萃取操作的概念、目的和操作依据，萃取剂的选择；三元体系的液—液相平衡及其在三角相图上的表示；萃取过程的流程和计算；萃取研究的重点、化学萃取、超临界流体萃取；液—液萃取设备的类型及其流体流动和传质特性、萃取设备的选择。

（2）思政元素：环境保护和可持续发展；资源的循环利用；辩证思维和逻辑思维的培养。

（3）融入路径：①通过案例分析液—液萃取单元操作过程，介绍液—液萃取过程的分离与能量消耗的关系，明白此过程的节能及能量的充分利用非常必要，进一步分析液—液萃取过程的节能减排措施，进一步拓展了学生对环境保护和可持续发展理念和资源的循环利用理解。②以萃取设备设计过程各个参数的优化及相互间的矛盾，培养学生的辩证思维和逻辑思维，并使学生能更好地将所学的理论知识与工业应用结合。

1.5.3.11　干燥（8学时）

（1）知识点：干燥操作的基本概念与目的、湿空气的热力学性质、湿度图及其应用；干燥过程的物料衡算与干燥过程的热量衡算；固体物料在干燥过程中的平衡关系与速率关系；干燥设备的主要形式及其基本结构、干燥设备的选型、干燥设备的工艺设计。

（2）思政元素：环境保护和可持续发展；资源的循环利用；培养学生辩证思维，认识矛盾的对立与统一；科学精神；工匠精神。

（3）融入路径：①通过案例分析干燥单元操作过程，介绍干燥过程的干燥效果与能量消耗的关系，明白此过程的节能及能量的充分利用非常必要，进一步分析干燥过程的节能减耗的措施，拓展了学生对环境保护和可持续发展理念和资源的循环利用的理解。②以干燥设备设计过程各个参数的优化及相互间的矛盾，培养学生的辩证思维和逻辑思维，并使学生能更好地将所学的理论知识与工业应用结合，培养学生的科学精神，工匠精神。

1.5.4 课程思政参考书目及网站

［1］夏清.化工原理（上、下册）[M].天津：天津大学出版社，2012.

［2］《学习强国》学习平台.

［3］《人民日报》微信公众号.

［4］《化工707》微信公众号.

［5］沈赤.课程思政典型案例选编[M].杭州：浙江大学出版社，2020.

2 >> 专业基础实验课程

2.1 无机化学实验课程思政教学指南

2.1.1 课程思政说明

"无机化学实验"是以实验操作为主的基础课程（32学时）。是以实验为手段来研究无机化学中的重要理论和典型元素及其化合物的变化，以及相应仪器、装置、基本操作和有关原理、方法、数据处理的一门课程。在实验教学中，要把马克思主义立场观点方法的教育与科学精神的培养结合起来，理论联系实际。提高学生正确认识问题、分析问题和解决问题的能力；着重培养学生爱护环境、节约资源的良好习惯，要注重强化学生工程伦理教育，培养学生精益求精的大国工匠精神，激发学生以科技报国的家国情怀和使命担当。

2.1.2 课程思政目标

（1）通过本课程的学习，使学生进一步熟悉元素及其化合物的重要性质和反应，掌握无机化学实验的基本操作技术，掌握一般无机化合物的制备和分离，并能初步学会设计实验。培养学生实事求是的科学态度和良好的实验习惯，加深无机化学理论的理解与掌握。

（2）在实验操作教学中，通过融入马克思主义方法论和强化工程伦理教育，引导学生树立工程意识和大工程观，培养解决复杂工程问题的能力和不畏艰辛、勇于探索的科学精神；在实验教学中，培养学生正确认识、分析和解决问题的能力，提升学生的思辨力和创新力。

（3）结合生活案例，培养学生在生活中持续学习、追求卓越的精神；结合典型人物案例，引导学生树立进取精神、担当意识，形成良好的职业素养和职业伦理。

2.1.3 思政元素融入教学知识点计划与安排

2.1.3.1　无机化学实验的基本操作知识及实验室安全知识（4学时）

（1）知识点：无机化学实验课的学习方法；常用仪器的认领、洗涤和干燥；化学实验室安全知识。

（2）思政元素：安全意识、责任意识；环保意识，节约意识。

（3）融入路径：强调在化学实验过程中，科学回收处理废固、废液、废气等废弃物，践行"绿水青山就是金山银山"科学理论；强调化学实验过程中注意自身安全的同时也要注意他人安全，防范风险发生；增强学生在科学研究工作中应对突发状况的能力。

2.1.3.2 气体摩尔常数的测定（4学时）

（1）知识点：测定气体摩尔常数的方法及其原理；理想气体状态方程式和分压定律的应用；电子天平和气压计的使用方法。

（2）思政元素：实事求是、理论联系实际的科学研究精神；创新思维、批判性思维；爱国、爱党的情怀。

（3）融入路径：①介绍我国无机化学家戴安邦爱国事迹，戴安邦先生一生根据祖国科学技术的发展需要，从事了多个化学领域的教学和科研工作，为我国化学特别是无机化学的繁荣发展及人才培养作出了重大贡献；戴安邦先生做出了榜样，为祖国的进步、科学的发展、社会的繁荣奉献了一切。②介绍南北朝时期的数学家祖冲之关于圆周率的故事引到气体摩尔常数的测定，培养学生民族自豪感。③鼓励学生在实验过程中多思考多探索，具有怀疑和批判精神。

2.1.3.3 醋酸电离常数的测定（4学时）

（1）知识点：测定醋酸的电离常数，加深对电离度和电离常数的理解；正确使用酸度计。

（2）思政元素：时代新人的劳动素养、团队协作精神和节约意识——社会主义建设者和接班人的综合素质和劳动技能；诚信意识、健康心态——"诚实是人生的命脉，是一切价值的根基"。

（3）融入路径：①从中国"稀土之父"徐光宪的事迹引到醋酸解离常数的测定，讲解实验步骤中醋酸标准溶液的配制，滴定精度、滴定操作规范，如果操作不规范可能会使长达四小时的实验功亏一篑，得不到实验结果。②在实验过程中培养学生耐心、细致的工作态度，良好的团队协作精神；不测数据时关闭设备电源，养成节约的良好习惯。③以翟天临事件为例强调实验操作、记录应该自己完成及学习生活中的诚信等。

2.1.3.4 硫代硫酸钠的制备与检测（4学时）

（1）知识点：硫代硫酸钠的制备原理及方法；蒸发浓缩、减压过滤、结晶等基本操作；产品中杂质成分的定量分析。

（2）思政元素：可持续发展、保护环境——"金山银山不如绿水青山，绿水青山就是金山银山"。

（3）融入路径：从侯氏制碱法引入硫代硫酸钠制备与检测；通过查阅国家标准网站，从硫代硫酸钠制备过程中的有害物质谈及制造中的可持续发展理念和企业责任；用数据对比说明中国在创新创业领域的投入及党的十八大以来中国发展的历史性成就和历史性变革，激发学生的爱国热情。

2.1.3.5 硫酸亚铁铵的制备与检测（4学时）

（1）知识点：硫酸亚铁铵的制备方法；练习加热、溶解等基本操作。

（2）思政元素：创新开拓的科学探索精神和国家发展战略——全球视野、勇担当、善创新的时代精神，"不须黄鹤作飞骑，吾驾神龙速第一""晌午京城尝爆肚，黄昏闲钓武昌鱼""穿云破雾似游龙，百里行程两刻钟"。

（3）融入路径：①从介绍我国著名的无机化学家徐如人先生引入实验教学，介绍徐如人先生如何创建我国无机合成化学学科，将我国的无机合成化学推向国际前列；促进了分子筛领域的大发展；他推动了我国分子筛以及水热合成产业的发展，支撑了早期我国石油加工工业的兴起。②从科学技术如何推动社会生产力的发展，到科学技术如何影响国防军备，让学生理解中国政府是如何承担大国责任、展现大国担当的。

2.1.3.6 聚合硫酸铁的制备与检测（4学时）

（1）知识点：聚合硫酸铁的制备方法；练习加热、溶解等基本操作；聚合硫酸铁各项主要性能指标的测定方法。

（2）思政元素：科学的思维方法和严谨的工作态度——基础学科在国家重大战略及关键领域的重要性，"九层之台，起于垒土"；工程伦理中的职业素养——"义"与"利"的选择，"非其义，不受其利"，不做"见利忘义"的事。

（3）融入路径：观看几个与化学相关的国家精品课程片段，如南京大学无机化学相关课程，加强对无机合成的知识理解；从基本定律难理解、基础学科难学，讲到基础学科的学习在个人职业发展中的重要性和在国家重大战略和关键领域中所起的重要作用；在解决问题过程中激发学生科学的思维方法，提升学生逻辑思辨能力。

2.1.3.7 粗硫酸铜的提纯与检测（4学时）

（1）知识点：固体的加热溶解、水浴蒸发浓缩、热过滤、结晶与重结晶；结晶水合物中结晶水含量的测定原理和方法；电子天平的使用。

（2）思政元素：标准意识、规则意识、法律意识——工程设计中国家标准的重要性、生产生活中的法律的重要性，"矩不正，不可为方；规不正，不可为圆"。

（3）融入路径：从石墨烯的发展历程导入本次实验内容，讨论在设计中要按照国家标准选用化学品纯度；强调化学化工过程应该遵守的国家标准，启发学生思考如果人在社会活动中不遵守法律法规可能产生的后果。

2.1.3.8 未知离子的分离与鉴定（4学时）

（1）知识点：常见物质的鉴定或鉴别；常见阳离子重要反应的基本知识。

（2）思政元素：安全意识、责任意识——"道路千万条，安全第一条，行车不规范，亲人两行泪"；实事求是理论联系实际的科学研究精神——"怀疑有如草木之芽，从真理之根萌生"的求实态度。

（3）融入路径：强调实验过程中注意自身安全的同时也要注意他人安全，防范风险发生；增强个人在学习科研工作中处理应对突发状况的能力；鼓励学生在实验过程中多思考多探索，具有怀疑和批判精神。

2.1.4　课程思政参考书目及网站

[1]华东理工大学无机化学教研组.无机化学实验[M].4版.北京：高等教育出版社.

[2]华东理工大学.无机化学实验[M].北京：高等教育出版社，2012.

[3]沈赤.课程思政经典案例选编[M].杭州：浙江大学出版社，2020.

[4]《学习强国》学习平台.

[5]《人民日报》微信公众号.

2.2　有机化学实验课程思政教学指南

2.2.1　课程思政说明

有机化学实验课程（48学时）的开设目的是使学生掌握有机化学实验基本知识、基本操作和技能；学会正确选择有机化合物的合成、分离、提纯和分析鉴定的方法；了解实验原理与要点、类型。通过实验使学生掌握有机化学实验的基本操作技术，培养学生严谨的工作作风和实事求是的科学态度、独立工作能力、创新能力和实践动手能力，使学生具备简单实验设计的能力。在课程教学中，要把马克思主义立场观点方法与科学精神的培养结合起来；要注重强化学生工程伦理教育，培养学生工匠精神及家国情怀和使命担当。

2.2.2　课程思政目标

（1）通过介绍有机化学工业发展史以及我校化学化工类专业发展史，激发学生的家国情怀和爱校、爱专业的热情，使学生投身专业学习、逐梦无悔青春。

（2）在理论知识教学中，通过融入马克思主义方法论和强化工程伦理教育，引导学生树立工程意识和大工程观，培养解决复杂工程问题的能力和不畏艰辛、勇于探索的科学精神；在实验教学中，培养学生正确认识、分析和解决问题的能力，提升学生的思辨力和创新力。

（3）结合工程实际案例，培养学生在化学相关领域内持续学习，追求卓越的精神，引导学生树立进取精神，形成良好的职业素养。

2.2.3　思政元素融入教学知识点计划与安排

2.2.3.1　有机化学实验的基础知识及实验室安全常识（4学时）

（1）知识点：有机化学实验仪器的认识与使用方法；化学试剂的取用与转移——选

用合适的量具进行规范操作；有机化学实验常用装置，实验室常见电器设备的规范使用。

（2）思政元素：爱国爱校爱专业——"为中华之崛起而读书"的爱国情怀；"大鹏一日同风起，扶摇直上九万里"的远大理想；"锲而不舍、敢为人先"的湖工精神。

（3）融入路径：以屠呦呦与青蒿素的发现为例，讲解有机化学的发展史；分析国内外有机化学行业现状，讨论国内外化工产品结构差异化对市场份额的影响，弘扬爱国主义情怀。

2.2.3.2 熔点的测定（4学时）

（1）知识点：熔点的测定原理和方法；实验数据的记录与处理；熔点仪的操作使用技术。

（2）思政元素：树立正确的"世界观、人生观、价值观"——有机化学专家成长故事（工匠）故事；科学探索中的使命感、责任感，激发创造创新，"技术报国、科技报国"的理想，"为建设中国特色社会主义伟大事业奋斗终身"的坚定信念。

（3）融入路径：以中国科学院院士，著名的金属有机化学家陆熙炎先生为例，讲解国内有机化学的发展史，学习科学家的爱国情怀和对科研事业的坚持不懈精神。

2.2.3.3 实验三　环己烯的制备（4学时）

（1）知识点：由环己醇脱水制备环己烯；学习分馏、蒸馏、分液、干燥等基本实验操作。

（2）思政元素：制度优势——坚定四个自信，即"道路自信、理论自信、制度自信、文化自信"；以史观今，工程师的责任和使命担当——做到两个维护，即"坚决维护习近平总书记党中央的核心、全党的核心地位，坚决维护党中央权威和集中统一领导"。

（3）融入路径：解说世界上第一个人工合成的蛋白质——结晶牛胰岛素发现过程，讲解合成过程中体现的社会主义制度的优势；"反应停"事件带给我们的启示，引导学生重视有机合成领域的规则，在工作当中切实履行新时代工程师的责任和使命担当。

2.2.3.4 正溴丁烷的制备（6学时）

（1）知识点：由正丁醇制备正溴丁烷；回流、蒸馏、分液、干燥等基本实验操作。

（2）思政元素：可持续发展，保护环境。

（3）融入路径：举例说明回收处理有机气体不当带来的有害气体排放造成的人身危害；通过查阅国家标准网站，从剧毒化学品使用过程中的注意事项谈及化学化工领域制造中的可持续发展理念和企业责任。

2.2.3.5 正丁醚的制备（6学时）

（1）知识点：由正丁醇制备正丁醚；分水回流、蒸馏、分液、干燥等基本实验操作。

（2）思政元素：现代科技在国防现代化中的重要作用——未来科技在战争中的重要作用，高新科技在国防建设中的重要地位；三牛精神或工匠精神——"为民服务孺子牛、创新发展拓荒牛、艰苦奋斗老黄牛"或"匠人、匠心、匠作"。

（3）融入路径：让学生理解中国是如何承担大国责任、展现大国担当的；介绍当代著名油脂化学家张驷祥在长期从事的技术工作中兢兢业业的孺子牛精神，设计人手不够、研发条件不足、执着钻研的老黄牛精神和不断探索、不断尝试的拓荒牛精神或精益求精、工作严谨、一丝不苟、耐心专注、爱岗敬业、淡泊名利的工作态度。

2.2.3.6 环己酮的制备（6学时）

（1）知识点：由环己醇氧化制备环己酮；水蒸气蒸馏、分液、干燥等基本实验操作。

（2）思政元素：诚信意识、健康心态——"诚实是人生的命脉，是一切价值的根基"；创新开拓的科学探索精神和国家发展战略——全球视野、勇担当、善创新的时代精神，"不须黄鹤作飞骑，吾驾神龙速第一""晌午京城尝爆肚，黄昏闲钓武昌鱼""穿云破雾似游龙，百里行程两刻钟"。

（3）融入路径：要求学生自己设计由环己醇氧化制备环己酮方案，强调自主设计的重要性，遇到困难时的解决办法；强调实验操作的严谨性、实验记录的真实性；用数据对比说明中国高速铁路的发展及党的十八大以来中国发展的历史性成就和历史性变革，激发学生的爱国热情。

2.2.3.7 乙酸异戊酯的制备（6学时）

（1）知识点：由醋酸和异戊醇制备乙酸异戊酯；回流、蒸馏、分液、干燥等基本实验操作。

（2）思政元素：时代新人的劳动素养、团队协作精神和节约意识——社会主义建设者和接班人的综合素质和劳动技能；科学的思维方法和严谨的工作态度——基础学科在国家重大战略及关键领域的重要性，"九层之台，起于垒土"。

（3）融入路径：讲解乙酸异戊酯的制备实验步骤中反应时间长短、反应温度高低、排水操作不规范可能会使长达四小时的实验功亏一篑，得不到实验结果；在实验过程中培养学生耐心、细致的工作态度，良好的团队协作精神；实验结束关闭设备电源，养成节约的良好习惯；从基本定律难理解、基础学科难学，讲到基础学科的学习在个人职业发展中的重要性和在国家重大战略和关键领域中所起的重要作用；在解决问题过程中激发学生科学的思维方法，提升学生逻辑思辨能力。

2.2.3.8 甲基橙的制备（6学时）

（1）知识点：制备甲基橙；重结晶、减压蒸馏操作。

（2）思政元素：实事求是、理论联系实际的科学研究精神——"怀疑有如草木之芽，从真理之根萌生"的求实态度；标准意识、规则意识、法律意识——工程设计中国家标准的重要性、生产生活中的法律的重要性，"矩不正，不可为方；规不正，不可为圆"。

（3）融入路径：介绍酒石酸外消旋体拆分的发展历程，讲解甲基橙的制备过程的操作要点；鼓励学生在实验过程中多思考多探索，具有怀疑和批判精神；讨论在设计中不按照国家标准设计化学化工操作流程可能出现的问题；强调设计时应该遵守的国家标准，启发学生思考如果人在社会活动中不遵守法律法规可能产生的后果。

2.2.3.9 乙酰苯胺的制备（6学时）

（1）知识点：由苯胺制备乙酰苯胺；分馏、重结晶等基本操作。

（2）思政元素：安全意识、责任意识——"道路千万条，安全第一条，行车不规范，亲人两行泪"；工程伦理中的职业素养——"义"与"利"的选择，"非其义，不受其利"，不做"见利忘义""见利思义"的事。

（3）融入路径：强调在有机合成过程中安全问题，讲解反应过程中可能出现的问题；强调实验过程中注意自身安全的同时也要注意他人安全，防范风险发生；增强个人在科研工作中处理应对突发状况的能力；举例说明科技论文写作中用到的仿真结果和实验数据，强调知识产权保护等重要性；举例说明产品设计中软件国产化的重要性。

2.2.4 课程思政参考书目及网站

［1］兰州大学.有机化学实验[M].北京：高等教育出版社，2015.

［2］周科衍.有机化学实验[M].北京：高等教育出版社，2015.

［3］易兵，谭正德.微型有机化学实验[M].上海：同济大学出版社，2016.

［4］沈赤.课程思政经典案例选编[M].杭州：浙江大学出版社，2020.

［5］《学习强国》学习平台.

［6］《人民日报》微信公众号.

2.3 分析化学实验课程思政教学指南

2.3.1 课程思政说明

分析化学实验课程是化学化工、轻化工程、生物工程、高分子材料等专业的必修专业基础课程（40学时）。课程旨在培养学生的实验动手能力和严谨科研素养；通过课程学习，树立环保意识，明确职业担当和社会责任，成为具备全面素质和综合能力的高级应用型人才，在实现中国百年梦想、全球生命共同体中扮演"质量监控的使者"。

2.3.2 课程思政目标

（1）通过生产和生活中的实例解说，使学生明白分析测试在产品质量管控、食品药品安全和人民群众健康、绿色环保和可持续性发展等方面的重要性。

（2）结合实际生产案例，培养学生职业道德和社会责任感，成为有正确的世界观与人生观、诚实守信的高素质专业人才。

（3）培养学生辩证唯物主义观点和科学思维方式，引导学生加强工程实践意识，锻炼学生的思维能力和实验动手能力，履行低碳环保、循环节约的理念，实现"知识传授"与"价值引领"的全面融合。

2.3.3　思政元素融入教学知识点计划与安排

2.3.3.1　滴定分析基本操作（6学时）

（1）知识点：滴定分析中常用仪器的使用方法；滴定分析基本操作；酸碱标准溶液的配制和浓度的比较；甲基橙和酚酞指示剂的使用和终点变化，酸碱指示剂的选择方法。

（2）思政元素：一丝不苟、严谨认真的工作态度；实事求是，精益求精的学习习惯。

（3）融入路径：在实验中，严格要求学生，反复训练，纠正错误，使学生掌握扎实、规范的实验操作方法；精细入微观察实验现象，真实记录实验数据，培养严谨的科研思维。

2.3.3.2　工业混合碱的测定（4学时）

（1）知识点：双指示剂法测定混合物中个组分的含量；酸碱分步滴定的原理；混合碱的总碱度测定及计算方法。

（2）思政元素："具体问题具体分析""透过现象看本质""主要矛盾和矛盾的主要方面"等辩证唯物主义观点。

（3）融入路径：引导学生具体分析实验现象，分析推断混合碱不同组成，通过逻辑梳理纷繁复杂的实验数据中隐藏的反应本质并分析测定原理；可利用本实验原理进一步引申设计"饼干中碱度的分析"实验方案，锻炼学生的动手能力和解决实际问题的能力，培养辩证唯物主义观点。

2.3.3.3　工业铵盐中氮含量的测定（4学时）

（1）知识点：碱标准溶液浓度的标定方法；甲醛法测定铵盐中含氨量的原理和方法；大样的取样原则，系统误差的消除方式。

（2）思政元素：分析检测在工业生产质量管理体系中的重要性；坚守诚实守信的道德底线，树立社会责任感。

（3）融入路径：利用该实验说明分析检测在工业生产中的广泛应用，是质量管理体系中的重要环节，对保障产品质量至关重要；以氮含量测定，联系"三聚氰胺奶粉"事件，说明分析检测人员突破道德底线对社会的危害。

2.3.3.4　湘江水总硬度的测定（4学时）

（1）知识点：EDTA标准溶液的配制及标定原理和方法；配位滴定的基本原理，方法和计算；直接法测定水硬度的原理方法。

（2）思政元素："绿水青山就是金山银山"；水质好坏关系社会发展和人民健康，树立环保意识和绿色发展理念。

（3）融入路径：以实验说明水质检测对社会经济和千家万户的重要性；以近年来国家对环保的重视和措施说明社会可持续性发展观念；说明湖南省治理沿湘江化工区、湘潭竹埠港化工区搬迁，带来湘江水质的明显改善。

2.3.3.5　工业废水铅、铋连续测定（4学时）

（1）知识点：控制酸度连续测定铅、铋的方法；二甲酚橙指示剂的应用；利用EDTA

连续测定多种金属离子的原理和方法。

（2）思政元素：绿色环保、低碳循环理念；环境污染及治理、生态恢复。

（3）融入路径：讲解重金属污染对生态环境和人民健康的危害；说明近年来国家治理污染和生态修复的措施和成效；通过试剂的使用量和废液的处置回收讲解，渗透环保意识，培养厉行节约、绿色环保意识。

2.3.3.6　工业漂白剂中过氧化物含量的测定（4学时）

（1）知识点：$KMnO_4$标准溶液的配制与标定方法；$KMnO_4$与$Na_2C_2O_4$反应条件，滴定终点的判断；高锰酸钾法测定过氧化氢含量的原理和方法。

（2）思政元素："量变引起质变""外因和内因""一分为二"等辩证唯物主义观点；安全教育和环保意识。

（3）融入路径：利用高锰酸钾标定时$KMnO_4$与$Na_2C_2O_4$反应条件，滴定时先慢后快，说明量变和质变的关系；温度、酸度、速度，说明外部因素对反应的影响；过氧化氢的强氧化性，在本实验中却被氧化，说明事物是一分为二的。$KMnO_4$和过氧化氢的易爆性，说明规范操作和安全使用的重要性。

2.3.3.7　碘量法测定维生素C含量（4学时）

（1）知识点：氧化还原滴定基本操作技术；直接碘量法测定维生素C的原理和方法。

（2）思政元素：通过该实验提升学生质量至上、生命至上的理念。

（3）融入路径：应用碘量法对药物含量的检测、工业原材料的纯度检测，利用该原理对药用葡萄糖的含量检测，保证药品检验、新药审核、标准复核、科研结果等各项报告的准确可靠性。

2.3.3.8　湘潭钢铁公司铁矿石中铁的测定（4学时）

（1）知识点：$K_2Cr_2O_7$标准溶液的配制；无汞法测铁的原理和方法；预还原的目的和方法。

（2）思政元素："事物都是不断发展发展变化的"辩证唯物观点；归纳与演绎、分析与综合等科学思维方式；绿色环保观念。

（3）融入路径：由有汞测铁过渡到无汞测铁，说明事物是不断变化的，分析方法也与时俱进；由实验过程中的预还原的复杂步骤的解说，培养学生的科学思维，锻炼解决实际问题的能力；由实验废液的处理，灌输环保理念。

2.3.3.9　水中微量铁的测定（6学时）

（1）知识点：分光光度法测定原理和实验条件；分光光度法测定水中微量铁的方法；可见分光光度计的使用方法。

（2）思政元素：克服困难、实事求是的价值观；科学研究的逻辑思维；细心操作、认真分析的工作态度和作风。

（3）融入路径：由测量条件和显色条件的选择，说明科学研究的一般思维方式；由学生实验操作不规范，影响数据准确度和精密度，引导学生树立不怕困难、实事求是的作风和耐心细致的品质。

2.3.4 课程思政参考书目及网站

［1］武汉大学.分析化学实验[M].3版.北京：高等教育出版社，2016.
［2］《学习强国》学习平台.
［3］《人民日报》微信公众号.
［4］沈赤.课程思政典型案例选编[M].杭州：浙江大学出版社，2020.

2.4 物理化学实验课程思政教学指南

2.4.1 课程思政说明

"物理化学实验"是化学工程与工艺、应用化学等专业必修的基础实验课程（40学时）。课程内容包括热力学、电化学、动力学、表面与胶体化学等领域的代表性实验。

"物理化学实验"是培养学生理论联系实际和创新意识的主战场。在课程的教学中，要充分发挥实验课程育人功能，通过对与实验相关理论知识讲解和思政案例讲述，引导学生树立辩证唯物主义世界观、社会主义核心价值观、正确的审美观以及环保理念等；在对学生实验操作、数据处理、实验报告撰写的指导中，要注重培养学生实事求是、严谨治学、团结协作、勇于创新的精神，引导学生树立正确的挫折观及社会责任感。真正做到以习近平总书记的重要讲话精神为指导，以社会主义核心价值观为灵魂和主线，实现"立德树人"的根本任务。

2.4.2 课程思政目标

（1）通过重新整理实验教学内容并合理安排实验教学，即保留教材中的经典、具有代表性的实验项目，增加与学生所在专业密切相关的实验项目，使学生充分意识到物理化学实验可以解决生活、生产的实际问题，激发学生以科技报国的家国情怀和爱校、爱专业的热情。

（2）采用网络平台仿真实验等形式预习，验证实验步骤并提出创新想法。在条件允许情况下进行创新实验步骤。通过预习提高学习效率，提升学生的思辨力和创新力。

（3）实验讲解过程中注意引导学生运用辩证唯物主义思维理解知识要点，并通过化学史、联系实际的案例等激发学生学习兴趣、培养学生树立社会主义核心价值观、正确的审美观以及环保理念等；同时要求学生以严谨治学的态度严格控制实验条件和操作规范，确保实验达到预期效果。

（4）实验进行中，要求学生仔细观察实验现象，实事求是、准确完整地记录原始数据。通过考察学生的实验操作技能，引导学生树立正确的挫折观。

（5）采取有效开展学生分组实验的方法，使学生成为实验的主体，充分调动学生的积极性，促进学生团队协作能力和沟通能力的培养。

2.4.3 思政元素融入教学知识点计划与安排

2.4.3.1 基本技能及实验室安全知识（4学时）

（1）知识点：基础实验技术的掌握、理解与应用；数据处理技巧与表达；实验室安全事故的处理方法。

（2）思政元素：树立安全意识、责任意识。

（3）融入路径：实验前发布相关实验室安全知识教育视频，同学们自行观看；重点强调物理化学实验室使用电器时，要特别注意安全用电，防止引发火灾、防止短路等，同时注意有毒、易爆易燃化学药品的安全使用，为了保障人身安全，一定要遵守实验室安全规则；最后以2018年北京交通大学实验室爆炸燃烧事故为例，强调应深刻吸取教训、引以为戒，并树立"安全第一"的防护意识。

2.4.3.2 燃烧热的测定（4学时）

（1）知识点：氧弹式量热计的原理与构造，各部件的名称以及主要部件的作用、使用方法；气体钢瓶的使用方法、注意事项；氧气减压阀的使用方法及原理；用氧弹卡计测萘的恒容燃烧热的实验方法、步骤。

（2）思政元素：树立正确的挫折观。

（3）融入路径：实验进行前介绍其他班级同学在点火中出现的问题，强调在实验过程中如何评价和对待失败，在实验失败后要做的是仔细寻找失败的原因，进而总结形成一定的经验，而非自暴自弃；通过考察学生的实验操作技能，并进行巡视，对实验失误的学生及时予以纠正，鼓励其不怕失败，改正错误，引导学生树立正确的挫折观。

2.4.3.3 正丙醇—乙醇双液系相图（4学时）

（1）知识点：用沸点仪测定常压下正丙醇—乙醇液态混合物的沸点和气液两相平衡组成；沸点的测定方法；阿贝折射仪的测量原理及使用方法。

（2）思政元素：爱国情怀；严谨细致的科学态度和文化自信。

（3）融入路径：介绍折光仪的使用时，引导学生精确读取折光率数据。准确绘制相图，培养严谨的科学态度。介绍中国物理化学的奠基人之一——黄子卿，着重讲述他在物理化学领域的科研成就和显著贡献，激励学生学习黄子卿将自己的一腔热血融入中华民族的崛起和伟大复兴中，培养学生的爱国情怀和文化自信。

2.4.3.4 二组分金属相图（4学时）

（1）知识点：用热分析测绘二元金属相图；热分析的测试技术；热电偶的校正及使用方法。

（2）思政元素：偶然性和必然性的辩证关系，科学发现就是从偶然现象中找出必然的规律性。

（3）融入路径：介绍记忆合金的发现。1952年，Chang和Read等人发现Au–Cd合金中相变可逆性，但当时未引起人们的广泛注意。直到1962年，Buehler及其合作者在等原子比的TiNi合金中观察到具有宏观形状变化的记忆效应，才引起材料科学界和工业界的重视。

2.4.3.5　一级反应—蔗糖水解（4学时）

（1）知识点：用旋光仪测定蔗糖水解反应的反应速度常数的原理和方法；旋光仪的结构及工作原理和使用方法；蔗糖水解的准一级反应的速率常数计算。

（2）思政元素：坚持不懈、艰苦奋斗的精神。

（3）融入路径：①讲解旋光仪的基本原理，引出与实验原理方法有关的几位科学家及相关事迹教育学生坚持辩证唯物主义的方法和科学的实验过程，领会辩证唯物主义理论和实践的关系，学习科学家不怕困难，坚持不懈，艰苦奋斗的精神。②引出在新民主主义革命时期，中国革命斗争之所以能够取得胜利，很重要的一个原因就在于中国共产党人一直保持着艰苦奋斗精神，强调传统精神美德传承的重要性。

2.4.3.6　二级反应—乙酸乙酯皂化（4学时）

（1）知识点：电导法测定乙酸乙酯皂化反应速度常数的原理；图解法求二级反应速度常数；活化能的测定。

（2）思政元素：爱护环境、节约能源，为建设美丽中国而努力；个人和国家、整体和部分的辩证关系——只有我们每一个个体都很努力，国家才能富强，国家富强了，我们每一个个体也能受益。

（3）融入路径：①介绍溶液的电导率时可以讲述：电导率可用于判断水的纯度。由于工业废水的随意排放以及农药、化肥的过度使用，国内水质状况令人担忧，强调学生要牢记有关生态文明建设的要求，即"绿水青山就是金山银山"。②在处理实验数据时，引导学生进行由速率控制步骤引发的哲学思考，因为一个化学反应一般由多个基元反应组成，其中速率最慢的基元反应控制了整个反应的速率。使学生在掌握了"乙酸乙酯的皂化反应"实验的基本原理、实验操作和数据处理之外，了解个人和国家、整体和部分的辩证关系。

2.4.3.7　原电池电动势的测定（4学时）

（1）知识点：补偿法测定原电池电动势的原理，电位差计测定电池电动势的方法；原电池的构成与组装，电极、盐桥等的制备，可逆电池的有关基本概念。

（2）思政元素：敢于怀疑、批判和创新，发扬科学的探究精神——认真细致的观察和不断的实验验证。

（3）融入路径：讲解测定原理引出原电池发现的小趣事教育学生认真细致地观察和不断地实验验证是提出自己理论和见解的基础，而实践是检验真理的唯一标准；强调对前人的知识和经验，不能全盘接受，要敢于怀疑、批判和创新，发扬科学的探究精神。

2.4.3.8 胶体溶液的制备及电泳（4学时）

（1）知识点：$Fe(OH)_3$ 溶胶的制备和净化；电泳法测定 $Fe(OH)_3$ 溶胶的 ζ 电位，ζ 电位的意义及影响溶胶稳定性的因素。

（2）思政元素：勤勤恳恳、顽强奋斗、求实作风和爱国精神。

（3）融入路径：通过讲解胶体溶液的制备及电泳法测定电位的实验原理引出我国著名胶体化学家的事迹，例如，新中国胶体化学发展的主要奠基人、坚定的爱国者傅鹰教授，教育学生学习前辈科学家勤勤恳恳、顽强奋斗的精神，树立高尚品德、求实作风和爱国精神；实验过程考核中更多地关注学生的细节，对不同程度及情况的学生进行适当的加扣分处理，在教学评价中融入思政考核。

2.4.3.9 表面张力的测定（4学时）

（1）知识点：最大泡压法测表面张力；饱和吸附量及正丁醇分子横截面积的计算。

（2）思政元素：树立目标、自我激励，上进。

（3）融入路径：通过讲解实验原理介绍拉普拉斯方程附加压力，毛细管中只有突破附加压力，气泡才能成功冒出，学生要树立目标、自我施压为自己提供内驱动力，同时约束自己克服惰性，好好学习，努力奋斗；在实验过程中培养学生严谨、细致的工作态度，良好的团队协作精神。

2.4.3.10 差热分析（4学时）

（1）知识点：差热分析法的基本原理及研究方法，差热分析仪的操作；用差热分析法测 $CuSO_4 \cdot 5H_2O$ 在加热过程中发生变化的温度及焓变。

（2）思政元素："理论联系实际，细节决定成败"的科学研究精神。

（3）融入路径：通过比较本次实验和上次实验测定对象方法的不同教育学生要理论联系实际，不能生搬硬套，要实事求是，追求科学精神；通过讲解实验关键步骤引导学生认识到细节决定成败——社会不缺少雄韬伟略的战略家，缺少的是精益求精的执行者；操作指导方面，培养学生树立实事求是、团结协作的作风。

2.4.4 课程思政参考书目及网站

［1］Atkins' Physical Chemistry, Peter Bolgar, *et al.*[M]. Oxford：Oxford University Press, 2018.

［2］AIP 文献检索平台、物理化学学报等科研杂志平台.

［3］《学习强国》学习平台、《人民日报》微信公众号.

［4］物理化学实验公开课，大连理工大学，中国大学 MOOC.

［5］许新华，王晓岗，王国平.中美物理化学实验教材内容的比较研究[J]. 中国大学教学，2016（6）：81-86.

2.5 化工原理实验课程思政教学指南

2.5.1 课程思政说明

"化工原理实验"是化学工程与工艺专业的学科基础必修课（48学时）。本课程探索将思政教育融入化工原理实验课程教学的过程中，充分发挥课程育人功能，在培养专业技能的同时，培养学生不断追求真理、勇于探索未知领域的精神；提高学生的辩证思维、科学思维、创新思维能力；提高思想道德水平，进行正确的价值取向引导；培养学生精益求精的大国工匠精神，激发学生以科技报国的家国情怀和使命担当；培养学生遵守标准规范的职业素养，创新、绿色、安全化工的理念，树立化工生产"安全至上，生态和谐"的意识。

2.5.2 课程思政目标

（1）结合实验教学，引导学生树立进取精神、担当意识，形成良好的职业素养和职业伦理。通过介绍化学工业发展史以及在我国的经济和社会发展的重要性，激发学生以科技报国的家国情怀、爱专业的热情，使学生投身专业学习、逐梦无悔青春。

（2）在实验教学中，引导学生树立工程意识和大工程观，培养解决复杂工程问题的能力和不畏艰辛、勇于探索的科学精神；培养学生正确认识、分析和解决问题的能力，提升学生的思辨力和创新力。

（3）结合实验教学，使学生理解个体与行业对公众的安全、健康和福祉以及环境保护的社会责任；使学生理解团队协作与配合及有效沟通与交流。

（4）结合实验教学，培养学生遵守标准规范的职业素养，建立创新、绿色、安全化工的理念，树立化工生产"安全至上，生态和谐"的意识。

2.5.3 思政元素融入教学知识点计划与安排

2.5.3.1 流体阻力实验（5学时）

（1）知识点：流体流经直管和阀门时的阻力损失和测定方法；流体流动中能量损失的变化规律；测定直管摩擦系数λ与雷诺数Re的关系；测定流体流经阀门时的局部阻力系数、摩擦系数λ与雷诺数Re之间的关系及工程意义。

（2）思政元素：工程意识；事物的对立统一观点；整体与部分的观点。

（3）融入路径：介绍管路中的直管阻力和局部阻力，结合化工厂实例介绍如何降低管道阻力损失，让学生认识到控制成本对企业的重要性，树立正确的职业道德观。

2.5.3.2 流量测定与流量计校核（4学时）

（1）知识点：文丘里流量计的构造及应用；文丘里流量计的流量校正方法；测定文丘里流量计的流量系数C_V；流量系数与雷诺数的关系。

（2）思政元素：工程意识；精益求精、创造创新的工匠精神和匠心品格

（3）融入路径：介绍流量计在现代化工工业领域的作用，让学生体会到一个简单的单元设备对整个工业的影响，正确理解工匠精神的内涵。

2.5.3.3 离心泵特性曲线的测定（4学时）

（1）知识点：离心泵的结构和特性；离心泵的工作原理；离心泵的操作；离心泵主要性能参数的测定方法；测定单级离心泵在一定转速下的性能曲线。

（2）思政元素：工程意识和大工程观；规范的职业素养；化工生产"安全至上，生态和谐"的意识；工匠精神。

（3）融入路径：结合化工厂实例介绍离心泵的构造、特性及绘制特性曲线，强调在启动泵之前避免"气缚现象"，传承注重细节、一丝不苟、精益求精的工匠精神。

2.5.3.4 板框过滤实验（5.5学时）

（1）知识点：恒压过滤常数 K、q_e、θ_e 的测定方法；对 K、q_e、θ_e 概念和影响因素的理解；滤饼的压缩性指数 s 和物料常数 k 的测定方法；$d_\theta / d_q \sim q$ 一类关系的实验确定方法。

（2）思政元素：工程意识和大工程观；团队协作与配合及有效沟通与交流。

（3）融入路径：结合化工厂实例介绍过滤机的构造及操作方法。讲解板框过滤机的安装，培养学生用发展的观点看待问题；让学生分工协作拆装设备，培养学生团队精神及沟通能力。

2.5.3.5 传热实验（5.5学时）

（1）知识点：传热实验的实验方案设计及流程设计；换热器的基本构造与操作原理；热量衡算与传热系数 K 及对流传热膜系数 α 的测定方法；强化传热的途径及措施。

（2）思政元素：工程意识和大工程观；提升学生的思辨力和创新力；整体与部分的观点。

（3）融入路径：结合化工厂实例介绍管式换热器的构造及操作方法，整个实验涉及套管换热系数的测定，针对当前全球的温室效应现状，如何利用传热技术改善全球变暖的问题。

2.5.3.6 精馏实验（8学时）

（1）知识点：精馏单元操作过程的设备与流程；板式塔结构与流体力学性能；精馏塔的操作方法与原理；精馏塔效率的测定方法。

（2）思政元素：培养学生树立正确的职业道德观和安全意识；节能与环保及可持续发展。

（3）融入路径：结合化工厂实例介绍精馏塔的构造及操作方法，结合实验让学生认识到控制成本对企业的重要性。

2.5.3.7 吸收与解吸实验（8学时）

（1）知识点：吸收单元操作过程的设备与流程；填料塔结构与流体力学性能；填料吸收塔的流体力学状态；测定在干、湿填料状态下填料层压降与空塔气速的关系；测定

总体积吸收系数K_ya；总体积吸收系数K_ya的影响因素。

（2）思政元素：工程意识、现象与本质的观点；提升学生的思辨力和创新力，规范的职业素养；化工生产"安全至上，生态和谐"的意识，团队协作与配合及有效沟通与交流。

（3）融入路径：结合化工厂实例介绍吸收装置在化工工业中的应用，根据实际问题，提出针对性解决问题的方法。

2.5.3.8　干燥实验（8学时）

（1）知识点：干燥设备的基本结构；干燥流程与原理；在恒定干燥条件下物料的干燥曲线和干燥速率曲线的测定方法；测定物料干燥速率曲线的工程意义及影响干燥速率的因素。

（2）思政元素：工程意识；提升学生化繁为简、模块切割、各个突破的能力和思维方式；规范的职业素养；建立创新、绿色、安全化工的理念，树立化工生产"安全至上，生态和谐"的意识。

（3）融入路径：结合化工厂干燥装置的应用，介绍干燥过程既涉及传热又涉及传质，因此过程相对比较复杂，分析过程的传热和传质，识别关键步骤，通过物料衡算和热量衡算实现传热和传质过程的定量表达。培养学生化繁为简、模块切割、各个突破的能力和思维方式。

2.5.4　课程思政参考书目及网站

［1］张金利.化工原理实验[M].天津：天津大学出版社，2005.

［2］《学习强国》学习平台.

［3］《人民日报》微信公众号.

［4］《化工707》微信公众号.

［5］沈赤.课程思政典型案例选编[M].杭州：浙江大学出版社，2020.

［6］陈婷.新工科背景下《化工原理实验》思政探索与实践[J].山东化工，2020（49）.

3 >> 化学工程与工艺专业课程

3.1 化工仪表及自动化课程思政教学指南

3.1.1 课程思政说明

"化工仪表及自动化"是化学工程与工艺专业一门重要的专业选修课程（32学时）。为了能够发挥课程的思政育人功能，应紧扣课程内容，做好教学设计，发掘课程中的思想政治理论教育资源、将辩证唯物主义、爱国主义教育、创新意识等思政元素融入所教授的知识点中，以培养学生遵守标准规范的职业素养，创新、绿色、安全化工的理念，树立化工生产"安全至上，生态和谐"的意识。

3.1.2 课程思政目标

（1）在理论知识教学中，通过融入马克思主义方法论和强化工程伦理教育，引导学生树立工程意识和工程观，培养解决复杂工程问题的能力和不畏艰辛、勇于探索的科学精神；在实践教学中，培养学生正确认识、分析和解决问题的能力，提升学生的思辨力和创新力。

（2）结合工程实际案例，培养学生遵守标准规范的职业素养，创新、绿色、安全化工的理念，以树立化工生产"安全至上，生态和谐"的意识为目的。

（3）结合工程实际案例，培养学生在化工自动化相关领域内持续学习、追求卓越的精神；结合典型人物，引导学生树立进取精神、担当意识，形成良好的职业素养和职业伦理。

3.1.3 思政元素融入教学知识点计划与安排

3.1.3.1 绪论 自动控制系统基本概念（2学时）

（1）知识点：化工自动化的主要内容；自动控制系统的基本组成及表示形式；自动控制系统的分类；自动控制系统的过渡过程和品质指标。

（2）思政元素：培养学生工程应用的能力，培养学生理论联系实际分析问题的能力。育人主题——环保意识、科学精神、工匠精神、价值主题；培养学生从实践出发，坚持实践出真知，积累失败经验，为掌握材料性能与应用奠定坚实的基础。

（3）融入路径：查阅相关文献、书籍，结合媒体报道，列举中国高铁、中国航天等相关实例，培养爱国情怀，为民族复兴奉献自己。

3.1.3.2　过程控制及数学建模（2学时）

（1）知识点：化工过程的特点及其描述方法；对象数学模型的建立：建模目的、机理建模、实验建模；描述对象特性的参数。

（2）思政元素：创新精神、职业素养、工匠精神——树立"制造报国、科技报国、创新报国"的理想。

（3）融入路径：观看中央电视台《大国工匠》纪录片中有关化工领域的优秀专家；"优秀材化人"官微推送中化学工程优秀校友分享。

3.1.3.3　检测仪表及传感器（10学时）

（1）知识点：测量过程与测量误差，仪表的性能指标，工业仪表分类；压力检测及仪表；流量检测及仪表；物位检测及仪表；温度检测及仪表；现代检测技术与传感器的发展；显示仪表。

（2）思政元素：安全生产、法治意识、职业素养——牢固树立安全生产意识、法律意识、环保意识，提升学生的职业素养。

（3）融入路径：以20世纪90年代巴陵石化压力表爆炸伤人事件案例，来说明压力控制以及安全生产的重要性。

3.1.3.4　自动控制仪表、执行器（6学时）

（1）知识点：控制仪表的发展史；基本控制规律及其对系统过渡过程的影响——双位控制、比例控制、积分控制、微分控制；气动执行器；电动执行器；电—气转换器及电—气阀门定位器。

（2）思政元素：安全生产、法治意识、工匠精神——树立"节能减排、绿色制造"理念。

（3）融入路径："绿水青山就是金山银山"的生态文明思想；介绍央视纪录片《大国重器》中最先进的高效节能减排纺织印染装备。

3.1.3.5　简单控制系统、复杂控制系统（8学时）

（1）知识点：简单控制系统的结构与组成；简单控制系统的设计；控制器参数的工程设定；串级控制系统，均匀控制系统；比值控制系统；选择性控制系统；分程控制系统。

（2）思政元素：科学精神、奋斗精神、创新精神、工匠精神——创新开拓的科学探索精神和全球视野、勇担当、善创新的时代精神。

（3）融入路径：控制系统需要精益求精、分毫不差、追求极致，培养学生严谨的科学态度和追求完美的工匠精神。

3.1.3.6 典型化工单元控制方案（4学时）

（1）知识点：流体输送设备的控制方案；传热设备的自动控制；精馏塔的自动控制；化学反应器的自动控制；生化过程的控制。

（2）思政元素：科学精神、创新精神、专业自信——启迪学生进行科学创新、创业，增进专业自信。

（3）融入路径：结合具体化工单元，列举石油裂解、啤酒生产、青霉素生产等实例，融入思政，培养学生爱专业、报效祖国的决心。

3.1.4 课程思政参考书目及网站

[1] 张志君. 现代检测与控制技术 [M]. 北京：化学工业出版社，2007.

[2] 张宏建. 检测控制仪表学习指导 [M]. 北京：化学工业出版社，2006.

[3]《学习强国》学习平台.

[4]《人民日报》微信公众号.

[5] 沈赤. 课程思政典型案例选编 [M]. 杭州：浙江大学出版社，2020.

3.2 化工制图课程思政教学指南

3.2.1 课程思政说明

"化工制图"是一门实践性极强的课程，是化工专业的专业基础课程（48学时）。在课程教学中，要把马克思主义立场观点方法的教育与科学精神的培养结合起来，提高学生表述复杂化学工程问题、使用图纸呈现设计成果、运用现代工具的绘图的能力；要注重强化学生工程伦理教育，培养学生精益求精的大国工匠精神，激发学生以科技报国的家国情怀和使命担当。

3.2.2 课程思政目标

（1）通过介绍化工制图、绘图工具的发展史以及我校化学工程与工艺专业发展史，激发学生以科技报国的家国情怀和爱校、爱专业的热情，使学生投身专业学习、逐梦无悔青春。

（2）在理论知识教学中，通过融入马克思主义方法论和强化工程伦理教育，引导学生树立工程意识和大工程观，培养学生表述复杂化学工程问题、使用图纸呈现设计成果、运用现代工具的绘图的能力和严谨、细致、不畏艰辛、勇于探索的科学精神。

（3）结合工程实际案例，培养学生在化学工程与工艺相关领域内持续学习，追求卓越的精神；结合典型案例，引导学生树立进取精神、担当意识，形成良好的职业素养和职业伦理。

3.2.3　思政元素融入教学知识点计划与安排

3.2.3.1　制图基本知识（2学时）

（1）知识点：化学工程历史；化工制图课程历史；制图基本规范；绘图工具；几何作图；平面图像尺寸分析及画法；绘图方法及步骤。

（2）思政元素：爱国爱校爱专业——"胸怀忧国忧民之心，爱国爱民之情"；"大鹏一日同风起，扶摇直上九万里"的远大理想；"锲而不舍、敢为人先"的湖工精神；马克思主义物质、运动观点。

（3）融入路径：介绍化工制图在化工生产中的重要性，以化工制图软件的发展现状，引发学生思考，提高文化自信、激发爱国主义热情；正确理解工匠精神的内涵。介绍化工制图在化工设计中的重要性，介绍我校在化工设计竞赛中取得的优秀成绩，激发学生专业学习的积极性。

3.2.3.2　点、直线和平面的投影（6学时）

（1）知识点：投影的概念；点、直线、平面的投影。

（2）思政元素：马克思主义物质、运动观点；现象和本质的观点。

（3）融入路径：投影是现象，物体是本质。不同的投影就是表现出不同的现象；透过现象看本质，全面地看现象，联系观点看现象。告诉同学们读图时，不能只看一个投影，让同学们形成具有从不同角度、不同方向观察事物本质的思想和方法。

3.2.3.3　立体投影（6学时）

（1）知识点：立体投影；平面与立体相交；两回转体相交。

（2）思政元素：时空观、维度的观点。

（3）融入路径：在讲授立体投影时，介绍维度的概念和关系。

3.2.3.4　轴测图和组合体（4学时）

（1）知识点：轴测图的基本知识、正顶测、斜二测和轴测图的画法；组合体的分析方法；组合体三视图的画法；组合体尺寸标注。

（2）思政元素：现代生产工具的重要性；识图能力与量变哲学。

（3）融入路径：生产工具的发展促进社会的发展，化工制图也从平面制图向三维制图发展。我们要掌握先进的生产工具，举例说明先进生产工具对人类社会带来的好处；祖国的进步日新月异，中国开始向创新型社会发展。培养学生对于组合体可以化繁为简，模块分割，培养学生各个突破的能力和思维方式。

3.2.3.5　机件常用表达方法（2学时）

（1）知识点：机件常用的表达方法；视图；剖视图；断面图；局部放大图；简化画法。

（2）思政元素：现代科技在国防现代化中的重要作用——未来科技在战争中的重要作用，高新科技在国防建设中的重要地位。

（3）融入路径：表达方法在技术交流中的应用；从科学技术如何推动社会生产力的发展，到科学技术如何影响国防军备，让学生理解中国是如何承担大国责任、展现大国担当的。

3.2.3.6　标准件和常用件（2学时）

（1）知识点：螺纹紧固件；键和销；轴承；齿轮；弹簧。

（2）思政元素：科学的思维方法和严谨的工作态度——基础学科在国家重大战略及关键领域的重要性，"九层之台，起于垒土"。

（3）融入路径：标准、规范在现代生产中发挥的作用；在解决问题过程中激发学生科学的思维方法，提升学生逻辑思辨能力。

3.2.3.7　零件图（2学时）

（1）知识点：零件图；零件图的表达内容、零件图的画法。

（2）思政元素："个体"与"整体"的关系；局部与全局的关系。

（3）融入路径：零件是构成部件与设备的基础；培养学生的团队合作精神。

3.2.3.8　装配图（2学时）

（1）知识点：装配图；装配图的内容；装配图的表达方法；装配图的尺寸标注；读装配图。

（2）思政元素："整体"与"个体"的关系；全局与局部的关系。

（3）融入路径：在整体中如何处理个体与整体的关系；培养学生奉献的精神，个人利益服从集体利益，集体利益服从国家利益。

3.2.3.9　AutoCAD绘图（8学时）

（1）知识点：AutoCAD的界面、操作技巧、直线命令；圆、矩形、多边形、椭圆、块、点、图案填充的绘图命令；删除、复制、阵列、镜像、偏移、移动、旋转、缩放、拉伸、修剪、延伸、打断、合并、倒角、圆角、分解的命令；图层和标注。

（2）思政元素：软件的市场占有率与爱国主义精神。

（3）融入路径：从AutoCAD软件拓展到三维绘图软件、Va. Soliduorks. Materiacs studio等，工业绘图软件多为国外开发，让学生知道在软件开发领域我国的现状，依然落后于发达国家，激发学生学习热情和爱国情怀。

3.2.3.10　化工设备图（6学时）

（1）知识点：化工设备的特点和化工设备图的特点。

（2）思政元素：从专业发展的角度，讲述化工制图的发展；爱国爱校爱专业——"为中华之崛起而读书"的爱国情怀。

（3）融入路径：从化工设计竞赛的角度出发，介绍化工设备图的特点启发学生在工厂实习时要注意观察设备的细节，了解设备原理，激发学生的学习兴趣。

3.2.3.11　工艺流程图（4学时）

（1）知识点：方案流程图；物料流程图；带控制点的工艺流程图。

（2）思政元素：心系"国家事"、肩扛"国家责"；保护环境，树立环保意识。

（3）融入路径：以我国化工发展现状为例，介绍目前我国的化工厂存在的一些问题，比如为了发展，很大程度上造成的环境污染，引导学生在实验中要注意废水的处理，养成良好的习惯，树立环保意识。

3.2.3.12 设备布置图（4学时）

（1）知识点：设备布置图的表达、标注和布置。

（2）思政元素：从化工专业的角度，讲述化工设备布置图的特点。人与自然和谐发展；可持续发展观。

（3）融入路径：从社会、自然环境的角度出发，引入车间设备布置的方法；强调工程与社会，人与自然和谐发展。

3.2.4 课程思政参考书目及网站

[1] 刘小年. 工程制图[M]. 北京：高等教育出版社，2019.

[2] 林大钧. 化工制图[M]. 北京：高等教育出版社，2014.

[3]《学习强国》学习平台.

[4]《人民日报》微信公众号.

[5] 沈赤. 课程思政典型案例选编[M]. 杭州：浙江大学出版社，2020.

3.3 化工导论课程思政教学指南

3.3.1 课程思政说明

"化工导论"是化学工程与工艺的专业必修课（16学时），是学生学习和了解现代化工概况及其工程与技术基础知识的入门课程，是为了培养基础厚、专业宽、能力强、素质高、具有创新精神的化工专业人才，提高学生对现代化工全面认识而设置的课程。在整个教学过程中，通过将思政内容无痕融入教学内容中，提高学生对化工在国民经济中的地位与作用的认识，激起学生对化工的热爱和化工专业的兴趣，使大学生注重知识、能力和素质的全面提高，增强社会责任感。

3.3.2 课程思政目标

（1）通过考勤、提问和讨论观察学生的精神风貌及行为举止，建立诚实守信，遵守规则的氛围。比如目前课堂采用信息化教学，通过学习通等平台网上进行签到和提问，给大班的考勤带来了方便，但也带来了一些问题，有的学生不在教室也可以通过网络进行签到，在学习产品质量控制时可以结合该现象讨论诚信问题。

（2）以历史故事作为融入点，通过案例讨论和分析，增强学生的家国意识和社会责任感，工作中爱岗敬业，提升个人品格和行为。在学习国家工业发展史内容时，引入两弹一星研发的故事，在国外技术封锁、国内条件有限的情况下，科学家如何艰苦奋斗、坚持理想、初心不变，由此引入当今大学生如何面对各类挫折、坚定信念等问题的讨论，引导学生树立正确的国家意识和社会责任。通过"烽火戏诸侯"等故事，讨论控制产品质量背后的诚信问题。

（3）以科学家事迹作为融入点，培养学生爱岗敬业、认真严谨的工作作风。讲述我国化工先驱者侯德榜发明联合制碱法时，通过侯德榜发明联合制碱法的历程及其爱国精神，提升学生的文化自信和爱国情怀。化工过程控制的目的在于保证化工装备平稳运行，化工过程中条件稍有变化将引起设备内参数发生巨大变化，通过"两弹一星"功勋钱学森、郭永怀、邓稼先等科学家的感人事迹和工匠精神，让学生树立认真负责、严谨的学习态度和工作作风。

（4）结合时事信息，提升学生的大局意识和科学技术现代化理念。讲述大气污染的防治，针对新旧动能转换问题，讨论如何全面看待该问题，提升学生的大局意识和专业思维。随着化工生产过程的连续化、生产规模的大型化和生产条件的优化，对过程控制技术的要求也越来越高，电子计算机的问世，在科学技术上引起了一场深刻的革命。通过了解计算控制系统在化工生产过程中的应用，提升学生的科学技术现代化理念。学习无机化工的发展内容时，结合课程内容融入中兴和华为事件，中国企业必须进一步提高创新能力，尽快把核心技术掌握在自己手中。通过中兴和华为事件的讨论，让学生深入了解事件背后的技术信息，让学生树立正确的爱国和大局意识，激发学生学习的积极性。

3.3.3　思政元素融入教学知识点计划与安排

3.3.3.1　化工概述与发展史（2学时）

（1）知识点：化工概述；化工与国民经济的关系；化工发展史。

（2）思政元素：爱国爱校爱专业——引导学生善于发掘生活中有关化工行业的传统文化知识，拓宽学生视野，并加强学生对专业的认同感。

（3）融入路径：我国火药、造纸术、陶瓷、冶铁、酿酒等工艺的发明均处于世界领先位置，教师可在教学过程中，选择适当的时间对该部分内容进行简单介绍；引导学生对传统文化的热爱，激发爱国情怀；介绍化工产品的广泛应用。使学生感觉到在化工行业可以大有所为，激发学生热爱本专业的热情。

3.3.3.2　无机化工（2学时）

（1）知识点：无机化工的特点；无机化工原料；主要无机化工产品和用途；典型产品生产工艺。

（2）思政元素：树立爱岗敬业、为化工事业而奋斗的精神——与无机化工相关的科学家的故事。

（3）融入路径：在讲解"侯氏制碱法"时，教师首先介绍该化工技术被研发之前，国内外制碱工艺的发展状态，强调工艺水平给社会生产生活带来的限制。在明确技术背景后，以故事讲述的方式对侯德榜先生的生平、侯氏制碱法的研发经历等进行介绍，然后梳理侯氏制碱法之后制碱工艺的发展过程及目前的状态，分享科学家的故事，培养学生爱岗敬业、为化工事业而奋斗的精神。

3.3.3.3　石油炼制与石油化工（2学时）

（1）知识点：石油化工的原料；石油炼制；石油化工主要产品和用途；典型产品工艺介绍。

（2）思政元素：干一行、爱一行、钻研一行的钉子精神——我国石油化工和炼制中科学家的故事。

（3）融入路径：以感动中国人物——中国工程院院士为例，讲解学习和工作中干一行、爱一行、钻研一行的钉子精神的重要性，闵恩泽院士本科学的并不是化工，而是因为国家的需要而改变学习和研究方向，通过艰苦努力，最后成为中国炼油催化的奠基人，获得中国最高科学技术奖。

3.3.3.4　天然气化工与煤化工（2学时）

（1）知识点：天然气与煤；天然气化工；煤的化工利用；煤化工发展方向；温室气体的化学利用。

（2）思政元素：可持续发展，保护环境——合理利用资源。

（3）融入路径：介绍当今社会的能源结构和能源危机以及发展趋势，引申到解决能源问题还得靠化工，发展新能源的同时考虑社会的可持续发展和环境的保护；针对当前全球的温室效应现状，如何利用化工技术转化温室气体降低温室效应。

3.3.3.5　化学工程与工艺的科学基础（2学时）

（1）知识点：化学工程的产生与发展；化工单元操作及设备；化学反应工程；化工过程控制；化工技术与经济。

（2）思政元素：科学的思维方法和严谨的工作态度——基础学科在国家重大战略及关键领域的重要性。

（3）融入路径：介绍化工的基本单元操作及设备，化工过程控制，培养学生的科学思维方法和严谨的工作态度；从科学技术如何推动社会生产力的发展，到科学技术如何影响国防军备，让学生理解中国政府是如何承担大国责任、展现大国担当的。

3.3.3.6　环境化工（2学时）

（1）知识点：环境化工概述；大气污染的防治；水污染的防治；固体废物的处理；清洁生产。

（2）思政元素：工程伦理中的职业素养——"义"与"利"的选择，"非其义，不受其利"，不做"见利忘义""见利思义"的事。

（3）融入路径：在化工实践中，遵守工程伦理道德，在发展生产的同时，考虑化工生产给环境和人民生活带来的影响，并且有责任担当；在化工生产的同时考虑环境的治理。

3.3.3.7 化工安全工程基础（2学时）

（1）知识点：危险化学品和化学工业危险性；化工安全操作的技术措施。

（2）思政元素：强烈的安全生产意识、责任意识——道路千万条，安全第一条。

（3）融入路径：化工行业具有一定的危险性，介绍危险化学品和化工危险性，每次事故的发生源于不规范的操作和安全隐患的存在，培养学生的强烈安全、责任意识。

3.3.3.8 绿色化学与化工、高新技术与现代化工（2学时）

（1）知识点：绿色化工的兴起与发展；绿色化学与化工的研究内容；低碳循环经济下的绿色化学与化工；新材料技术与化工；新能源技术与化工。

（2）思政元素：绿色化学和化工的发展理念——"绿水青山就是金山银山"的生态环境发展理念，使学生在生产实践、科学研究中，始终秉持绿色化学与化工的发展理念。

（3）融入路径：以莱茵河畔的化工企业—德国化工巨头巴斯夫为例，说明化工生产也能够实现清洁生产，引导培养学生具有绿色化工生产的理念。

3.3.4 课程思政参考书目及网站

[1] 李淑芬，王成扬，张毅民.现代化工导论[M].北京：化学工业出版社，2017.

[2]《学习强国》学习平台.

[3]《人民日报》微信公众号.

[4] 廖永安.湘潭大学线上教学优秀案例集[M].湘潭：湘潭大学出版社，2020.

3.4 化工过程分析与合成课程思政教学指南

3.4.1 课程思政说明

"化工过程分析与合成"是化学工程与工艺专业的专业必修课（32学时）。在课程教学中，以典型的、现代的化学工艺过程作为研究对象、载体和实例，使学生学习并初步掌握有效地组织工艺流程，科学地确定系统的操作条件，以实现过程系统高效、平稳运行，达到所期望的技术、经济、环境和资源目标的方法，即系统工程的方法。同时从单纯突出系统工程方法论过渡到在介绍基本数学方法的基础上，强调注意运用系统工程思想和方法进行案例分析，突出实践性和综合性。要把马克思列宁主义、毛泽东思想与科学精神的培养结合起来，提高学生实事求是，坚持真理，分析解决问题的能力。

3.4.2 课程思政目标

（1）通过介绍国内外化学工程专业发展史，特别是引入我校化工专业的发展史，激发学生科技报国的家国情怀和爱校、爱专业的热情。

（2）在教学中，通过融入马克思主义思想和工程实际案例，引导学生独立进取精神，担当意识，培养学生不畏艰辛，勇于探索的科学精神。

3.4.3 思政元素融入教学知识点计划与安排

3.4.3.1 绪论（2学时）

（1）知识点：中国化工过程生产操作控制技术发展的三个阶段：模仿、更新换代和引进、自主研发新产品；我校化工专业方向的发展史。

（2）思政元素：爱国爱校爱专业——"为中华之崛起而读书"的爱国情怀；"大鹏一日同风起，扶摇直上九万里"的远大理想；"锲而不舍、敢为人先"的湖工精神。

（3）融入路径：观看视频"全球最大的化工企业——中国中化"；分析国内外化工现状，讨论国内外化工对市场份额的影响，弘扬爱国主义情怀；了解我院学生参加化工设计大赛的收获及成绩，激发学生专业学习积极性。

3.4.3.2 化工过程系统稳态模拟与分析（10学时）

（1）知识点：合成氨工业发展现状及重要性。

（2）思政元素：科学探索中的使命感、责任感，激发创造创新活力——"技术报国、科技报国"的理想，"为建设中国特色社会主义伟大事业奋斗终身"的坚定信念；探索技术创新的重要性，为建设创新型国家奠定坚实的基础。

（3）融入路径：查阅相关专利和文献，了解关于合成氨的技术要点和难点；讨论氨合成领域的大国间竞争，介绍其工业的重要性；引导学生树立破解该领域难题的信心。

3.4.3.3 化工过程系统的优化（6学时）

（1）知识点：化工过程大系统的优化。

（2）思政元素：化工工程师的责任和使命担当。

（3）融入路径：引入化工工程师在处理危急问题的案例，向学生展现真实的化工过程。树立学生实事求是的科学精神及正确的职业道德观，明白化工工程师的责任和使命担当。

3.4.3.4 换热网络合成（10学时）

（1）知识点：化工生产流程中换热网络的作用和意义；实际工程项目的换热网络合成。

（2）思政元素：可持续发展，节能降耗；解决换热器的设计，安全生产，保护环境，绿水青山就是金山银山；工程伦理中的职业道德与素养；培养不畏困难，勇于思考，不断创新的理念。

（3）融入路径：举例说明化工过程生产中换热器所占的比例以及其投资费用；通过查阅相关资料，从换热网络设计过程中体会可持续发展理念；学习工程模拟软件，不断改进和创新，强调严谨和实事求是的职业道德与素养；举例说明产品设计中软件国产化的重要性，不畏艰难开发出国外"卡脖子"软件和技术。

3.4.3.5 分离塔序列的综合（8学时）

（1）知识点：分离塔序列的评价方法。

（2）思政元素：环保意识，绿色化工理念；建立完善的评价体系，坚持实践的理念。

（3）融入路径：组织学生讨论绿色分离技术研究进展，强调化工过程绿色化分离的重要性；进一步拓展到我国绿色化工的进展，让学生理解中国是如何承担大国责任、展现大国担当的。

3.4.4 课程思政参考书目及网站

［1］张卫东.化工过程分析与合成[M].北京：化学化工出版社，2011.

［2］都健.化工过程分析与综合[M].大连：大连理工大学出版社，2009.

［3］《学习强国》学习平台.

［4］《化工707》微信公众号.

［5］沈赤.课程思政典型案例选编[M].杭州：浙江大学出版社，2020.

3.5 化工设备机械基础课程思政教学指南

3.5.1 课程思政说明

"化工设备机械基础"是化学工程与工艺专业的专业必修课（32学时）。以培养学生遵守标准规范的职业素养，创新、绿色、安全化工的理念，树立化工生产"安全至上，生态和谐"意识为目的。为了能够发挥该课程的思政育人功能，授课教师应紧扣课程内容，做好教学设计，发掘课程中的思想政治理论教育资源，将辩证唯物主义、爱国主义教育、创新意识等思政元素融入所教授的知识点中，为学生实现知行合一打下基础。

3.5.2 课程思政目标

（1）在理论知识教学中，通过融入马克思主义方法论和强化工程伦理教育，引导学生树立工程意识和大工程观，培养解决复杂工程问题的能力和不畏艰辛、勇于探索的科学精神；培养学生正确认识、分析和解决问题的能力，提升学生的思辨力和创新能力。

（2）结合工程实际案例，培养学生遵守标准规范的职业素养，创新、绿色、安全化工的理念，树立化工生产"安全至上，生态和谐"意识。

3.5.3 思政元素融入教学知识点计划与安排

3.5.3.1 化工设备材料及其选择（8学时）

（1）知识点：材料的性能参数；化工设备的腐蚀与防护。

（2）思政元素：①培养学生工程应用的能力和理论联系实际分析问题的能力，坚持实践出真知，积累经验，为掌握材料性能与应用奠定坚实的基础。②育人主题：环保意识，科学精神，工匠精神，价值主题。

（3）融入路径：①引出课堂知识——案例分析。首先通过几张化工厂的真实图片，带领大家认识课程，通过图片内容，分析如何降低化工厂带来的环境污染，建设绿色家园。问题：试分析如何降低污染？②通过实验视频引出材料性能的概念。以古代铸剑的例子，引入化工设备材料加工工艺性能的概念，并向学生讲述目前国家高超的加工工艺性能的处理手段，激发学生爱国主义情怀和民族自豪感。③引出课堂知识——分析问题：举例说明你见过的腐蚀现象？通过问题的分析引入腐蚀的概念，培养学生理论结合实际分析问题的能力。④介绍腐蚀的分类及防腐生活中常见的腐蚀为电化学腐蚀。比如铁器和铜器的腐蚀。引入实际案例，进一步加深知识的理解程度，培养学生理论联系实际分析问题的能力。

3.5.3.2　内压薄壁容器的强度设计（8学时）

（1）知识点：掌握弹性失效准则；掌握圆筒壳和球壳的强度设计方法。

（2）思政元素：安全意识、科学精神和创新意识。

（3）融入路径：通过引入四川省某化肥厂氨合成塔发生爆炸的案例，让学生分析发生该事故的根本原因，让学生自主讨论。结合江苏发生的化工厂爆炸事故，分析该事故对社会、对公司以及对个人带来的影响，和该事故对于我们人类的一个启示。通过提问的方式，吸引学生的注意力，培养学生分析问题的能力，培养学生爱岗敬业、遵守规章制度，严格按照技术规范进行操作，严禁超过工艺规程允许范围运行的意识。以如何进行强度设计，引出本章学习的必要性。

3.5.3.3　外压容器的强度设计（8学时）

（1）知识点：外压容器的设计准则；外压容器的计算方法。

（2）思政元素：培养学生安全意识；既要不忘初心，又要有所创新。

（3）融入路径：①通过引入外压容器的失稳案例，进一步强调外压容器设计安全的重要性，培养学生的安全意识，引入压力容器设计准则的概念。②设计准则和强度设计，外压容器设计具有两种方法：一种是理论计算法，另一种是图算法。通过此部分的讲解，让学生熟知学习知识并不仅是为了毕业，还是为了真正掌握知识，人在任何一个场所下都应该是具有初心和使命的。我们学习的初心就是学有所用、学有所思、学有所值。希望每位同学都能不忘初心、牢记使命。在掌握基础知识的基础上，力求实现突破常规，寻求创新。

3.5.3.4　塔设备的机械设计（8学时）

（1）知识点：塔设备机械设计的基本知识。

（2）思政元素：民族自豪感；敬业精神。

（3）融入路径：引出课堂知识——案例分析"亚洲第一塔"C3分离塔，激发学生的民族自豪感。另外也启示学生，要培养工匠精神；通过引入电影《我和我的祖国》，展现国家成就以及大国工匠精神，作为学习化学工程与工艺的学生，设计符合工艺要求的化工容器更需要这种精神。以此激发注重学生培养敬业精神。

3.5.4 课程思政参考书目及网站

[1] 喻键良. 化工设备机械基础 [M]. 大连：大连理工大学出版社，2013.
[2]《学习强国》学习平台.
[3]《化工 707》微信公众号.
[4] 沈赤. 课程思政典型案例选编 [M]. 杭州：浙江大学出版社，2020.

3.6 化工热力学课程思政教学指南

3.6.1 课程思政说明

"化工热力学"是化学工程的重要分支和基础学科，是化学工程与工艺专业的专业基础课（48学时）。化工热力学作为化学工程的基础学科和重要分支，它前承物理化学、高等数学和计算机在化工中的应用，后启分离工程、反应工程和化工设计等课程，在工程化教育的实施过程中担负着重要使命。该课程的教学目标是使学生能够利用热力学原理和模型分析化工过程变化，并对过程中的物质和能量利用极限进行分析与优化，课程教学及培养学生工程观念和意识，锻炼学生解决复杂工程问题的重要途径，能帮助学生进一步理解所学专业，树立工程观念和职业责任感。

3.6.2 课程思政目标

（1）通过介绍化工热力学发展史以及化工专业价值，激发学生科技报国的家国情怀和爱校、爱专业的热情，使学生投身专业、逐梦无悔青春。

（2）在理论知识教学中，通过融入马克思主义方法论和强化工程伦理教育，引导学生树立工程意识和大工程观，培养学生解决复杂工程问题的能力和不畏艰辛，勇于探索的科学精神；在实验教学中，培养学生正确认识、分析和解决问题的能力，提升学生的思辨力和创新力。

（3）结合工程实际案例，培养学生在化工相关领域内持续学习，追求卓越的精神；结合典型人物案例，引导学生树立进取精神。

3.6.3 思政元素融入教学知识点计划与安排

3.6.3.1 绪论（2学时）

（1）知识点：化工热力学的基本概念；化工热力学发展过程；学习化工热力学教学的目的、意义。

（2）思政元素：家国情怀和社会责任感。

（3）融入路径：在讲述实际气体状态方程时，介绍浙江大学侯虞钧教授，他1955年在美国博士毕业后回到祖国，与美国科学家合作提出的马丁—侯方程，是世界公认的精确的实际气体状态方程之一。1981年他又独立对该方程进行改进，使之能用于液相及相平衡的计算，取得了系统而有成效的成果。通过此事例引导学生认识到职业道德要服从于国家利益，个人价值的实现要建立在国家整体利益的基础之上，使学生树立"科学无国界，但科学家有祖国"的家国情怀。

3.6.3.2　流体的P–V–T关系（4学时）

（1）知识点：纯物质的P–V–T相图特征与规律；立方型状态方程的形式与特点、常数的获取及其应用于容积性质的计算。

（2）思政元素：求真求实的科学精神和追求理想的科学品质。

（3）融入路径：在讲解水的三相点测定过程中，介绍黄子卿测定水的三相点的案例。他在测定过程中排除了各种可能的干扰（如大气压强及水液面高度产生的附加压强对冰室平衡温度的影响；水样杂质造成的水的凝固点降低；水样严格纯化去除 CO_2；对体系采取严格的隔热防辐射措施，采用了当时最精确的测温手段并加以校正），历经长达一年的反复测试，测得水的三相点为 0.00980 ± 0.00005℃，被确定为国际热力学温标的基准点（IPTS—1948），具有划时代意义。引导学生感知求真求实的科学精神和追求理想的科学品质。

3.6.3.3　纯流体的热力学性质（8学时）

（1）知识点：均相封闭系统热力学原理及其应用对象；物性之间的普遍化关系式，难测量物性与容易测量物性之间的普遍化关系式，系统特征的物性之间的关系式；偏离函数的定义与特点、基于偏离函数的物性计算方法；纯物质（或混合物总体）逸度及逸度系数的定义与性质，逸度系数的计算。

（2）思政元素：科学思维方式、方法。

（3）融入路径：以 Maxwell 关系式推导为例，演示其推导过程。在推导过程中，演示其每一步的由来和所依据的科学原理，培养学生科学严谨的逻辑思维方式。

3.6.3.4　流体混合物的热力学性质（8学时）

（1）知识点：均相敞开系统的热力学原理及其应用；非均相封闭系统相平衡准则的不同形式；化学势、偏摩尔性质的定义，偏摩尔性质与摩尔性质之间的关系；混合物的组分逸度和逸度系数的定义及性质，混合物逸度系数与P–V–T–X的关系；电接触分类中滚动和滑动电接触在实际工程中的应用。

（2）思政元素：与时俱进、终身学习的理念；创新开拓的科学探索精神和国家发展战略——全球视野、勇担当、善创新的时代精神。

（3）融入路径：教导学生使用Thermalcal软件，利用PR方程完成异 CO_2-正丁烷系统的组分逸度系数、组分逸度，将计算机技术应用于化工热力学方程的求解过程中，培养学生树立持续学习的理念；讨论高铁电气运行过程中受电弓"之"字形的设计特点；查阅资料分析中国高速铁路快速发展对我国国民经济的影响和对世界铁路发展的贡献；用数据对比说明中国高速铁路的发展及党的十八大以来中国发展的历史性成就和历史性变革，激发学生的爱国热情。

3.6.3.5 相平衡（6学时）

（1）知识点：相平衡计算的内容、方法和类型；二元多相共存系统相图的规律及相关概念；汽—液、气—液、汽—液—液、液—液、固—液相平衡的计算方法。

（2）思政元素：学习兴趣；工程意识；分析和解决实际问题的创新能力。

（3）融入路径：在实际系统的计算教学过程中，应充分调动了学生在学习过程中的探索性和主动性，激发了学生的学习兴趣，培养学生的工程意识，提高学生分析和解决实际问题的创新能力。在讲解泡、露点这个知识点时，结合己二酸的生产工艺流程中精馏过程原理进行视频、动画等形式的展示，使学生明确泡、露点的定义及其在化工分离过程中的重要意义，从而理解平衡级分离原理。在讲解其计算原理时为了简化计算量同时让学生直观现代化工模拟软件Aspen Plus实现泡、露点的电算过程，可以自制Aspen Plus计算泡、露点的微课小视频，学生通过线上反复观看视频，最终能熟练利用现代工具计算泡、露点的过程，深刻理解其原理，并实现能应用相平衡知识解决实际的化工工程问题的能力，多方位地培养学生的应用能力和工程思维。

3.6.3.6 化工过程的能量分析（4学时）

（1）知识点：稳定流动系统的热力学第一定律和第二定律；理想功、损失功、有效能及其分析；动力循环及其计算；制冷循环、应用及其计算；热泵技术及其节能。

（2）思政元素：节能减排及能源资源忧患意识，绿色化学理念。

（3）融入路径：在讲解动力循环时，可让学生计算分析冬季使用热泵与电炉取暖哪种方式更节能，夏季使用中央空调和分体机哪种更为节能，也可让学生计算一度电所产生的碳足迹，从而了解为何夏季要将室内空调温度调高一些，增加节能的理论依据。在讲解制冷循环时，还可以引入热点问题"煤改电"工程，以具体的数据说明我国目前的用能状况和用能水平，对环境的影响以及与发达国家之间的差距，让学生树立节约能源、合理用能的意识，提高作为一名工科学生的责任感和使命感。

3.6.3.7 实验室操作安全培训（2学时）

（1）知识点：安全的重要性；实验室安全用电等安全防护知识；实验室常见伤害的救护。

（2）思政元素：安全意识。

（3）融入路径：运用实例强调安全的重要性，强调用电安全；强调用电、用气安全，禁止学生在实验室抽烟。

3.6.3.8 二氧化碳临界状态及其P-V-T关系测定（5学时）

（1）知识点：CO_2的P-V-T关系的测定方法，实验测定实际气体状态变化规律的方法和技巧。

（2）思政元素：实事求是、严谨细致的科学研究精神。

（3）融入路径：强调在观察二氧化碳理解状态时，严谨细致，明确二氧化碳临界状态；测定二氧化碳P–V–T关系时实事求是，建立P–V–T之间的关系。

3.6.3.9　二元汽液平衡数据的测定（5学时）

（1）知识点：汽液平衡反应釜的构造，测定常压下二元汽液平衡数据。

（2）思政元素：时代新人的劳动素养、团队协作精神和节约意识——社会主义建设者和接班人的综合素质和劳动技能。

（3）融入路径：汽液平衡数据的记录需要同学之间的协作，强调团队精神；汽液平衡溶液回收利用，培养节约意识；鼓励学生在实验过程中多思考多探索，具有怀疑和批判精神。

3.6.3.10　气相色谱法测无限稀释溶液的活度系数（4学时）

（1）知识点：了解气相色谱仪的基本构造及原理；掌握测定原理和操作方法。

（2）思政元素：诚信意识、健康心态——"诚实是人生的命脉，是一切价值的根基"。

（3）融入路径：强调实验操作、记录应该自己完成及学习生活中的诚信等，以翟天临事件为例。

3.6.4　课程思政参考书目及网站

［1］陈钟秀. 化工热力学 [M]. 北京：化学工业出版社，2012.

［2］冯新. 化工热力学[M]. 北京：化学工业出版社，2019.

［3］《学习强国》学习平台.

3.7　精细化工工艺学课程思政教学指南

3.7.1　课程思政说明

"精细化工工艺学"是化学工程与工艺专业的专业必修课（48学时）。制订学生应掌握各种精细化学品的合成原理、生产工艺、主要操作技术和产品的性能用途的知识目标；培养学生从事精细化学品生产相关工作的能力，并能够根据不同精细化学品进行原料、生产路线和工艺设计选择和优化能力的能力目标；以及培养学生具有实事求是科学态度、严格细致的科学习惯、严谨治学的科学素养。作为教师，如何将课程思政讲得既含蓄蕴藉，又春风化雨润物无声，是一门技术，更是一门艺术。联系到化工工艺生产过程的动态及静态，体会大自然的平衡法则，胜不骄，败不馁，保持平常心是生命的常态。

3.7.2　课程思政目标

（1）价值观目标：将教书育人理念贯穿于专业课教学全过程。在讲解精细化学品（如合成材料助剂、黏合剂、感光材料）开发生产过程中，不仅要讲解其合成路线、机理和工艺，更要深入讲解早期国外技术制约我国产品工业化状况，以及我国科学家通过科技创新、突破技术瓶颈，实现高端精细化学品国产工业化过程。突出我国高端精细化学品的技术亮点，增强学生的爱国、爱校热情和敬业精神，使学生树立社会主义核心价值观。

（2）科学观目标：在讲解精细化学品的研发、合成、工业化应用过程中，使学生认识到精细化学品从实验室研发、小试、中试到工业化生产过程所需的科技知识和专业素养，以及科技工作者所付出的艰辛努力。培养学生脚踏实地、实事求是的学习、工作作风。同时，在讲解生产工艺过程中，注重学科新发展趋势（如光电技术、绿色化工技术）的介绍，使学生树立科技发展无止境、勇于创新的科学观。

（3）人生观目标：在传授课程知识过程中，使学生熟知精细化工在国民经济中不可替代的地位和作用；对比欧美国家在重视科技创新，长期研发投入和技术积累基础上，所取得的一系列技术成果，引导学生把远大抱负落实到实际行动中，落实到中华民族伟大复兴的不懈奋斗中。使学生树立艰苦奋斗、甘于奉献、自觉投身于国家发展和建设的人生观。

（4）绿色环境观目标：在教学过程中，不但讲解精细化学品工业化关键因素，还要阐述传统生产工艺所带来的环境问题；培养学生绿色化学和绿色化工理念，提升他们的社会责任感，为建立环境友好、资源节约型社会，实现人类社会可持续发展贡献力量。

3.7.3　思政元素融入教学知识点计划与安排

3.7.3.1　绪论（2学时）

（1）知识点：精细化工的范畴与特点、精细化工产品的发展趋势。

（2）思政元素：爱国爱校爱专业。

（3）融入路径：讲述发展精细化工的战略意义，增强学生对化学工程与工艺专业的认同感和自信心，使学生积极学习、奋发向上；讲述国内与欧美国家生产技术差别，结合高端精细化学品的需求趋势，培养学生的时代责任感和紧迫感，引导学生学好专业知识、专业技能，志存高远，积极投身于我国精细化工生产，为我国新型高端精细化工产品的开发作出贡献；结合我院研究开发的新型化妆品，引导学生在精细化工产品设计中发挥积极作用。

3.7.3.2　表面活性剂（6学时）

（1）知识点：表面活性剂概述、表面活性剂在溶液界面吸附及其作用、表面活性剂在溶液中形成胶束及其作用；表面活性剂在固液界面吸附及其作用、阴离子表面活性剂。

（2）思政元素：绿色发展理念。

（3）融入路径：把国家相关发展政策融入课程教学中——有关表面活性剂发展的政

策支持；如我国工信部在2016年颁布的《轻工业发展规划（2016—2020年）》把环境友好型洗涤用品列入重点发展任务，国家发改委2016年36号令《产业结构调整指导目录（2015）》把环保型表面活性剂开发与生产列为鼓励类项目；阴离子表面活性剂新型产品种类的研究与生产符合绿色发展理念；聚环氧乙烷醚琥珀酸类表面活性剂，性能优良，安全环保，是一类绿色的阴离子表面活性剂，适合大力发展。

3.7.3.3　香料（4学时）

（1）知识点：香料的概述、香与化学结构、天然香料；合成香料、调和香料（香精）。

（2）思政元素：可持续发展的理念——爱护环境，保护野生动物；科学探索中的使命感、责任感，激发创造创新活力——"技术报国、科技报国"的理想，"为建设中国特色社会主义伟大事业奋斗终身"的坚定信念。

（3）融入路径：高级动物性天然香料源于动物体内，麝香来自麝鹿体内的分泌腺分泌的物质，提醒学生保护麝鹿；龙涎香来自抹香鲸的体内，告诉学生保护野生动物，爱护环境，具有可持续发展理念；以肉味香料的研发为例，介绍香料院士孙宝国研制"代号030"和"代号719"肉味香料的事迹，他开创了"味料同源"的中国特色肉味香精的制造理念，引导学生向业界前辈学习，培养学生树立远大理想和爱国主义情怀，培养学生吃苦耐劳的敬业精神，激励学生勇于创新、开拓进取。

3.7.3.4　染料和颜料（4学时）

（1）知识点：染料概述、活性染料、颜料；活性染料、颜料。

（2）思政元素：坚定文化自信——树立正确的人生观、价值观；大国工匠精神——敬业、精益、专注、创新。

（3）融入路径：①讲到染料概述时，以李子柒为例，介绍蓝染，通过还原染料染色。时下当红"中国文化输出者"李子柒在2020年3月推出新作：蓝染。该视频对准非物质文化遗产传承，从一颗蓼蓝种子到蓝印花布衣，将中国传统的蓝印工艺，唯美地呈现在大家面前。李子柒的视频以自己独特的方式向世界展现中华文化的博大精深，向世界传递出我们坚定的中华文化自信；②分散染料的三原色之一分散藏青S-2GL占据了分散染料市场的半壁江山，其中一个重要的中间体早期一直依赖于进口，进口产品只能拿到有效成分的10%的乙醇溶液。我国一位长期从事染料合成的车间技术操作工，虽然仅为高中学历，但凭借多年的技术经验及精益求精的工作态度，成功合成出有效含量98%的固体颗粒，获得国内外纺织企业工作者的赞许。

3.7.3.5　涂料（4学时）

（1）知识点：涂料概述；着色涂料、乳液涂料。

（2）思政元素：文化自信；绿色发展理念——涂料新产品的研究与生产符合绿色发展理念。

（3）融入路径：涂料的保护作用，如秦始皇的兵马俑、马王堆出土的汉代文物等引出中华传统文化璀璨；在现代科技中的作用，以图片展示航空航天技术中涂料的应用；讲到涂料中重要组成部分——"溶剂"这一章时，可以向学生介绍历史上由溶剂带来的光化学污染事件"八大公害"，督促涂料生产商在追求涂料利润的同时，不能弃公共利益不顾，涂料技术的发展与环境保护要求相辅相成，符合"绿水青山就是金山银山"的绿色环保理念。

3.7.3.6　胶黏剂（4学时）

（1）知识点：胶黏剂概述、胶黏剂的鉴别方法、胶黏强度的影响因素；合成树脂胶黏剂功能与特种胶黏剂。

（2）思政元素：大国工匠精神——敬业、精益、专注、创新；绿色环保，可持续发展的理念——胶黏剂的研发和生产符合绿色发展理念。

（3）融入路径：我国古代工匠利用糯米灰浆黏合剂建造的古建筑（如泉州古塔、荆州古城墙、余杭大海塘）至今屹立不倒，让学生感受到中国人民的智慧，增强学生的民族自豪感，引导他们思考和理解"精艺、创新、敬业"的"大国工匠"精神和价值取向；特种胶黏剂包括医用胶黏剂，如用于人体骨骼、心脏等器官胶黏的胶黏剂必须符合安全环保的理念。

3.7.3.7　药物（4学时）

（1）知识点：医药概述、心血管系统药物；抗菌与抗生素类药物、抗肿瘤药物。

（2）思政元素：具有社会主义核心价值观——高度的社会责任感，有当代青年的爱国情怀和担当；科学探索中的使命感、责任感，激发创造创新活力——确定"科技报国"的理想，"为建设中国特色社会主义伟大事业奋斗终身"的坚定信念。

（3）融入路径：新冠肺炎疫情来临之际，全国医疗工作者奔赴武汉抗疫一线，体现了高度的社会责任感和勇于担当的精神；在党中央领导全国抗击新冠肺炎疫情的过程中，体现了中国的制度优势；新药研究与开发，介绍我国新冠肺炎疫苗和药物的研究与开发的情况，为抗疫作出了卓越的贡献。引导学生向这些科研工作者学习，培养学生吃苦耐劳的敬业精神，激励学生勇于创新、开拓进取。

3.7.3.8　化妆品（4学时）

（1）知识点：化妆品概述；膏霜类化妆品；香水类化妆品；美容类化妆品；香粉类化妆品。

（2）思政元素：制度优势——坚定四个自信，即"道路自信、理论自信、制度自信、文化自信"。

（3）融入路径：通过对国内一线知名品牌的介绍，让学生知道，我国中医理论的博大精深，其中不乏祖先留下的美容养颜的理论。中草药更是最具有中国特色的化妆品原料之一，是大自然给予人类的宝藏，是美容行业的人可以用毕生精力去探索的一座城堡，是我们取之不尽、用之不竭的天然资源。

3.7.3.9　2-萘甲醚的合成（6学时）

（1）知识点：香料的合成。

（2）思政元素：安全意识、责任意识——安全生产的重要性。

（3）融入路径：实验过程严格遵守实验室的规章制度；在实验前、实验过程中，始终把实验室安全、责任放在首位，同时强调工业化生产中的安全同等重要。

3.7.3.10　染料的合成（6学时）

（1）知识点：染料的合成。

（2）思政元素：实事求是、理论联系实际的科学研究精神——诚信意识。

（3）融入路径：实验过程必须以严谨的科学态度、实事求是的精神对待，包括实验操作、数据的处理等方面；理论联系实际，引导学生思考如果该实验在工业化生产中又是怎样进行的。

3.7.3.11　雪花膏的配制（4学时）

（1）知识点：雪花膏的配制。

（2）思政元素：精益求精、敢于创新——大国工匠精神。

（3）融入路径：在雪花膏的配制过程中，首先老师提供经典的配方方案，再鼓励学生设计新的配方方案，培养学生勇于创新的精神。

3.7.4　课程思政参考书目及网站

［1］李和平.精细化工工艺学[M].北京：科学出版社，2017.

［2］宋启煌.精细化工工艺学[M].北京：化学工业出版社，2018.

［3］《学习强国》学习平台.

［4］廖永安.湘潭大学线上教学优秀案例集[M].湘潭：湘潭大学出版社，2020.

［5］沈赤.课程思政典型案例选编[M].杭州：浙江大学出版社，2020.

3.8　化工设计课程思政教学指南

3.8.1　课程思政说明

"化工设计"是化学工程与工艺专业的专业必修课（32学时）。通过探索专业知识体系中的思政育人元素，从育人目标、思政元素整合、思政育人落地形式和思政育人评价标准等方面，实现知识传授和价值引领的同频共振，相互促进、深度融合。该探索对高校专业课程思政教学提供借鉴和思考，共同实现"全员育人，全程育人，全方位育人"的"三全育人"教育理念。

3.8.2 课程思政目标

（1）化工设计课程以介绍自然科学和工程实践知识为主，与传统的思想政治教育课程属于不同专业类别。因此，应通过深入分析课程内容与中国特色社会主义核心价值观之间的联系，寻找思政教学的切入点与结合点，从顶层设计角度研究化工设计课程与思政教育的关系。在"化工设计"课程中要注意挖掘其人文精神和科学精神，如通过引入知名爱国人物、化工建设者在化工生产中发挥积极作用的案例，重点强化广大青年学子的爱国主义、工程伦理、工匠精神、职业素养、创新意识、法律法规意识和生态文明教育等。

（2）将职业素养教育贯穿于整个课程，作为未来的化学工程师，在提升自己职业技能的同时，也必须遵守职业操守，具有职业道德。敬业是中华民族的传统美德和社会主义核心观的外在直接体现。职业素养是公民从业的基本素质，是大学生成才的基础，也是不可或缺的职业道德。在化工安全与环保章节，适时介绍全球因人为失误导致的化工厂爆炸悲剧，分析其产生的原因，认识到大多数事故并非化工不安全，而是人为因素造成，进而提醒同学们在以后的工作中一定要具有基本的职业操守和专业素养，同时也传播通过技术发展改善人类生存环境的人文精神。

（3）在课堂教学中注重渗透社会主义法律法规意识教育，强调青年学子在将来的工作中，应该遵守规范法规，工作态度端正严谨，懂得维护自己的权利，履行应尽的义务。诚信也是中华民族的传统美德，是公民基本的道德规范，是大学生必须具备的基本道德素质，也是大学生树立理想信念的基础。使学生树立诚实守信的理念，将实事求是贯穿于课程教学的每一个环节，教育学生要诚实守信，科学来不得半点虚假，如在考试前进行考风考纪教育，杜绝学生考试作弊。

3.8.3 思政元素融入教学知识点计划与安排

3.8.3.1 绪论（2学时）

（1）知识点：化工行业的发展；化工设计的研究对象、研究目的和研究方法。

（2）思政元素：爱国爱校爱专业——"为中华之崛起而读书"的爱国情怀；"大鹏一日同风起，扶摇直上九万里"的远大理想；"锲而不舍、敢为人先"的湖工精神。

（3）融入路径：在化工行业的发展中，介绍近代化学工业的奠基人侯德榜先生在抗日战争的艰苦条件下，经过500多次循环试验，分析2000多个样品后，确定了联合制碱法的具体工艺流程。通过这个案例介绍培养学生的爱国主义情怀和不断探索的科学研究精神。

3.8.3.2 化工厂设计的内容与程序（2学时）

（1）知识点：概念设计、中试设计、基础设计与工程设计的概念与内容；项目建议书、可行性研究、设计任务书、扩大初步设计和施工图设计的主要内容。

（2）思政元素：爱国主义；责任感；使命感。

（3）融入路径：比较国内与国外化工设计能力的差距，强化学生工程伦理教育，培养学生精益求精的大国工匠精神，激发学生以科技报国的家国情怀和使命担当。

3.8.3.3　工艺流程设计（6学时）

（1）知识点：工艺流程设计方法；工艺流程图绘制方法和图面内容。

（2）思政元素：逻辑思辨，绿色化工和可持续发展的意识。

（3）融入路径：九江、茂名石化智能化化工厂介绍，聊城新材料智慧化工园区介绍，融入逻辑思辨、绿色化工、循环经济在解决问题过程中激发学生科学的思维方法，提升学生逻辑思辨能力。

3.8.3.4　物料衡算与能量衡算（6学时）

（1）知识点：物料衡算的基本原理和计算举例分析；应用计算机软件进行化工工艺计算。

（2）思政元素：工匠精神和抗挫能力。

（3）融入路径：通过介绍陈丙珍院士肩负国家责任，解决了大型石化装置在线优化的关键问题，实现了从离线优化到在线优化的技术跨越，开发出具有自主知识产权的乙烯工业裂解炉模拟优化工程化软件，培养学生学习工匠精神、提高抗挫能力。

3.8.3.5　设备的工艺设计及化工设备图（4学时）

（1）知识点：化工设备选用原则和设备工艺设计的步骤；典型化工设备如输送设备、换热设备、分离设备、传质设备的选择与计算方法。

（2）思政元素：爱国主义；使命感；职业素养；科学精神。

（3）融入路径：在讲解化工设备的选型过程中，向学生介绍离心泵的发展史结合雷诺的个人传记，培养学生爱国主义、使命感、职业素养、科学精神。同时介绍化工生产中的换热设备的设计技术和制造技术，国内尚未掌握高压板翅式换热器的设计和制造技术，在分凝分馏技术方面差距较大。通过国内设备模仿开发的现状激励学生努力学习专业知识，树立开发具有自主知识产权的专有技术的目标。

3.8.3.6　化工厂布置（4学时）

（1）知识点：化工厂址选择的原则与指标；化工厂总平面布置的原则与方法。

（2）思政元素：生态文明、绿色化工。

（3）融入路径：通过全球最生态的工业园——丹麦卡伦堡生态工业园的介绍，引入2021年1月12日，中国石油和化学工业联合会发布了"绿色化工园区名录（2020年版）"。根据该名录，目前我国共有12家绿色化工园区和8家绿色化工园区创建单位。培养学生生态文明、绿色化工的思想。

3.8.3.7　管道设计与布置（4学时）

（1）知识点：管路设计的依据；管路计算方法，绝热设计；管道布置设计的内容与方法；管道布置图画法。

（2）思政元素：爱国主义；工匠精神。

（3）融入路径：引入我国油气管道建设历程及发展趋势，已初步形成了"北油南运""西油东进""西气东输""海气登陆"的油气输送格局，但油气管道输送趋于智能化、进入自动化控制和信息化管理的新阶段。中国石油与几家国内装备制造企业和科研院所，开展了压缩机组、阀门等设备和SCADA软件的国产化研发，努力实现关键设备自主知识产权，培养学生爱国主义和工匠精神。

3.8.3.8　非工艺专业设计（2学时）

（1）知识点：土建、电气、自控、给排水、采暖通风设计的设计条件与内容；安全生产的方法与措施，环境保护的方法，工业卫生的内容。

（2）思政元素：工程伦理；绿色化工；法律法规；职业素养。

（3）融入路径：分析江苏响水"3.21"事件、松花江重大污染事件；国家标准、法律法规介绍；培养学生的工程伦理、绿色化工、法律法规、职业素养。

3.8.3.9　工程经济（2学时）

（1）知识点：综合技术经济指标；工程概算书编制的内容与方法。

（2）思政元素：学习习近平总书记关于经济发展新常态的重要思想、社会主义市场经济体制的优势、经济发展与改革开放等；促使学生树立正确的价值观。

（3）融入路径：通过"港珠澳大桥"的引入介绍重大工程长期论证和决策的过程，说明开展工程经济评价的重要性和必要性，让同学们体会"核心技术"和"大国重器"托举中华民族伟大复兴和中国梦的重要意义。将资金时间价值的概念与消费需求、对金钱的认识结合起来，开展对学生消费观和金钱价值观的教育，培养学生吃苦耐劳的品质，形成良好的经济意识和职业素养。在讲述方案选择和论证时，引导学生多方面地看待事物、转换角度、换位思考，培养学生打破思维定式的创新意识。

3.8.4　课程思政参考书目及网站

［1］梁志武.化工设计[M].4版.北京：化学工业出版社，2015.

［2］陈砺，等.化工设计[M].广州：华南理工大学出版社，2017.

［3］刘荣杰.化工设计[M].2版.北京：中国石化出版社，2015.

［4］《学习强国》学习平台.

［5］沈赤.课程思政典型案例选编[M].杭州：浙江大学出版社，2020.

3.9　化学反应工程课程思政教学指南

3.9.1　课程思政说明

《化学反应工程》是化学工程与工艺专业的核心课程（32学时），课程综合性强，具有理论与实践相结合的特点，该课程是培养学生工程意识、思维的重要阵地，是提升学生专业热爱度的关键环节，是加深学生对化工专业认识、开拓思维、选择人生职业的重要导航和指引。化工行业是国民经济发展的支柱行业，关系国计民生、关乎生命、生态、健康。因此，做好课程思政，培养出德才兼备的化工专业人才尤为重要。

3.9.2　课程思政目标

（1）通过介绍化学工业发展史以及在我国的经济和社会发展中的重要性，激发学生以科技报国的家国情怀、爱专业的热情，使学生投身专业学习。

（2）在理论知识教学中，通过融入马克思主义方法论和强化工程伦理教育，引导学生树立工程意识和大工程观，勇于探索的科学精神；在实验教学中，培养学生正确认识、分析和解决问题的能力，提升学生的思辨力和创新力。

（3）结合工程实际案例，培养学生在化工相关领域内持续学习，追求卓越的精神；结合典型人物案例，引导学生树立进取精神、担当意识，形成良好的职业素养和职业伦理。

（4）结合工程实际案例，培养学生遵守标准规范的职业素养，建立创新、绿色、安全化工的理念，树立化工生产"安全至上，生态和谐"的意识。

3.9.3　思政元素融入教学知识点计划与安排

3.9.3.1　绪论（3学时）

（1）知识点：反应工程发展历史、反应器的类型、操作方式、研究方法；反应器设计的基本方程；反应进度、转化率、选择性的概念。

（2）思政元素：培养学生的责任感和历史使命感；讲好"学什么""怎么学""为什么学"和"有什么用"，培养学生为人民服务的思想。

（3）融入路径：介绍化学反应工程的课程发展历史，推荐相关经典教材，并了解各教材主编（如李绍芬、陈甘棠、朱炳辰等）个人经历与中国反应工程课程建设的故事，培养学生高度的社会责任感和化工人的使命感。

3.9.3.2　反应动力学基础（8学时）

（1）知识点：反应动力学基础，化学反应速率的概念，反应速率方程；温度对反应速率的影响。

（2）思政元素：理论联系实际能力；团队合作与创新精神。

（3）融入路径：结合近几年参与的全国大学生化工设计大赛关于反应器设计的相关内容，理解反应动力学原理在反应器设计方面的应用，结合Aspen等软件模拟设计过程，加深理解。

3.9.3.3　釜式反应器（8学时）

（1）知识点：釜式反应器的物料衡算；等温间歇釜式反应器的计算（单一反应、复合反应）；连续釜式反应器的定态操作。

（2）思政元素：爱国情怀；化工人的使命感和自豪感；职业操守，职业道德。

（3）融入路径：带领同学观看由中国一重为舟山石化打造的全球首台3000 t大型浆态床反应器的视频和新闻，给予学生直接的视觉冲击，告诉他们这就是发生在身边的事例，从而坚定他们学好化学反应工程的信念；精选闵恩泽院士在磁稳定床反应器方面的研究、陈建峰院士在超重力反应器方面的研究等案例穿插于课堂。

3.9.3.4 管式反应器（6学时）

（1）知识点：等温管式反应器的设计；管式与釜式反应器反应体积的比较；循环反应器；变温管式反应器。

（2）思政元素：远大理想，治学和报国理念；正确的三观。

（3）融入路径：要求学生通过文献检索，对新型反应器及我国著名反应工程领域的专家进行调研，了解目前的学术进展以及科学家们的报国和治学情怀，在实践中树立治学和报国理念。

3.9.3.5 停留时间分布与反应器的流动模型（7学时）

（1）知识点：停留时间分布；停留时间分布的实验测定；停留时间分布的统计特征值；理想反应器的停留时间分布。

（2）思政元素：引导学生进行广度、深度或多维度辨识，产生一种自觉的理性思索和感性体验，促进学生的自生情感变为内化情感；培养学生具有民族使命感，并增加责任意识，促使学生建立正确的价值观、政治观及人生观。

（3）融入路径：系统模块化价值观组成形式：通过挖掘和整合课程思政元素对原有知识体系进行加工，经过一系列课程思政的教学内容整合、引导、延伸、讲解，让师生的文化、情感、价值和思想形成共鸣。通过参与和自主体验，达到感受、感悟而内化，逐步形成正确的"三观"。

3.9.4 课程思政参考书目及网站

［1］陈绍芬.反应工程[M].3版.北京：化学工业出版社，2013.

［2］《学习强国》学习平台.

［3］《人民日报》微信公众号.

［4］《化工707》微信公众号.

［5］沈赤.课程思政典型案例选编[M].杭州：浙江大学出版社，2020.

3.10 化工安全与环保课程思政教学指南

3.10.1 课程思政说明

"化工安全与环保"是化学工程与工艺专业的专业基础课（32学时）。在课程教学中，培养学生增强化工生产安全意识和环境保护意识，了解相关法律法规、管理及评价，了解化工生产中常见的安全问题和环境污染问题，掌握化工安全生产和环境保护的基本知识与技能，具备持续学习的能力和运用专业知识解决实际问题的能力。使学生坚定理想信念，增强社会主义核心价值观，发扬中华优秀文化，提高职业素养，树立生态文明的思想，践行以人为本的科学发展观。

3.10.2　课程思政目标

（1）科学无国界，但科学家有祖国。在介绍我国化学工业发展历史时，笔者将老一辈科学家、实业家的先进事迹讲给学生听，让学生了解、学习他们在艰苦岁月中力学笃行、无私奉献、报效祖国的崇高精神和爱国情操。

（2）穿插介绍我国化学工业在中华人民共和国成立以来从无到有、从小到大、从弱到强的发展历史，介绍了我国化学工业、化学科技取得的辉煌成就，并指出这些辉煌成就的取得得益于一代又一代的科学家始终坚定理想信念，他们百折不挠、艰苦奋斗、锐意进取。使学生认识到只有坚定理想信念，才能矢志不渝、百折不挠、排除万难、坚定不移地为实现共产主义目标而奋斗。

（3）在化工安全与环保概述、化工生产与环境的关系、化工污染治理技术等章节中，渗透了"绿水青山就是金山银山"的发展理念和习近平总书记有关生态文明思想的经典论述，启迪学生的生态文明思想，使学生进一步增强环境保护意识并贯彻生态文明理念。教学中穿插介绍我国政府和民间组织在环境保护与污染防治进程中的典型事例，通过环境污染和治理正反两个方面的事例，使学生深刻认识环境污染的严重后果和环境保护的重要性。

3.10.3　思政元素融入教学知识点计划与安排

3.10.3.1　绪论（2学时）

（1）知识点：现代化学工业的生产特点，化工生产事故、特点及重大危险源；化工安全生产事故与环境污染的危害。

（2）思政元素：马克思主义辩证法的观点。

（3）融入路径：现代化工为人类的生存和发展提供了丰富的物质基础，但同时化工生产事故和环境污染事件时有发生，给人民群众的财产、生命安全带来了一定的影响。因此，要引导使学生辩证地看待化工行业，既要认识到化工是国民经济的支柱性产业，也要强调安全生产和绿色发展，规避化工带来的负面影响，形成辩证看待和分析问题的思维。

3.10.3.2　化工三废处理技术（6学时）

（1）知识点：化工废水处理技术；化工废气处理技术。

（2）思政元素：生态文明思想教育；精神文明思想教育。

（3）融入路径：教学中结合生态文明建设以及习近平总书记"绿水青山就是金山银

山"的重要论述来展开深入的学习与讨论。使学生树立"生态兴则文明兴"的观念，了解"水污染防治计划""蓝天白云保卫战""长江大保护"等时事思政内容，启迪学生的生态文明思想，使学生进一步增强环境保护意识，并贯彻生态文明理念。

3.10.3.3 清洁生产与环境质量评价（4学时）

（1）知识点：化工清洁生产概要；环境质量评价。

（2）思政元素：安全发展、绿色发展的职业素养；环境保护意识，绿水青山就是金山银山。

（3）融入路径：教学中穿插介绍了我国政府和民间组织在环境保护与污染防治进程中的典型事例，引入民国时期我国民族化学工业企业家范旭东先生的环境保护意识与实践，通过环境污染和治理正反两个方面的事例，使学生深刻认识环境污染的严重后果和环境保护的重要性。从而提高环境保护意识，践行清洁生产、科学治污和可持续发展。

3.10.3.4 化工安全技术（20学时）

（1）知识点：化工生产、安全设计与安全管理化工生产中的危险品；防火防爆技术；工业毒物的危害及防护技术。

（2）思政元素：安全生产，以人为本的思想理念；职业素养教育，社会责任感；正确的世界观、人生观和价值观。

（3）融入路径：①引入2018年北京交通大学实验室爆炸事故案例，可以让学生直观感受化工实验室潜藏的危险就在身边，引导学生的安全意识，提高危险源辨识能力；播放天津塘沽爆炸救援纪实，让学生直观感受化工安全事故对人类的灾难性影响，结合习近平总书记对安全生产的重要指示，使学生树立"以人为本、安全生产重于泰山"的理念，理解习近平总书记"绝不能以牺牲人民生命和财产安全为代价创收经济效益"的重要讲话，提高化工专业技术人才的安全生产与以人为本的思想理念，使学生从根本上树立起安全生产的责任意识。②通过纪实新闻、图片、视频等信息化载体讲述化工火灾爆炸的典型案例，如"3·21"响水特别爆炸事故案例分析，从安全与事故正反两个方面阐述职业素养的重要性，促使学生主动提高职业素养，增强学生的社会责任感。③通过纪实新闻、图片、视频等信息化载体对学生进行思想政治教育。这三个层面中任何一个的实现均离不开安全生产和环境保护。促使学生培育和践行社会主义核心价值观，帮助学生从国家价值目标、社会价值取向、公民价值准则层面上树立正确的世界观、人生观和价值观。

3.10.4 课程思政参考书目及网站

［1］黄岳元，等.化工环境保护与安全技术概论[M].北京：高等教育出版社.

［2］李德江，等.化工安全生产与环保技术[M].北京：化学工业出版社.

［3］温路新，等.化工安全与环保[M].北京：科学出版社.

［4］《学习强国》学习平台.

［5］习近平出席全国高校思想政治工作会议并讲话，新华网，2016.

［6］沈赤. 课程思政典型案例选编[M]. 杭州：浙江大学出版社，2020.

3.11 化工分离工程课程思政教学指南

3.11.1 课程思政说明

"化工分离工程"是高校化工类专业的一门专业核心课（32学时），在化工工程教育认证的背景下，通过工程教育认证理念与专业课程思政教育的结合，寻找切入点，提炼思政要素，可构建新型化工分离工程课程体系，并有效提高毕业要求非技术指标的达成度。要注重强化学生工程伦理教育，培养学生精益求精的大国工匠精神，激发学生以科技报国的家国情怀和使命担当。

3.11.2 课程思政目标

（1）基于课程思政进行教学内容调整和教学方法改进，使学生的知识、能力和人格协调发展，提高人才培养质量。

（2）结合工程教育认证相关理念，在课程中推进专业知识、能力培养、职业道德和精神、安全环保意识等多方面的教育能力，结合思政教育培养学生学习兴趣，培养良好的思维习惯和终身学习能力，树立其安全和环保意识，使其具有爱国主义情怀和职业素养，具备创新意识和严谨的科学精神。

（3）将思政教育有机贯穿于"化工分离工程"的课程教学中，将化工分离工程理论教学中蕴含的职业道德素养教育、辩证思维教育、环保意识教育等思政元素，有机融入课程教学中，更好地发挥专业课程的育人功能。

3.11.3 思政元素融入教学知识点计划与安排

3.11.3.1 绪论（2学时）

（1）知识点：分离工程理论的形成和特性；分离过程的特征与分类。

（2）思政元素：爱国主义。

（3）融入路径：在课堂教学中，通过我国化工企业飞速发展的介绍，使学生们具有爱国主义情怀，认同社会主义核心价值观，坚定党领导人民建设社会主义现代化强国的信念。

3.11.3.2 多组分分离基础（8学时）

（1）知识点：分离过程的变量分析及设计变量的确定；相平衡关系的计算；多组分物系的泡点和露点计算；单级平衡分离过程计算。

（2）思政元素：家国情怀和爱国主义；专业情怀。

（3）融入路径：在课堂教学过程中，选择性地切入我国时钧、顾毓珍、苏元复、侯德榜、范旭东等老一辈科学家的感人事迹、突出贡献或杰出成就等，在激发学生对所学知识点产生兴趣的同时，潜移默化地培养学生的家国情怀和爱国主义精神；查阅相关专利和文献，了解关于泡点和露点计算要点和难点；讨论单级平衡分离过程计算的重要性、特点及应用；引导学生树立学习化工分离过程这门课程的信心。

3.11.3.3 精馏（8学时）

（1）知识点：多组分精馏及其简捷（群法）计算法；共沸精馏过程及计算方法；萃取精馏的过程、原理及其计算方法。

（2）思政元素：思辨精神；创新意识。

（3）融入路径：在气体吸收、液体精馏、萃取等典型单元操作授课过程中，从研究方法出发，结合解决实际工程问题的过程和步骤，启发学生的思维，抓住过程解决问题的逻辑关系，达到教学要求的逻辑思辨能力的培养目标；在新工科建设背景下，以国家重大需求为基础调整教学内容，以新技术代替传统技术，以新技术改造传统技术；增加创新性、综合性、研究性内容的比重。

3.11.3.4 气体的吸收和解吸（6学时）

（1）知识点：吸收和解吸过程；多组分吸收和解吸的工业应用；解吸的方法；多组分吸收和解吸，过程分析。

（2）思政元素：科学态度；理论联系实际。

（3）融入路径：①通过多课程内容重新编排，提高学生运用知识能力的课程内容的占比，突出以分离对象的分离分析问题能力的提升，引导学生独立思考。培养学生解决工程实际问题能力的课程内容，以复杂体系分离对象为基础，全面培养学生的分离工程能力。②多组分吸收与解吸及其过程的简洁计算，组织学生探讨该方法在工程实践中的应用，对某个物系，可以多方案对比，促使学生学会运用知识分析问题，实现知识到应用的连线，进而铺开，从课堂到工程，启发学生提出合理分离方案，培养学生用所学知识分析问题，理论与应用相联系的能力。

3.11.3.5 多组分多级分离的严格计算（2学时）

（1）知识点：平衡级的理论模型；复杂精馏塔物理模型。

（2）思政元素：专业情怀，团结协作。

（3）融入路径：复杂精馏塔物理模型及其在工业生产中的应用沟通能力，能够通过陈述发言和书面表达方式，就复杂工程问题与业界同行及社会公众进行有效沟通和交流；通过小组课程论文PPT汇报以及个人课程论文撰写融入，提高自信心。

3.11.3.6 多组分多级分离的严格计算（2学时）

（1）知识点：平衡级的理论模型；复杂精馏塔物理模型。

（2）思政元素：协作意识。

（3）融入路径：复杂精馏塔物理模型及其在工业生产中的应用沟通能力，能够通过陈述发言和书面表达方式，就复杂工程问题与业界同行及社会公众进行有效沟通和交流；

通过小组课程论文PPT汇报以及个人课程论文撰写融入。

3.11.3.7 分离过程及设备的效率与节能（2学时）

（1）知识点：气液传质设备的效率；各种定义和影响因素；级效率的计算方法；分离过程的最小分离功和节能。

（2）思政元素：科学的思维方法和严谨的工作态度——基础学科在国家重大战略及关键领域的重要性，"九层之台，起于垒土"；爱国主义和精神文明。

（3）融入路径：掌握自主学习的方法和拓展知识、提高能力的途径，具备为适应发展而自我提高的能力；思维方法的学习、训练、掌握和运用。

3.11.3.8 其他分离方法（2学时）

（1）知识点：萃取；离子交换；吸附。

（2）思政元素：民族自信；科学态度。

（3）融入路径：新型化工分离技术的蓬勃发展及其在化工中的应用前景，进一步开拓学生们的视野。在化工分离过程中，涉及相关的理论和计算，通过计算的训练，可以培养学生们认真、严谨的精神。

3.11.3.9 填料精馏塔等板高度的测定（4学时）

（1）知识点：填料精馏塔精馏过程气、液流动现象；回流比对精馏操作的影响。

（2）思政元素：安全意识、责任意识。

（3）融入路径：强调实验过程中注意自身安全的同时也要注意他人安全，防范风险发生；增强个人在科研工作中处理应对突发状况的能力。

3.11.3.10 筛板塔的操作与塔板效率的测定实验（4学时）

（1）知识点：玻璃精馏装置的构造和原理；用精馏方法分离均相混合物料，对精馏过程做物料平衡计算和操作过程的过程分析。

（2）思政元素：时代新人的劳动素养、团队协作精神和节约意识。

（3）融入路径：在实验过程中培养学生耐心、细致的工作态度，良好的团队协作精神；不测数据时关闭设备电源，养成节约的良好习惯。

3.11.3.11 变压吸附实验（4学时）

（1）知识点：连续变压吸附过程的基本原理和流程、影响变压吸附效果的主要因素；碳分子筛变压吸附提纯氮气的基本原理、吸附床穿透曲线的测定方法和目的。

（2）思政元素：对"责任关怀"教育的积极探索。

（3）融入路径：结合节能方面的知识点和精馏与过程系统的能量集成案例，使学生树立节能意识；化工企业安全事故频发，结合江苏盐城响水县化工园区事故等引起较大社会反响的例子，引导学生对化工生产过程的安全问题进行思考，在化工生产中树立"安全第一"的意识，严格执行安全生产要求，最大限度消除安全隐患。

3.11.3.12 共沸精馏制备无水乙醇（4学时）

（1）知识点：加深对共沸精馏的实验；精馏设备的构造，精馏操作方法。

（2）思政元素：安全教育；实事求是的精神。

（3）融入路径：化工生产涉及人类"衣食住行"的方方面面，作为化工人要重视质量问题，决不生产伪劣产品；生产中严守规范，不随意更改设备参数和生产工艺；产品检测实事求是，不做假报告。

3.11.4 课程思政参考书目及网站

［1］张栋强，张建强，王东亮，等.专业认证背景下化工分离工程教学改革实践探索 [J].广东化工，2019（4）：181–182.

［2］刘丹青，等.《化工分离工程》专业课在课程思政中的探索与实践[J].广州化工，2021：138–140.

［3］李著尧，唐丹丹，刘峙嵘.新工科背景下分离工程课程教学改革探索[J].教育教学论坛，2020（50）：152–154.

4 >> 轻化工程专业课程

4.1 染整工艺设备课程思政教学指南

4.1.1 课程思政说明

"染整工艺设备"是轻化工程专业的学科基础必修课（24学时）。在课程教学中，把习近平新时代中国特色社会主义思想与科学精神、工匠精神、环保意识、价值主题的培养结合起来，提高学生正确认识、分析和解决与染整工艺设备相关问题的能力。要注重强化学生职业伦理教育，培养学生精益求精的大国工匠精神，激发学生科技报国的家国情怀和使命担当。

4.1.2 课程思政目标

（1）通过介绍我国纺织印染行业的地位、作用，染整工艺设备的发展历史以及我校轻化工程专业的发展沿革，激发轻化工程专业学生的民族自豪感，激发学生科技报国的家国情怀和爱校、爱专业的热情，培养学生科学精神和创新意识，培养学生工程应用能力。

（2）在理论知识教学中，通过融入马克思主义方法论和强化工程伦理教育，引导学生树立纺织工业、机械工业的工程意识和大工程观，培养解决染整设备、染整工艺中复杂工程问题的能力和节能环保、绿色制造、可持续发展的科学精神和创新意识。

（3）结合纺织印染行业具体工程实际案例，培养学生在专业、行业领域内持续学习、追求卓越的精神；结合典型设备及人物的案例，引导学生树立进取精神、担当意识，形成良好的职业素养和职业伦理，培养学生养成责任意识，安全意识，辩证思维。

4.1.3 思政元素融入教学知识点计划与安排

4.1.3.1 引言（1学时）

（1）知识点：我国染整设备的发展历程、分类、特点及发展趋势。

（2）思政元素：家国情怀、政治认同、文化自信、专业自信——坚定爱国、爱校、爱专业。

（3）融入路径：疫情期间口罩生产设备对抗疫的贡献；染整设备的发展历程和成就；《论语》："工欲善其事，必先利其器"；湖南省及国内其他地区知名纺织印染设备企业介绍。

4.1.3.2　通用单元机（5学时）

（1）知识点：通用单元机；净洗设备；烘燥设备；汽蒸设备。

（2）思政元素：创新精神、职业素养、工匠精神——树立"制造报国、科技报国、创新报国"的理想。

（3）融入路径：观看中央电视台《大国工匠》纪录片中有关纺织印染领域的优秀专家；《优秀材化人》官微推送的轻化工程优秀校友分享；分析染整环节中提高工作精度、减轻劳动强度的自动化、智能化设备。

4.1.3.3　前处理设备（6学时）

（1）知识点：烧毛机；练漂机；丝光机。

（2）思政元素：安全生产、法治意识、职业素养——牢固树立安全生产意识、法律意识、环保意识，提升学生的职业素养。

（3）融入路径：以烧毛机灭火装置灭火不到位可能引起火灾的案例，来说明安全生产的重要性；丝光机的碱液回收循环再生利用，节能零排放案例。

4.1.3.4　染色设备（4学时）

（1）知识点：纱线染色机；织物染色机。

（2）思政元素：安全生产、法治意识、工匠精神——树立节能减排、绿色制造理念。

（3）融入路径："绿水青山就是金山银山"的生态文明思想；介绍央视纪录片《大国重器》中最先进的高效节能减排纺织印染装备；党的十九大代表、纺织行业的大国工匠——邓建军的"低碳节水型牛仔纱线清洁染色关键技术研发"项目。

4.1.3.5　印花机（2学时）

（1）知识点：滚筒印花机；平网印花机；圆网印花机；喷墨印花机。

（2）思政元素：科学精神、奋斗精神、创新精神、工匠精神——创新开拓的科学探索精神和全球视野、勇担当、善创新的时代精神。

（3）融入路径：介绍我国第一台自主研发的全自动印花机的研发历程（1974年）及达到世界先进水平的以宏华为代表的国产数码印花机；以印花加工中的对花工序需要精益求精、分毫不差、追求极致，培养学生追求严谨的科学态度和追求完美的工匠精神。

4.1.3.6　整理设备（4学时）

（1）知识点：拉幅定型机；预缩机；涂层整理机；气流柔软机。

（2）思政元素：科学精神、创新精神、专业自信——由整理机联系到整理剂，启迪学生进行科学创新、创业，增强专业自信。

（3）融入路径：知名企业、优秀企业家及杰出校友通过从事纺织品整理加工的创业案例；疫情期间知名企业转型生产口罩。

4.1.3.7 染整设备的自动控制（2学时）

（1）知识点：染整过程控制系统；染色机集中控制系统。

（2）思政元素：安全生产、创新精神、专业自信——树立染整行业也是高科技、智能化行业的意识。

（3）融入路径：以某知名企业的染料自动称量化料配送系统、助剂自动配送系统为案例。

4.1.4 课程思政参考书目及网站

［1］王炜.染整工艺设备[M].3版.北京：中国纺织出版社，2020.

［2］金灿.染整设备原理·操作·维护[M].北京：中国纺织出版社，2013.

［3］沈赤.课程思政典型案例选编[M].杭州：浙江大学出版社，2020.

［4］中国纺织机械网.

［5］恒天重工股份有限公司官方网站.

4.2 纤维化学与物理课程思政教学大纲

4.2.1 课程思政说明

"纤维化学与物理"是轻化工程专业的学科基础必修课（48学时）。在课程教学中，将马列主义、毛泽东思想、习近平新时代中国特色社会主义思想教育与卓越工程师工程应用能力的培养结合起来，以培养符合新时代纺织印染行业需求的高素质工程应用人才为目标，提高学生正确认识问题、分析问题和解决问题的能力。要注重强化学生工程伦理和工程素质教育，培养学生踏实刻苦、拼搏创新的工程师精神，激发学生为中国走向制造业强国而奋斗的担当。

4.2.2 课程思政目标

（1）通过介绍不同纤维物理化学性能的区别、纺织材料工业发展史以及我校纺织工程专业发展史，引入学生就业后可能面临的难题与解决方法、未来的发展前景，激发学生学习的兴趣，让学生对学校和专业产生认可，使学生投身专业学习、逐梦无悔青春。

（2）在理论知识教学中，通过马克思主义、毛泽东思想、习近平新时代中国特色社会主义方法论和工程伦理教育，引导学生树立工程意识和正确的三观，培养学生解决复杂工程问题的能力和不畏艰辛、勇于探索的科学精神；在实验教学中，培养学生正确认识、分析和解决问题的能力，提升学生的思辨力和创新力。

（3）结合工程实际案例，培养学生在纺织染整及相关领域内持续学习、一丝不苟的精神；结合典型人物案例，引导学生树立进取精神、担当意识，形成良好的职业素养和职业伦理道德。

4.2.3 思政元素融入教学知识点计划与安排

4.2.3.1 高分子化学基础（6学时）

（1）知识点：高分子化学基本概念；高分子的基本概念。

（2）思政元素：社会主义核心价值观——爱国、敬业。

（3）融入路径：观看古老纤维材料制备视频；分析国内外纤维材料现状，讨论国内外纤维材料产品结构差异化对市场份额的影响，弘扬爱国主义情怀；了解纤维材料性能与高分子化学的关系，掌握纤维结构与性能关系的直接性，激发学生学习纤维化学与物理相关知识的积极性。

4.2.3.2 高分子物理基础（10学时）

（1）知识点：高分子结构与性能关系；高分子的流变性及意义。

（2）思政元素：树立正确的"世界观、人生观、价值观"——学习纤维化学与物理的意义，其对于染整加工的指导意义；青年的责任感和使命感；"中国制造2025"的作用和意义；高端技术被"卡脖子"的情况；"为实现中华民族复兴的伟大梦想"的坚定信念。

（3）融入路径：解说各种纤维材料在特定条件下的加工，讲解纤维物理在使用过程中对服用性能影响的重要性；讲述我国高分子物理研究学者的故事，培养学生树立正确的人生观、价值观；查阅相关专利和文献，了解关于各种高分子液体的基本性质及其对纤维生产的影响；讨论高分子流变性与普通流体流变性的不同；引导学生树立破解特殊纤维材料"卡脖子"难题的信心。

4.2.3.3 纺织纤维的基本理化性能（6学时）

（1）知识点：纺织纤维的结构与性能关系。

（2）思政元素：科学中的唯物辩证法——联系和发展，任何事物都是相互联系和相互发展的。

（3）融入路径：以学生在实验中遇到的纤维在经过树脂整理后力学性能下降的为例，讲解纤维物性与结构的关系以及该现象在实际生产中所造成的问题；染整加工的全过程对纤维的各项性能都会产生明显影响。

4.2.3.4 纤维素纤维（4学时）

（1）知识点：天然彩棉。

（2）思政元素：可持续发展，保护环境——"金山银山不如绿水青山，绿水青山就是金山银山"。

（3）融入路径：举例说明工业染料染色给环境造成的影响；通过查阅文献资料，了解彩棉纤维的发展历史、可持续发展理念和企业责任；从国内环保新要求出发，看中国的印染污水治理的力度和难度。

4.2.3.5 蛋白质纤维（4学时）

（1）知识点：蚕丝纤维。

（2）思政元素：发挥主体作用，激发创新创造——建设创新型国家，各行各业都要投入大众创业和万众创新中，特别是新时代的大学生。

（3）融入路径：从马王堆汉墓的素纱单衣来说明中国古代丝绸技术为什么能领先全球；从现在我国多项"卡脖子"技术问题，让学生理解我国为什么要进行万众创新。

4.2.3.6 合成纤维（4学时）

（1）知识点：合成纤维的基础知识与现状。

（2）思政元素：科学的思维方法和严谨的工作态度——基础学科在国家重大战略及关键领域的重要性，"九层之台，起于垒土"。

（3）融入路径：观看几个有关不同纺织面料的视频，让学生理解合成纤维加工的基本原理和方法；从基本定律难理解、基础学科难学，讲到基础学科的学习在个人职业发展中的重要性和在国家重大战略和关键领域中所起的重要作用；在解决问题过程中激发学生科学的思维方法，提升学生逻辑思辨能力。

4.2.3.7 新型纤维的特征（4学时）

（1）知识点：生物基天然纤维。

（2）思政元素：工程伦理中的职业素养——"义"与"利"的选择，"非其义，不受其利"，不做"见利忘义""见利思义"的事。

（3）融入路径：以被焚烧的秸秆为例，说明农村焚烧秸秆只是为了眼前方便和灭虫，但是对环境造成了一定影响，如果把秸秆利用起来，转化成生物基纤维材料，不仅可以实现高附加值，也可以减轻环保压力，让学生理解眼前利益与长期利益的关系。

4.2.3.8 高性能纤维（2学时）

（1）知识点：高性能芳纶。

（2）思政元素：民族精神、时代精神——科研工作者的大国担当和探索精神。

（3）融入路径：2020年由武汉纺织大学研制的"织物版"五星红旗首次在月球上展示，徐卫林教授团队经过一系列科技攻关，开发出有中国特色的耐极端环境条件的高性能纺织品国旗，体现了在极端条件下高性能纺织品着色的关键技术，展现了科研工作者的大国担当和探索精神；很多国防工业需要的高性能纤维还有待我国自行开发，解决"卡脖子"问题。

4.2.3.9 实验一 天然纤维的鉴别（2学时）

（1）知识点：棉纤维燃烧特性。

（2）思政元素：安全意识、责任意识——"安全无小事，实验室安全，生产安全意识的培养"。

（3）融入路径：强调棉纤维是易燃纤维，燃烧不会自发中断；强调实验过程中注意自身安全的同时也要注意他人安全，防范风险发生；增强个人在科研工作中处理突发状况的能力。

4.2.3.10 实验二 合成纤维的鉴别（2学时）

（1）知识点：腈纶燃烧特性。

（2）思政元素：实事求是、理论联系实际的科学研究精神——"怀疑有如草木之芽，从真理之根萌生"的求实态度。

（3）融入路径：介绍腈纶燃烧过程与其他化学纤维在燃烧特点上的细微差别，要求学生注意观察现象；鼓励学生在实验过程中多思考多探索，具有怀疑和批判精神。

4.2.3.11 实验三 棉纤维的物理化学性能（2学时）

（1）知识点：棉纤维的微观形态、化学结构与性能的关系。

（2）思政元素：时代新人的劳动素养、团队协作精神和节约意识——社会主义建设者和接班人的综合素质和劳动技能。

（3）融入路径：讲解棉纤维基本结构单位葡萄糖与最终大分子链之间的关系；在实验过程中培养学生耐心、细致的工作态度，良好的团队协作精神；不测数据时关闭设备电源，养成节约的良好习惯。

4.2.3.12 实验四 涤纶纤维的物理化学性能（2学时）

（1）知识点：涤纶化学结构与性能的关系。

（2）思政元素：诚信意识、健康心态——"诚实是人生的命脉，是一切价值的根基"。

（3）融入路径：要求学生自己分析涤纶结构基本单元的特点；强调实验操作、记录应该自己完成及学习生活中的诚信等。

4.2.4 课程思政参考书目及网站

［1］程海明.纤维化学与物理[M].四川：四川大学出版社，2021.

［2］蔡再生.纤维化学与物理[M].北京：中国纺织出版社，2009.

［3］胡国文，周智敏，张凯，等.高分子化学与物理教程[M].北京：科学出版社，2021.

［4］董卫国.新型纤维材料及其应用[M].北京：中国纺织出版社，2018.

4.3 测色及计算机配色课程思政教学指南

4.3.1 课程思政说明

"测色及计算机配色"是轻化工程的学科基础必修课（24学时）。在课程教学中，巧妙地进行教学设计，选取与专业知识点相关的思政素材，在合适的时间点将它导入课堂，或者从思政素材入手，切入课堂知识点，以培养学生的科学素养和实事求是的科学精神，提高学生正确认识问题、分析问题和解决问题的能力，提高学生工程伦理觉悟和大国工匠精神，激发学生为实现中华民族伟大复兴的使命感。

4.3.2　课程思政目标

（1）介绍仿色打样在纺织染整工业中的重要性及必要性，以及国内计算机测配色发展史，结合学生已经开展过的专业综合实验中的仿色实验，讲述本门课程在现代印染企业实际生产中的地位和作用，宣传相关的专业题材激发学生学习的热情和对专业的认可程度，使学生投身专业学习、逐梦无悔青春。

（2）在理论知识教学中，通过融入马克思主义方法论和强化工程伦理教育，树立大纺织的大局观，加强学生的环保节能意识，培养解决复杂工程问题的能力和不畏艰辛、勇于探索的科学精神。在实验教学中，培养学生正确应用理论知识来分析和解决问题的能力。

（3）结合工程实际案例，培养学生在轻化工业界内持续学习、追求卓越的精神；结合典型人物案例，引导学生树立进取的精神和担当意识，形成良好的职业素养和职业伦理。

4.3.3　思政元素融入教学知识点计划与安排

4.3.3.1　光与色（2学时）

（1）知识点：光与色；颜色的分类和特征；颜色的混合。

（2）思政元素：正确的世界观、人生观、价值观；"爱我中华，强我家国"的情怀。

（3）融入路径：中国古代五色体系；我国的几大风景名胜（五颜六色话中国）——大美中国。

4.3.3.2　CIEXYZ表色系统（4学时）

（1）知识点：CIE1931-RGB、CIE-XYZ表色系统；色度的计算方法。

（2）思政元素：求真与创新的精神；客体与主体的辩证统一关系。

（3）融入路径：牛顿的色散实验—发现真理；颜色与生活—辩证统一。

4.3.3.3　色差及色差计算（2学时）

（1）知识点：均匀颜色空间与色差计算；色差单位；色差计算的实际意义；白度的计算。

（2）思政元素：实事求是的科学态度；工匠精神。

（3）融入路径：色差控制导致生产与贸易失败；仪器测色与人眼对色的差别。

4.3.3.4　颜色的测量方法与常用测色仪器（2学时）

（1）知识点：颜色的测定；常用的测色仪器。

（2）思政元素：理论联系实际、精益求精的职业素养。

（3）融入路径：颜色的测定的原理与实现；高精度分光光度测色仪的开发与应用。

4.3.3.5　孟塞尔表色系统（2学时）

（1）知识点：孟塞尔颜色系统的构成；孟塞尔新标系统。

（2）思政元素：树立节能、环保、低排的生活理念。

（3）融入路径：用知觉色评价生活；地球的环境恶化（二氧化碳排放、臭氧层破坏、太阳黑子）与自然界的颜色变化的关系。

4.3.3.6 染色物的表面色深度（2学时）

（1）知识点：表面深度在生产实践中的意义；常见的表面深度计算公式。

（2）思政元素：现象与本质；客体与主体的对立统一。

（3）融入路径：光能量守恒在色深度表达中体现；物体的色深度的本质。

4.3.3.7 配色（2学时）

（1）知识点：电子计算机配色的三种方法、配色理论和原理、实际步骤。

（2）思政元素：模仿与创新的关系；团结合作的职业素养。

（3）融入路径：配色与模仿；正确运用自动配色系统的关键要素。

4.3.3.8 实验一 染色织物的三刺激值测定（2学时）

（1）知识点：熟悉分光光度仪的使用规程；理解DATACOLOR测色仪工作原理；掌握染色织物的反射率和三刺激值的测量。

（2）思政元素：实事求是、理论联系实际的科学研究精神。

（3）融入路径：导入想和做、知和行合一例子。

4.3.3.9 实验二 染色织物色差△E的测定（2学时）

（1）知识点：掌握染色织物的色差的测试原理和方法；判别色差值中各分量的色度学的意义。

（2）思政元素：诚信意识；健康心态。

（3）融入路径：强调克服困难、不怕困难的挑战精神。

4.3.3.10 实验三 织物的白度测定（2学时）

（1）知识点：掌握白色织物的白度的测定原理和方法；判别白度值代表的色度学的意义。

（2）思政元素：创新与求实的统一。

（3）融入路径：鼓励学生在实验过程中多思考多探索，具有怀疑和批判精神。

4.3.3.11 染色织物的表观深度K/S测定（2学时）

（1）知识点：掌握染色织物表观深度的测试原理和方法，比较K/S值代表的色度学的意义。

（2）思政元素：理论联系实际的精神。

（3）融入路径：强调从理论到实践，实践回到理论的必要性。

4.3.4 课程思政参考书目及网站

［1］董振礼.测色与计算机配色[M].北京：中国纺织出版社，2018.

［2］范尧明.纺织品检测[M].北京：中国纺织出版社，2016.

［3］沈赤.课程思政典型案例选编[M].杭州：浙江大学出版社，2020.

［4］sciencedirect数据库.

4.4 染料化学课程思政教学指南

4.4.1 课程思政说明

"染料化学"是轻化工程专业的专业必修课（32学时）。在课程教学中，传授专业知识以及培养实践能力的同时，在课程教学中要不断挖掘该课程所包含的思政教育元素和承载的思政教育体系，并把它们融入课程教学和与学生的日常交流互动中，最终达成思想政治教育和专业知识理论体系教育有机统一，帮助大学生建立正确的人生观和价值观。

4.4.2 课程思政目标

（1）"染料化学"的思政教学目标：专业知识讲授与立德树人相结合。推动马列主义、毛泽东思想及习近平新时代中国特色社会主义思想进课堂，注意发挥社会主义核心价值观的引领作用。具体以"把你的人生看作一块坯布，选择合适的染料，在染缸中如何将其染成绚丽多彩""管风险，促发展；心中有规，行不逾矩"为价值导向，将思政元素融入日常教学，引导学生发现、思考问题，着重学生的自我体验和感悟，树立正确的价值观。

（2）在"染料化学"理论知识教学中，重点教学内容为染料的结构与染色、染料生态环保问题、染料与染色牢度、重要的染料中间体以及染料的单元反应等。教学中融入的思政内容：创新需要继承、需要积累；不盲从权威，培养独立思考能力；保护环境、勇于社会担当；爱岗敬业、团结协作、培养团队精神；节约用水、人文情怀、珍惜社会资源和自然资源；在实验教学中，培养学生正确认识、分析和解决问题的能力，提升学生的思辨力和创新力。

（3）在"染料化学"实践教学中，注重培养学生在染料及染色相关领域内不断学习、追求卓越的精神，在企业学习中不断丰富和提升专业知识，培养学生自主发现问题、解决问题的能力。

4.4.3 思政元素融入教学知识点计划与安排

4.4.3.1 染料概述（2学时）

（1）知识点：有机染料与颜料的概念；有机染料的发展史。

（2）思政元素：爱国爱校爱专业——"为中华之崛起而读书"的爱国情怀；"大鹏一日同风起，扶摇直上九万里"的远大理想；"锲而不舍、敢为人先"的湖工精神。

（3）融入路径：观看古老天然染料制备视频；分析国内外染料现状，讨论国内外染料产品结构差异化对市场份额的影响，弘扬爱国主义情怀；了解染料与水污染的关系，掌握染料与织物染色牢度的直接性，激发学生学习染料相关知识的积极性。

4.4.3.2 中间体及重要的单元反应（6学时）

（1）知识点：重要的合成反应；重氮化和偶合反应。

（2）思政元素：树立正确的"世界观、人生观、价值观"——各种染料的商品加工的故事；科学探索中的使命感、责任感，激发创造创新活力——"技术报国、科技报国"的理想；"为建设中国特色社会主义伟大事业奋斗终身"的坚定信念。

（3）融入路径：解说各种染料在特定条件下的加工，讲解染料在使用过程中生态环保的重要性；讲述第一个合成染料研发者珀金的故事，培养学生树立正确的人生观、价值观；查阅相关专利和文献，了解关于各种芳伯氨重氮化的原理和生产的技术要点及难点；讨论芳伯胺重氮化的条件，介绍特殊芳氨的重氮化，如氨基偶氮化合物、邻氨基苯酚类化合物等，重氮化合物偶合条件及重要的耦合组分；引导学生树立破解特殊染料和色粉"卡脖子"难题的信心。

4.4.3.3 染料的颜色和结构（4学时）

（1）知识点：直接染料的染色及其应用性能。

（2）思政元素：科学中的唯物辩证法——联系和发展，任何事物都是相互联系和相互发展的。

（3）融入路径：以2019年江苏省南通市如东县的黄某为卖掉滞销黄鱼用工业染料上色为例，讲解染料颜色与结构的关系以及该事件所造成的恶劣影响；天然色棉与植物染料的关系，厘清结构生色与着色的关系。

4.4.3.4 直接染料（2学时）

（1）知识点：吸收现象和吸收光谱曲线。

（2）思政元素：可持续发展，保护环境——"金山银山不如绿水青山，绿水青山就是金山银山"。

（3）融入路径：举例说明直接染料染色织物色牢度问题给环境造成的影响；通过查阅文献资料，了解直接染料的发展历史、可持续发展理念和企业责任；从新型直接染料的开发和新型直接染料固色剂，看中国的印染污水治理的力度和难度。

4.4.3.5 还原染料（2学时）

（1）知识点：还原染料的发展；还原染料的分类、结构和性质。

（2）思政元素：发挥主体作用，激发创新创造——建设创新型国家，各行各业都要投入大众创业、万众创新中，特别是新时代的大学生。

（3）融入路径：植物染料靛蓝从分子结构上属于还原染料，最初是从植物中提取的，现在能够合成一系列具有天然结构的染料；从植物染料染色有机棉筒子纱看科技创新和生态纺织品的重要性，让学生理解我国是如何承担大国责任、展现大国担当的。

4.4.3.6 酸性染料、酸性媒染染料与酸性含媒染料（4学时）

（1）知识点：酸性染料结构与应用性能的关系。

（2）思政元素：科学的思维方法和严谨的工作态度——基础学科在国家重大战略及关键领域的重要性；"九层之台，起于垒土"。

（3）融入路径：观看几个有关酸性染料染不同纺织面料的视频，让学生理解酸性染料染色的基本原理和方法；从基本定律难理解，基础学科难学，讲到基础学科的学习在个人职业发展中的重要性和在国家重大战略和关键领域中所起的重要作用；在解决问题过程中激发学生科学的思维方法，提升学生逻辑思辨能力。

4.4.3.7　活性染料（4学时）

（1）知识点：活性染料的发展；活性染料的结构及性能。

（2）思政元素：工程伦理中的职业素养——"义"与"利"的选择，"非其义，不受其利"，不做"见利忘义""见利思义"的事。

（3）融入路径：介绍活性染料在商品加工过程中使用添加剂的问题，说明使用添加剂的作用和原理，但一些不法生产者为了追求利润而使用过量的添加剂最终导致染厂一系列生产问题和经济损失。

4.4.3.8　分散染料（2学时）

（1）知识点：分散染料化学结构与染料颜色、日晒牢度、升华牢度的关系。

（2）思政元素：民族精神、时代精神、工匠精神——以敬业、精益、专注、创新为基本内容，涵盖追求卓越的创造精神、精益求精的品质精神、用户至上的服务精神。

（3）融入路径：2020年由武汉纺织大学研制的"织物版"五星红旗首次在月球上展示，徐卫林教授团队经过一系列科技攻关，开发出有中国特色的耐极端环境条件的高性能纺织品国旗，体现了在极端条件下高性能纺织品着色的关键技术，展现了科研工作者的大国担当和探索精神；分散染料中有很多会引起过敏甚至致癌，长期以来科研工作者通过不懈的努力研发，逐步取代这些染料，体现了不断探索和追求卓越的精神，课堂教学中可以多举例。

4.4.3.9　阳离子染料（2学时）

（1）知识点：阳离子染料的溶解性、对pH的敏感性、配伍性和耐晒性能。

（2）思政元素：标准意识、规则意识、法律意识——工程设计中国家标准的重要性、生产生活中法律的重要性；"矩不正，不可为方；规不正，不可为圆"。

（3）融入路径：讨论在实验中不按照行业标准选用阳离子染料对腈纶织物进行染色所造成的一系列问题，从而说明在学习过程中掌握阳离子染料配伍性的重要性；强调在生产和应用时应该遵守的国家和行业标准，启发学生思考如果人在社会活动中不遵守法律法规可能产生的后果。

4.4.3.10　有机颜料（2学时）

（1）知识点：有机颜料的历史和发展。

（2）思政元素：劳动纪律、保密纪律、遵守知识产权——严格履行劳动合同及违约应承担的责任，保守用人单位和公司的商业秘密和技术秘密。

（3）融入路径：近年来，世界各大公司研究开发出很多新型的有机颜料，为本行业的发展作出了重要的贡献，如杜邦、3M等，这些新型的颜料具有严格的知识产权，我们在使用时，不能侵犯其知识产权，否则会受到严厉的惩罚，学生必须具有保护知识产权的意识。2015年亨斯迈诉上海科华染料工业有限公司因制售科华超级黑LC–G和科华超级黑LC–R染料而侵犯亨斯迈中国专利ZL00106403.7的终审判决胜诉，表明应严格遵守商业法规。

4.4.3.11　荧光增白剂（2学时）

（1）知识点：荧光增白剂的一般性能。

（2）思政元素：节能环保、低碳生活——倡导节能环保、低碳生活、实现生态染整、绿色纺织品加工生产。

（3）融入路径：上海染料有限公司、浙江龙盛染料有限公司近年来开发出很多绿色环保型染料，这些染料的性能主要体现在少水、低盐、高色光牢度等方面；2018年第二十届中国国际染料工业及有机颜料、纺织化学品展览会在上海世博展览馆开幕，本届染料展以"创新破局、绿色发展"为主题。

4.4.4　课程思政参考书目及网站

［1］何瑾馨.染料化学[M].北京：中国纺织出版社，2016.

［2］高建荣，叶青，贾建洪，等.染料化学工艺学[M].北京：化学工业出版社，2021.

［3］高树珍.染料化学及染色[M].北京：中国纺织出版社，2019.

［4］印染在线®网站.

［5］沈赤.课程思政典型案例选编[M].杭州：浙江大学出版社，2020.

4.5　助剂化学课程思政教学指南

4.5.1　课程思政说明

"助剂化学"是轻化工程专业的专业必修课（24学时）。坚持将社会主义核心价值观融入教学中，达到"立德树人"的目的，着力培养符合新时代纺织染整行业需要的"卓越工程师"人才；注重强化学生的工程伦理教育，培养学生精益求精的大国工匠精神，激发学生实业报国、科技报国的家国情怀和使命担当。化工是危险性和污染性相对较高的行业，通过了解国内外与纺织精细化工产品相关的法律法规、标准等，理解安全生产、生态、环保与国家发展以及人民健康的关系，真正理解"绿水青山就是金山银山"对国家、社会、经济、个人的未来发展的意义。认识我国当前纺织精细化学品生产、加工和消费中的现状和存在的问题及发展趋势、应对策略。

4.5.2　课程思政目标

（1）通过介绍中国纺织精细化学品工业发展史和我校轻化工程专业发展史及对国家、民族的贡献，激发学生以科技报国的家国情怀和爱校、爱专业的热情；通过介绍助剂行业更易快速成才也更容易自主创业，激发学生专业学习的兴趣，为我国大众创业、万众创新添砖加瓦。

（2）结合工程实际案例，培养学生在助剂相关领域内持续学习，追求高精尖、追求卓越的精神；结合典型人物案例，引导学生树立进取精神、担当意识，形成良好的职业素养和职业伦理。

（3）结合与纺织精细化学品相关的事件，融入国家发展核心理念和价值观，激发爱国情怀，达到"立德树人"的目的。

4.5.3　思政元素融入教学知识点计划与安排

4.5.3.1　绪论（2学时）

（1）知识点：纺织品染整助剂及加工概述；染整助剂的发展趋势；中华人民共和国染整助剂发展的三个阶段——模仿、更新换代和引进、自主研发新产品；我校轻化工程专业的发展史。

（2）思政元素：介绍中国纺织精细化学品工业发展史以及我校轻化工程专业发展史，激发学生科技报国的家国情怀和爱校、爱专业的热情。

（3）融入路径：分析国内外染整助剂行业现状，讨论国内外染整助剂产品结构差异，培养民族和担当情怀；了解纺织和染整行业在国家改革开放和经济起飞初期发挥过的中流砥柱的积极作用，激发学生专业学习积极性。

4.5.3.2　表面活性剂（10学时）

（1）知识点：①表面张力、表面自由能、表面活性、表面活性剂的概念；表面活性剂的基本结构及分类；阴离子、阳离子、两性三种离子型表面活性剂；重点学习羧酸盐类、磺酸盐类、硫酸盐类、磷酸盐类阴离子表面活性剂。②两性表面活性剂的结构、性质和在染整加工中的应用；非离子表面活性剂的结构、性质和在染整加工中的应用；特种表面活性剂的结构、性质和在染整加工中的应用。③表面活性剂的亲水亲油平衡值；表面活性剂的溶解性；表面活性剂表面活性的影响因素；表面活性剂的生物降解性；表面活性剂的润湿和渗透作用。④表面活性剂的乳化分散作用；表面活性剂的洗涤作用添加剂对表面活性剂溶液性能的影响。

（2）思政元素：青年是时代的开路先锋、觉醒者，是时代责任的担当者，青年是时代精神的倡导者；科学探索中的使命感、责任感，激发创造创新活力；创新开拓的科学探索精神和国家发展战略。

（3）融入路径：①解说染整助剂产品性能的要求，讲解表面活性剂助剂对纺织品生产的重要性；助剂化学品的开发和应用为人类社会发展作出巨大贡献，助剂在纺织染整中的作用就如同我们当代青年，必须走在最前面，肩负创新的使命。②讨论特征表面活性剂领域的国家间竞争，介绍新材料、新工艺在国防、航空航天等领域中的重要性；引导学生树立破解"卡脖子"难题的信心。③以化工事故为例引导学生重视化工安全生产，节能环保。④用数据对比说明中国的发展及党的十八大以来中国发展的历史性成就和历史性变革，激发学生的爱国热情。

4.5.3.3　生物酶（2学时）

（1）知识点：酶的本质、命名和种类；酶的催化特性和活力；酶的生产和常用的生物酶。

（2）思政元素：基础学科在国家重大战略及关键领域的重要性。

（3）融入路径：分析国内外染整助剂行业现状，讨论国内外染整助剂产品结构差异，培养民族和担当情怀；了解纺织和染整行业在国家改革开放和经济起飞中发挥的积极作用，激发学生专业学习积极性。

4.5.3.4　高分子化合物（2学时）

（1）知识点：高分子化合物的概念、种类及其结构特点、制备高分子的化学反应、高分子化合物的溶解性能和溶解特性等；染整加工中常用高分子化合物的相关知识，包括天然高分子化合物及合成高分子化合物。

（2）思政元素：可持续发展、保护环境——"绿水青山就是金山银山"。

（3）融入路径：举例说明化工和染整生产不当的"三废"排放造成的人身和环境危害；通过查阅国家标准网站，讨论制造中的可持续发展理念和企业责任；从化工助剂和染整生产过程中的"碳达峰"到"碳中和"，看中国的大国担当。

4.5.3.5　染整前处理助剂（2学时）

（1）知识点：精炼助剂、过氧化氢漂白稳定剂；退浆剂、涤纶碱减量促进剂。

（2）思政元素：标准意识、规则意识、法律意识——工程设计、产品研发和生产中的国家标准的重要性、生产生活中法律的重要性。

（3）融入路径：讨论在研发、设计中不按国家标准进行时出现的问题，强调法规与标准的重要性，通过案例启发学生对法规与标准的重视。

4.5.3.6　染色印花助剂（3学时）

（1）知识点：匀染剂、固色剂、涂料印花黏合剂等的种类、作用机理、结构和组成以及影响性能的因素。

（2）思政元素：创业精神和工匠精神；纺织行业与国家发展的联系和关系。

（3）融入路径：介绍一位本行业校友创新创业的成就；介绍一位校友长期从事本行业技术工作中兢兢业业、精益求精、耐心专注、爱岗敬业、淡泊名利的工作态度，以及给企业创造显著的效益和精彩人生。

4.5.3.7　后整理助剂（3学时）

（1）知识点：抗皱整理剂的种类、作用机理、结构和组成及其影响性能的因素；柔软整理剂的种类、作用机理、结构和组成及其影响性能的因素；阻燃整理剂的种类、作用机理、结构和组成及其影响性能的因素；防水防油整理剂的种类、作用机理、结构和组成及其影响性能的因素；抗静电整理剂的种类、作用机理、结构和组成及其影响性能的因素等。

（2）思政元素：科技对国民经济发展的重要性；现代科技在国防现代化中的重要作用，高新科技在国防建设中的重要地位。

（3）融入路径：举例说明纺织行业的稳定发展和就业和对国民经济的影响；对比分析2018年来美国对我国发动极限贸易战对纺织印染行业的影响以及我国人民表现出的众志成城克服外部压力和困难的中国力量。从科学技术如何推动社会生产力的发展，到科学技术如何影响国防军备，让学生理解中国政府是如何承担大国责任、展现大国担当以及本行业产品在军事领域的应用。

4.5.4　课程思政参考书目及网站

[1] 陈国强.染整助剂化学[M].北京：中国纺织出版社，2009.

[2] 王慎敏.纺织染整助剂[M].北京：化学工业出版社，2012.

[3] 邢凤兰.染整助剂化学[M].北京：化学工业出版社，2008.

[4]《学习强国》学习平台.

[5]《人民日报》微信公众号.

[6] 沈赤.课程思政典型案例选编[M].杭州：浙江大学出版社，2020.

4.6　练漂工艺原理课程思政教学指南

4.6.1　课程思政说明

"练漂工艺原理"是轻化工程专业的专业必修课（24学时）。在课程教学中，要把发展与环保的辩证统一与科学精神的培养结合起来，培养符合新时代中国特色社会主义要求的工程技术人才；在提高学生正确认识问题、分析问题和解决问题的能力的同时，注重学生职业使命感和责任担当教育；以卓越工程师培养为主线，激发学生的家国情怀和专业认同感。

4.6.2　课程思政目标

（1）通过介绍练漂工艺发展史以及我校轻化工程专业优秀毕业生成长、奋斗、创业经历，激发学生以科技报国的家国情怀和爱校、爱专业的热情，使学生投身专业学习、逐梦无悔青春。

（2）在理论知识教学中，通过融入马克思主义方法论和强化工程伦理教育，引导学生树立工程意识和节能环保意识，培养解决复杂工程问题的能力和不畏艰辛、勇于探索的科学精神；在实践教学中，培养学生正确认识、分析和解决问题的能力，提升学生的思辨力和创新力。

（3）结合工程实际案例，培养学生在纺织印染相关领域内持续学习、追求卓越的精神；结合行业劳模人物的案例，引导学生树立进取精神、担当意识，形成良好的职业素养和职业伦理。

4.6.3　思政元素融入教学知识点计划与安排

4.6.3.1　水和表面活性剂（2学时）

（1）知识点：表面活性剂定义、结构特征、溶液性能以及其毒性和生物降解性。

（2）思政元素：爱专业、扎根专业——我国纺织工业辉煌的发展史；发展与环保的辩证统一。

（3）融入路径：介绍我国纺织工业辉煌的发展史，为国家建设奠定坚实基础；高效处理与化学品应用造成环保矛盾的辩证统一。

4.6.3.2　棉及棉型织物烧毛、退浆、精练（6学时）

（1）知识点：棉织物精练方法、工艺、原理；烧毛、退浆、精练设备以及对水的污染和绿色环保工艺的研究与发展。

（2）思政元素：职业使命感和责任担当；劳动纪律与安全意识。

（3）融入路径：观看《大国工匠》纪录片中有关纺织印染领域的优秀专家的事迹；以行业"七一勋章"获得者黄宝妹的职业使命感和责任担当，培养学生树立正确的人生观、价值观；劳动纪律与生产安全意识的重要性。

4.6.3.3　漂白（4学时）

（1）知识点：漂白工艺条件分析；漂白纺织品质量的检测技术指标和方法。

（2）思政元素：制度优势——坚定四个自信，即"道路自信、理论自信、制度自信、文化自信"。

（3）融入路径：疫情下，制造行业尤其是纺织印染行业订单回流中国，企业爆单；分析疫情期间口罩生产设备对抗疫的贡献。

4.6.3.4　丝光（4学时）

（1）知识点：丝光机的基本构造、加工原理以及工艺参数。

（2）思政元素：工匠精神；"五牛精神"。

（3）融入路径：十年前，高端丝光机全部是外国品牌，价格昂贵且维修成本极高，行业科研人员勇于进取和担当，现在基本实现国产化。

4.6.3.5　热定型（4学时）

（1）知识点：热定型工艺、热定型构造和加工原理、工艺参数。

（2）思政元素：工程伦理中的职业素养——"义"与"利"的选择，"非其义，不受其利"，不做"见利忘义""见利思义"的事。

（3）融入路径：以优秀企业、优秀企业家及优秀校友的故事来说明职业道德、职业素养的重要性；举例说明科技论文写作中用到的仿真结果和实验数据，强调知识产权保护的重要性。

4.6.3.6　合成纤维织物的前处理（4学时）

（1）知识点：掌握合成纤维织物前处理工艺、设备和主要工艺参数。

（2）思政元素：标准意识、规则意识、法律意识——工程设计中国家标准的重要性、生产生活中法律的重要性，"矩不正，不可为方；规不正，不可为圆"。

（3）融入路径：讨论在练漂工艺过程中不尊重国家标准、行业标准、工艺标准时出现的问题；强调工艺设计时应该遵守的国家标准，启发学生思考如果人在社会活动中不遵守法律法规可能产生的后果。

4.6.4　课程思政参考书目及网站

［1］阎克路.染整工艺与原理[M].3版.北京：中国纺织出版社，2020.

［2］《学习强国》学习平台.

［3］《人民日报》微信公众号.

［4］沈赤.课程思政典型案例选编[M].杭州：浙江大学出版社，2020.

4.7　染色工艺原理课程思政教学指南

4.7.1　课程思政说明

"染色工艺原理"是轻化工程专业的专业必修课（40学时）。在课程教学中，要提高学生正确选择、使用染化料、染色工艺和染色设备的能力，把可持续发展、保护环境与科学精神的培养结合起来；培养学生树立生态染整加工的理念，发展绿色环保产业；增强学生自主创新能力，提高科技产品在节能减排方面的效率；同时要注重强化学生工程伦理教育，培养学生精益求精的大国工匠精神，激发学生以科技报国的家国情怀和使命担当。

4.7.2　课程思政目标

（1）通过介绍染色技术以及我校轻化工程专业的发展史，激发学生以科技报国的家国情怀和爱学校、爱专业的热情，使学生投身专业学习、逐梦无悔青春。

（2）在理论知识教学中，通过融入低碳绿色生活，正确选择和使用染料、助剂、工艺及染色设备，减少对水的污染及废水排放；提高染化料、废水的循环利用；树立绿色发展理念，发展绿色环保产业；开发绿色环保的染化料、新的染色工艺及新的染色设备；增强自主创新能力，提高科技产品在节能减排方面的效率。

（3）结合生产中的实际案例，培养和提高学生在染色相关领域内运用理论知识正确认识问题、分析问题和解决问题的能力；结合典型人物案例，引导学生树立进取精神、担当意识，形成良好的职业素养和职业伦理。

（4）在理论教学中强调染色新技术、新染化料、新工艺及染色新设备的开发，减少染色生产过程中废水排放，提高废弃物的回收和循环利用，引导学生树立环保意识和生态染整加工的理念；同时引导学生树立爱国情怀、青年的责任与使命感，将国家前途、民族命运与个人理想结合起来，自觉担负起时代使命。

4.7.3 思政元素融入教学知识点计划与安排

4.7.3.1 绪论（3学时）

（1）知识点：染色工业发展的历史、现状及将来的发展趋势；染色牢度、染色方法；生态纺织品与染色。

（2）思政元素：爱国爱校爱专业——"锲而不舍、敢为人先"的湖工精神；科学探索中的使命感、责任感，激发创造创新活力——确定"科技报国"的理想，"为建设中国特色社会主义伟大事业奋斗终身"的坚定信念；可持续发展，保护环境——"金山银山不如绿水青山，绿水青山就是金山银山"。

（3）融入路径：观看视频"2021年6月18日新华全媒+这就是中国纺织"；分析染色工业国内外的现状，弘扬爱国主义情怀；了解东华大学"科技+设计"再次飞天，神舟十二号航天员系列专用服饰体现中国纺织力量，激发学生专业学习积极性；查阅相关文献，了解最新染色技术及未来的发展趋势，介绍染色新材料、新工艺及新设备在染整行业中的重要性及应用；举例说明传统染色技术的大量废水排放造成的危害；通过新材料、新工艺及新设备的使用大幅降低废水排放，谈及可持续发展理念和企业责任。

4.7.3.2 染色基本理论（3学时）

（1）知识点：染色热力学和染色动力学。

（2）思政元素：科学的思维方法和严谨的工作态度——基础学科在国家重大战略及关键领域的重要性，"九层之台，起于垒土"。

（3）融入路径：从基本定律难理解、基础学科难学，讲到基础学科的学习在个人职业发展中的重要性和在国家重大战略和关键领域中所起的重要作用；在解决问题过程中激发学生科学的思维方法，提升学生逻辑思辨能力。

4.7.3.3 不同类型染料的染色（29学时）

（1）知识点：不同类型染料的染色原理、染色工艺以及影响染色效果的主要工艺参数；各类染料实际生产中存在的主要染色疵病。

（2）思政元素：现代科技在现代化建设中的重要作用——未来科技在战争中的重要作用，高新科技在现代化建设中的重要地位；低碳绿色生活——正确选择和使用染料、助剂及染色设备，减少对水的污染及废水的排放；染化料、废水循环利用；树立绿色发展理念，发展绿色环保产业；开发利用绿色环保的染化料、新的染色工艺及新的染色设备；增强自主创新能力，提高科技产品在节能减排方面的效率；工程伦理中的职业素养——"义"与"利"的选择，"非其义，不受其利"，不做"见利忘义""见利思义"的事；科学的思维方法和严谨的工作态度——基础学科在国家重大战略及关键领域的重要性，"九层之台，起于垒土"；科学中的唯物辩证法——联系和发展，任何事物都是相互联系和相互发展的；民族精神、时代精神——工匠精神，以敬业、精益、专注、创新为基本内容，涵盖追求卓越的创造精神、精益求精的品质精神、用户至上的服务精神。

（3）融入路径：①十年磨一剑，复旦大学织 $1.5m^2$ "智能显示布"登上《自然杂志》；从科学技术如何推动社会生产力的发展，到科学技术如何影响国防军备，让学生理解中国是如何承担大国责任、展现大国担当的。②新染色设备、新染化料及新染色工艺在染色技术中的应用；等离子技术在织物表面加工中的应用。③以优秀企业、优秀企业家及优秀校友的故事来阐述职业道德、职业素养的重要性；举例说明科技论文写作中用到的仿真结果和实验数据，强调知识产权保护的重要性。④观看有关染料在不同纺织面料染色中的应用的视频，让学生理解不同染料染色的基本原理、方法及影响染色效果的工艺；从基本原理难理解、基础学科难学，讲到基础学科的学习在个人职业发展中的重要性和在国家重大战略和关键领域中所起重要作用；在解决问题过程中激发学生科学的思维方法，提升学生逻辑思辨能力。⑤以2019年江苏如东的黄某为卖掉滞销黄鱼竟用工业染料上色为例，讲解染料颜色与结构的关系以及该事件所造成的恶劣影响。⑥2020年由武汉纺织大学研制的"织物版"五星红旗首次在月球上展示，徐卫林教授团队经过一系列科技攻关，开发出了有中国特色的耐极端环境条件的高性能纺织品国旗，体现了在极端条件下高性能纺织品染色的关键技术，展现了科研工作者的大国担当和探索精神；部分染料会引起过敏甚至致癌，长期以来科研工作者通过不懈的努力逐步取代这些染料，体现了不断探索和追求卓越的精神，这里的事例很多，课堂上可以多举例。

4.7.3.4　多组分纤维纺织品的染色（5学时）

（1）知识点：多组分纤维纺织品的性能特点；双组分纤维纺织品的染色工艺及需要解决的主要问题。

（2）思政元素：创新开拓的科学探索精神和国家发展战略——全球视野、勇担当、善创新的时代精神；三牛精神或工匠精神——"为民服务孺子牛、创新发展拓荒牛、艰苦奋斗老黄牛"或"匠人、匠心、匠作"。

（3）融入路径：①查阅资料分析多组分纤维纺织品对面料的开发、快速发展和对我国纺织行业的影响。②介绍一位印染行业的泰斗——宋心远教授和他改进后的黏：锦混纺丝线活性（酸性）染料一浴染色工艺与新型助剂开发为企业创造的经济效益；谈校友在长期从事的技术工作中兢兢业业的孺子牛精神，设计人手不够、研发条件不足、执着钻研的老黄牛精神和不断探索、不断尝试的拓荒牛精神和精益求精、工作严谨、一丝不苟、耐心专注、爱岗敬业、淡泊名利的工作态度。

4.7.4 课程思政参考书目及网站

［1］赵涛．染整工艺与原理（下册）[M]．北京：中国纺织出版社，2019.
［2］王菊生．染整工艺原理（第二册）[M]．中国纺织出版社，2018.
［3］《学习强国》学习平台.
［4］《人民日报》微信公众号.
［5］王英龙．课程思政：我们这样设计（理工类）[M]．北京：清华大学出版社，2020.

4.8 印花工艺原理课程思政教学指南

4.8.1 课程思政说明

"印花工艺原理"是轻化工程专业的专业必修课（24学时）。在课程教学中，要把马克思主义、习近平新时代中国特色社会主义思想方法的教育与科学精神的培养结合起来，提高学生正确认识问题、分析问题和解决问题的能力；要注重强化学生优秀传统文化传承，培养学生树立正确的人生观、价值观；践行社会主义核心价值观，激发学生的家国情怀和使命担当。

4.8.2 课程思政目标

（1）通过介绍印花工艺发展史以及"扎染""蜡染"非物质文化遗产传承现状、技术工艺与创新，培养学生爱专业的热情，使学生投身专业学习、逐梦无悔青春。

（2）在理论知识教学中，通过融入马克思主义方法论和强化工程伦理教育，引导学生树立工程意识和节能环保意识，培养解决复杂工程问题的能力和不畏艰辛、勇于探索的科学精神；在实践教学中，培养学生正确认识、分析和解决问题的能力，提升学生的思辨力和创新力。

（3）结合工程实际案例，培养学生绿色可持续发展理念入心并成为行为自觉；引导学生树立进取精神、担当意识，形成良好的职业素养和职业伦理。

4.8.3 思政元素融入教学知识点计划与安排

4.8.3.1 印花方法（4学时）

（1）知识点：印花方法按工艺和设备分类方法及其印花效果。
（2）思政元素：爱专业扎根专业——我国纺织工业对丰富人民生活的作用和意义。

（3）融入路径：人们基本生活的"衣食住行"中，第一位是衣，服饰除了其基本功能外，对丰富人民生活有着重要作用和意义。

4.8.3.2　印花色浆（4学时）

（1）知识点：印花方法按工艺和设备分类方法及其印花效果。

（2）思政元素：食用糊精与印花糊料的关联以及食品安全意识。

（3）融入路径：培养学生树立正确的人生观、价值观，努力践行社会主义核心价值观；强化个人健康安全意识的重要性。

4.8.3.3　颜料印花（4学时）

（1）知识点：黏合剂作用、分类及性能，成膜过程及其影响因素；印花过程生态环境问题。

（2）思政元素：节能降耗以及生态环保意识。

（3）融入路径：树立和践行"绿水青山就是金山银山"的理念；培养学生绿色可持续发展理念入心并成为行为自觉。

4.8.3.4　纤维素纤维织物的印花（4学时）

（1）知识点：纤维素纤维织物直接印花、拔染印花、防染印花适用范围、基本原理及基本方法。

（2）思政元素：优秀传统文化传承——"扎染""蜡染"非物质文化遗产技术介绍。

（3）融入路径："扎染""蜡染"非物质文化遗产传承现状、技术工艺与创新，与时俱进，善于自我完善、自我发展，使社会充满生机活力的显著优势。

4.8.3.5　蛋白质纤维织物的印花（4学时）

（1）知识点：蛋白质纤维织物直接印花、拔染印花、防染印花适用范围、基本原理及基本方法。

（2）思政元素：树立节能、环保、低排的生活理念。

（3）融入路径：导入"十三五""十四五"的纺织工业发展规划、国家的高质量发展规划。

4.8.3.6　合成纤维织物的印花（4学时）

（1）知识点：合成纤维织物直接印花、拔染印花、防染印花适用范围、基本原理及基本方法。

（2）思政元素：唯物辩证法，科学技术进步与发展；青年的责任和使命。

（3）融入路径：通过导入航天服的设计理念，说明纺织印花手段的变化，科技进步发展的规律以及现代青年是时代的开路先锋，青年是时代的觉醒者，青年是时代责任的担当者，青年是时代精神的倡导者。

4.8.4　课程思政参考书目及网站

［1］赵涛.染整工艺与原理[M].3版.北京：中国纺织出版社，2020.

［2］《学习强国》学习平台.

［3］《人民日报》微信公众号.

［4］沈赤.课程思政典型案例选编[M].杭州：浙江大学出版社，2020.

4.9 整理工艺原理课程思政教学指南

4.9.1 课程思政说明

"整理工艺原理"是轻化工程专业的专业必修课（24学时）。在课程教学中，以马列主义、毛泽东思想和习近平新时代中国特色社会主义思想为指导，培养符合要求的纺织染整"卓越工程师"；以思政教育结合整理工艺中的技术问题来提高学生正确认识问题、分析问题和解决复杂工程问题的能力；特别注重培养学生创新能力的开发，同时注重培养学生责任感及使命感，激发学生投入工程应用一线，为实现中国智造而奋斗的精神。

4.9.2 课程思政目标

（1）通过介绍整理工艺作用、目的以及整理工艺对于纺织印染产品附加值提升的空间来说明认真学习整理工艺、熟悉整理工艺在以后就业的重要价值，激发学生学习整理课程的兴趣和爱校、爱专业的热情，使学生投身专业学习、扎实在工程应用一线工作。

（2）在理论知识教学中，通过融入习近平新时代中国特色社会主义思想，引导学生树立工程意识，培养学生解决复杂工程问题的能力和不畏艰辛、勇于探索的科学精神；在实验教学中，培养学生在正确的三观下认识、分析和解决问题的能力，提升学生的思辨力和创新力。

（3）结合卓越工程师培养模式，提升学生自主学习和持续学习的能力，培养适应新时代要求的高素质工程应用型人才；结合行业成才人物的案例，引导学生树立进取精神、创新意识，形成良好的职业素养和职业伦理。

4.9.3 思政元素融入教学知识点计划与安排

4.9.3.1 绪论（2学时）

（1）知识点：织物整理含义、整理目的。

（2）思政元素：社会主义核心价值观——为实现中华民族复兴的伟大爱国情怀；国家富强对普通民众的意义与价值。

（3）融入路径：观看中央电视台《飞吧，嫦娥》航天纪录片视频，让同学们了解航天中的高科技纺织材料；分析国内外服装行业现状，讨论国内外产品定价定位等不同情况，弘扬爱国主义情怀；了解嫦娥五号登月后国旗的设计要求及相应材料的印染加工过程，激发学生专业学习积极性。

4.9.3.2　一般机械整理（4学时）

（1）知识点：轧光、电光及轧纹整理的目的、设备及工艺；机械柔软整理，防缩整理。

（2）思政元素：树立正确的"世界观、人生观、价值观"——复杂社会环境下工程人员的精神风貌如何树立；青年的责任和使命，激发创造创新活力——"技术报国、科技报国"的理想，"为建设中国特色社会主义伟大事业奋斗终身"的坚定信念。

（3）融入路径：解说纺织品在染整加工中的多次反复加工的原理；讲述习近平总书记提出的钉钉子的精神，培养学生树立正确的人生观、价值观；查阅相关专利和文献，了解纺织材料物理机械整理加工原理，材料的湿热可塑性；讨论材料领域的大国间竞争，介绍新材料在航空航天技术中的重要性、特点及应用；引导学生树立破解材料领域"卡脖子"难题的信心。

4.9.3.3　一般化学整理（4学时）

（1）知识点：荧光增白原理、增白的现状；化学柔软整理。

（2）思政元素：科学技术及其发展中的哲学问题，科学中的否定之否定规律；科学思维能力训练、归纳与演绎、分析与综合、抽象与具体；可持续发展，保护环境——"金山银山不如绿水青山，绿水青山就是金山银山"。

（3）融入路径：以餐巾纸为例，说明增白整理的现状和民众的认识；辩证的否定观，就是事物在发展过程中，把原有事物的合理的因素保留，把不合理的因素去掉，取其精华，去其糟粕；染整技术、材料、助剂的发展也是螺旋上升的；以化学柔软整理为案例，讨论化学整理的基本原理分析过程；讨论化学整理的优异性能以及其与物理整理之间的性能差异和环保差异，引导学生从现象去分析本质；培养学生的环保意识。

4.9.3.4　防皱整理（8学时）

（1）知识点：防皱整理剂防皱的原理；整理后织物的甲醛释放及无甲醛整理剂的开发。

（2）思政元素：三牛精神或工匠精神——"为民服务孺子牛、创新发展拓荒牛、艰苦奋斗老黄牛"或"匠人、匠心、匠作"；创新开拓的科学探索精神和国家发展战略——全球视野、勇担当、善创新的时代精神。

（3）融入路径：①从防皱整理剂与纤维材料结合产生防皱效果的原理出发，讲述小个体与整体的关系。②谈从业者在长期从事的技术工作中兢兢业业的孺子牛精神，设计人手不够、研发条件不足、执着钻研的老黄牛精神和不断探索、不断尝试的拓荒牛精神或精益求精、工作严谨、一丝不苟、耐心专注、爱岗敬业、淡泊名利的工作态度。③甲醛释放的来源和如何避免。④从防皱机理联系有机化学知识，让学生思考如何开发无醛整理剂，提高学生的科学探索精神。

4.9.3.5　特种功能整理（6学时）

（1）知识点：三防整理原理与实现；阻燃整理的需求与应用；卫生整理的发展及需

求；涂层整理的作用和实现原理。

（2）思政元素：坚持"一国两制"，保持中国香港、中国澳门长期繁荣稳定，促进祖国和平统一的显著优势。坚持独立自主和对外开放相统一，积极参与全球治理，为构建人类命运共同体不断作出贡献的显著优势。坚持"安全第一"，就是对国家负责，对企业负责，对人的生命负责。"预防为主"是实现"安全第一"的前提条件，也是重要手段和方法。"隐患险于明火，防范胜于救灾"。在全球"新冠疫情"的大背景下，对纺织印染企业提出新要求。提高知识产权保护意识，有利于调动人们从事科技研究和文艺创作的积极性。能够为企业带来巨大经济效益，增强经济实力。有利于促进对外贸易，引进外商和外资投资。不侵犯他人知识产权。

（3）融入路径：①从三防整理的基本原理、实现条件来分析个体与整体，进而引申到"一国两制"，分析讲述个体与整体的关系与统一。②观看几个消防知识短片，让学生理解现代火场的基本情况与逃生规则，从一些火灾损失讲解安全生产和实验的必要性。③结合阻燃整理的预防作用，讲解阻燃整理的意义和预防为主的意识。④介绍个人防护用品在疫情中的作用及意义、举例说明我国卫生防护品企业的作用，举例说明后疫情时代新防疫产品开发的重要性。⑤以涂层整理来联系印花产品、强调设计或者花型或者功能选择的时候应注意的知识产权问题，特别是肖像权问题，联系目前我国印染产品出口的情况，也注意外国知识产权问题。

4.9.4 课程思政参考书目及网站

［1］闫克路.染整工艺与原理（上册）[M].北京：中国纺织出版社，2019.
［2］王菊生.染整工艺原理：第2册[M].北京：中国纺织出版社，2018.
［3］《学习强国》学习平台.
［4］《人民日报》微信公众号.
［5］王英龙.课程思政：我们这样设计（理工类）[M].北京：清华大学出版社，2020.

4.10 染整工艺实验（1）课程思政教学指南

4.10.1 课程思政说明

染整工艺实验（1）课程是轻化工程专业的必修专业实验课程（40学时）。通过实验教学以及课后润物细无声的引导，培养本专业学生树立严谨、敢于创新、敢于批判的科研精神，激发学生热爱本专业、热爱国家的热情，树立历史责任感和使命感。通过本课程学习以及后续一系列实践环节，培养学生具备轻化工程卓越工程师的能力，能够针对受控染整中复杂工程问题提出解决方案，设计不同类别产品的工艺流程、工艺参数和质量控制，并树立可持续发展理念，遵守职业道德。

4.10.2　课程思政目标

（1）通过介绍轻化工程（染整方向）发展史以及我校发展史，激发学生爱校、爱本专业的热情。

（2）在实验教学中，培养学生正确认识、分析和解决问题的能力，提升学生的思辨力和创新力。在追求科学的道路上，实事求是、脚踏实地。

（3）结合工程实际案例，培养学生在染整相关领域内持续学习的意识，引导学生树立进取精神、担当意识，形成良好的职业素养和职业伦理。

（4）在教学中强调实验室废弃物的回收处理，引导学生树立环保意识、绿色发展理念，树立爱国情怀。引导学生树立青年的责任感与使命感，将国家前途、民族命运与个人理想结合起来，自觉担负时代使命。

4.10.3　思政元素融入教学知识点计划与安排

4.10.3.1　棉织物退浆及效果评价（4学时）

（1）知识点：实验室安全教育与棉织物碱退浆工艺。

（2）思政元素：树立安全意识和责任感；理解"金山银山不如绿水青山"的深刻内涵，树立环保意识和可持续发展理念。

（3）融入路径：通过第一次专业实验课介绍本专业实验室分布情况以及实验室水电开关位置，强调实验结束后检查水电再离开实验室；强调实验过程中产生的实验室废弃物的回收处理方法，实验药品的节约使用等，树立学生的环保意识，理解"金山银山不如绿水青山，绿水青山就是金山银山"的深刻内涵。

4.10.3.2　棉织物煮练及效果评价（4学时）

（1）知识点：棉织物煮练工艺及效果评价。

（2）思政元素：培养学生规范书写实验报告的习惯；树立严谨、实事求是的工作作风。

（3）融入路径：通过反馈第一次实验报告的批改，指出问题，分析报告中存在的问题，严格规范实验报告格式，培养学生分析实验数据的能力；鼓励学生在实验过程中多观察、多思考、多探索，具有怀疑和批判精神，树立严谨、实事求是的工作作风。

4.10.3.3　棉织物漂白及效果评价（4学时）

（1）知识点：棉织物的过氧化氢漂白工艺及漂白效果的评价方法。

（2）思政元素：培养学生文献资料调研的能力，学会查找新文献以及测试方法新标准，树立终身学习意识。

（3）融入路径：通过实验前要求学生自己学会查新标准，实验中教会学生规范操作白度仪以及强力机，独立开展纺织品性能测试，以此来培养学生文献资料调研能力以及树立终身学习意识。

4.10.3.4 棉织物退煮漂一浴法工艺实验及效果评价（4学时）

（1）知识点：棉织物的退煮漂一浴法效果综合评价。

（2）思政元素：培养学生的社会责任意识，将安全、健康和人与自然和谐统一，追求可持续发展。

（3）融入路径：通过退煮漂一浴法实验让学生认识到本行业一直在致力于服务社会需求，必须注重环保，赋予面料各方面优异性能的同时也应注重环境保护意识，追求可持续发展。

4.10.3.5 直接染料染色（4学时）

（1）知识点：直接染料的结构的差异与其性能的区别。

（2）思政元素：坚持以人为本，以为人类作出贡献为职业目标，树立敬畏生命健康安全的意识；树立工程伦理中的职业道德素养。

（3）融入路径：以国际上禁用的易致癌染料为例，通过直接染料染色工艺实验让学生了解化学在更好地服务人类社会过程中，也可能会有一少部分是不利于人类健康安全，需要被舍弃使用的，树立以人为本，敬畏生命健康安全的意识。以本行业优秀企业及优秀校友的真实案例来阐述职业道德、职业素养的重要性。

4.10.3.6 活性染料染色（4学时）

（1）知识点：活性染料的特点。

（2）思政元素：培养创新开拓的科学探索精神和国家发展战略，做勇担当、善创新的好青年。

（3）融入路径：活性染料是应用最为广泛的一类染料，但是在传统工艺过程中需要加入大量电解质，对环保不利。通过实验培养学生创新开拓的探索精神，通过实验以及调研文献，开发新工艺，树立符合国家发展战略的学习意识。

4.10.3.7 还原染料染色（4学时）

（1）知识点：还原染料的应用历史。

（2）思政元素：激发学生学习传统文化、继承非物质文化遗产的意识；启发学生在传承传统文化的同时，也要融入现代创新意识。

（3）融入路径：以少数民族扎染、蜡染为例，植物还原染料的使用在中国历史悠久，通过向学生课后分享扎染以及蜡染视频，激发学生学习传统文化、继承非物质文化遗产的意识，并启发学生在传承历史文脉的同时，也要融入现代创新意识。

4.10.3.8 酸性染料染色（4学时）

（1）知识点：酸性染料染色的固色。

（2）思政元素：培养解决问题和创新能力，树立终身学习意识。

（3）融入路径：以酸性染料固色效果较差的问题引入，说明开发一系列新的酸性固色剂为酸性染料的发展带来机遇，随着人们对于舒适天然纤维的追求，比如蚕丝、羊毛等，以开发新助剂来改善天然纤维染整加工制品的质量的各项牢度显得尤为重要，激发学生的创新意识，培养学生解决问题的能力，树立终身学习意识。

4.10.3.9　分散染料染色（4学时）

（1）知识点：分散染料染色的特点。

（2）思政元素：让学生牢固树立可持续发展观，保护环境、节能减排的意识。"金山银山不如绿水青山"。

（3）融入路径：随着国家对于环保越来越重视，本行业面临新的挑战与机遇。对于活性染料等大浴比、耗能多、排放多等缺点，本行业越来越致力于开发新型染料、新助剂、新工艺、新设备等，这些都是为了社会的可持续发展。通过实验对比以及调研现状培养学生可持续发展、保护环境、节能减排的意识。

4.10.3.10　阳离子染料染色（4学时）

（1）知识点：阳离子染料对腈纶的染色。

（2）思政元素：培养学生的工匠精神——以敬业、精益、专注、创新为基本内容，涵盖卓越工程师的基本素养。

（3）融入路径：以企业如何解决阳离子染料易染花为例，告诉学生看似很小的问题，到了实际生产中都变得不再简单，这就需要有工匠精神，把简单的事情做好，做到完美。这也是培养卓越工程师的目的，为的就是解决工程实际问题。

4.10.4　课程思政参考书目及网站

[1] 陈瑛. 染整工艺实验教程[M]. 2版. 北京：中国纺织出版社，2016.

[2]《学习强国》学习平台.

[3]《人民日报》微信公众号.

[4]《高校思政网》微信公众号.

[5] 沈赤. 课程思政典型案例选编[M]. 杭州：浙江大学出版社，2020.

4.11　染整工艺实验（2）课程思政教学指南

4.11.1　课程思政说明

染整工艺实验（2）课程是轻化工程专业的主干实验课程（24学时）。通过实验教学以及课后润物细无声的引导，使本专业学生树立严谨、敢于创新、敢于批判的科研精神，激发学生热爱本专业、热爱国家，树立历史责任和使命感。通过本课程学习以及后续一系列实践环节培养学生具备轻化工程卓越工程师的能力，能够针对受控染整中复杂工程问题提出解决方案，设计不同类别产品的工艺流程、工艺参数和质量控制，并树立可持续发展理念，遵守职业道德。

4.11.2 课程的能力目标

（1）通过介绍轻化工程（染整方向）发展史以及我校发展史，激发学生爱校、爱本专业的热情。

（2）实验教学中，培养学生正确认识、分析和解决问题的能力，提升学生的思辨力和创新力。在追求科学的道路上，实事求是、脚踏实地。

（3）结合工程实际案例，培养学生在染整相关领域内持续学习意识，引导学生树立进取精神、担当意识，形成良好的职业素养和职业伦理。

（4）在教学中强调实验室废弃物的回收处理，引导学生树立环保意识和绿色发展理念，树立爱国情怀。引导学生树立青年的责任感与使命感，将国家前途、民族命运与个人理想结合起来，自觉担负时代使命。

4.11.3 思政元素融入教学知识点计划与安排

4.11.3.1 棉织物直接印花（4学时）

（1）知识点：活性染料直接印花实验操作，常用印花糊料的制备。

（2）思政元素：培养学生实事求是，追求真理的严谨科学态度；培养学生的安全意识和责任感。

（3）融入路径：实验过程中要求学生提前预习实验内容，记录原始实验数据，培养学生严谨认真的实验态度和实事求是、追求真理的科学精神；实验结束要求学生断水断电，搞好实验卫生，检查实验室安全再离开，培养学生的安全意识和责任感。

4.11.3.2 涂料印花（4学时）

（1）知识点：涂料印花的实验操作。

（2）思政元素：树立正确环保意识、绿色发展理念，培养学生的工程伦理和职业道德规范。

（3）融入路径：通过上次实验与此次实验的对比，引导学生了解涂料印花比直接印花省略了水洗后处理部分，更加环保，进而引申到本行业越来越重视清洁生产，树立学生的环保意识和绿色发展理念，培养学生的工程伦理和职业道德规范。

4.11.3.3 棉织物防拔染印花（4学时）

（1）知识点：活性染料地色防染、拔染印花方法。

（2）思政元素：树立爱国情怀，引导学生树立青年的责任感与使命感，将国家前途、民族命运与个人理想结合起来，自觉担负时代使命。

（3）融入路径：以神舟十二号载人飞船插在空间站的国旗导入本实验印花内容，国旗的印制就是本专业的内容之一，树立学生的爱国情怀和责任使命感。

4.11.3.4 棉织物柔软整理及效果评价（4学时）

（1）知识点：柔软整理。

（2）思政元素：树立学生创新开拓的科学探索精神和国家发展战略——全球视野、

勇担当、善创新的时代精神。

（3）融入路径：以大家选择睡衣、床上用品等以柔软性作为舒适度的重要指标为例，引出功能性助剂的研发以及功能整理对于改变生活质量的重要性，进而激发学生创新开拓、勇于探索的精神和善于创新的时代精神。

4.11.3.5　棉织物防皱整理及效果评价（4学时）

（1）知识点：防皱整理剂的种类。

（2）思政元素：坚持以人为本、敢于创新，树立绿色发展理念。

（3）融入路径：以传统防皱整理剂游离甲醛含量高对环境不友好，逐渐被环保型整理剂所取代为案例，引导学生意识到开发新型环保助剂的重要意义；培养敢于创新意识，激发学生新时代使命感和责任感，树立绿色发展理念。

4.11.3.6　棉织物拒水整理及效果评价（4学时）

（1）知识点：拒水整理。

（2）思政元素："上九天揽月，下五洋捉鳖"。由潜水用到的潜水服面料到神舟十二号用到的一系列太空服，引申到科技强国离不开刚需行业的支撑，更加需要学生不断创新，不断服务社会。

（3）融入路径：以神舟十二号所用到的一系列太空服等为案例引出科技强国离不开本行业的支撑，创新才能更好地服务当今社会需求。

4.11.4　课程思政参考书目及网站

［1］陈瑛.染整工艺实验教程[M].2版.北京：中国纺织出版社，2016.

［2］《学习强国》学习平台.

［3］《人民日报》微信公众号.

［4］《高校思政网》微信公众号.

［5］沈赤.课程思政典型案例选编[M].杭州：浙江大学出版社，2020.

4.12　纺织品检测技术课程思政教学指南

4.12.1　课程思政说明

"纺织品检测技术"是轻化工程专业的专业任选课（24学时）。在课程教学中，以马列主义、毛泽东思想、习近平新时代中国特色社会主义思想教育工作与轻化工程专业学生就业前景分析相结合，提高学生对专业的认可度和为纺织印染行业服务的意愿程度；以纺织品测试中相关标准及检测的现状与思政元素结合来提高学生正确认识问题、分析问题和解决问题的能力；特别注重培养学生标准意识和现代工程应用能力，激发学生以科技报国的家国情怀和使命担当。

4.12.2 课程思政目标

（1）通过介绍印染工业发展史、我国纺织产业的全球地位以及印染企业就业，特别是纺织品检测就业的前景，激发学生为实现从纺织大国到纺织强国转变和爱校、爱专业的热情，使学生投身专业学习，早日成为高素质的工程应用型人才。

（2）在理论知识教学中，通过融入马克思主义方法论和强化工程伦理教育，引导学生树立标准意识和标准价值观；以检测方法创新和检测标准建立对中国成为制造业强国的作用，培养学生解决复杂工程问题的能力和敢于创新的突破精神；以检测中的误差和影响授课内容结合工匠精神，培养学生正确认识、分析和解决问题的能力，提升学生的思辨力和创新力。

（3）结合"卓越计划"实施过程中的实习实例与本专业快速成长的毕业生经历，培养学生在纺织染整相关领域内持续学习、奋发上进的精神；以与国计民生相关行业中的检测案例，引导学生树立求实与求真精神，形成良好的职业素养和职业伦理。

4.12.3 思政元素融入教学知识点计划与安排

4.12.3.1 绪论（2学时）

（1）知识点：纺织品检测现状；我国纺织品检测的发展历史沿革；我校轻化工程专业发展沿革。

（2）思政元素：社会主义核心价值观；爱国、爱校、爱专业——"为实现中华民族复兴伟大梦想"而奋斗的精神；"锲而不舍、敢为人先"的湖工精神。

（3）融入路径：观看中央电视台《飞吧，嫦娥》航天纪录片视频，让同学们了解航天中的高科技纺织材料；分析国内外服装行业现状，讨论国内外产品定价定位等不同情况，弘扬爱国主义情怀；了解嫦娥五号登月后国旗的设计要求及相应材料的分析检测，激发学生专业学习的积极性。

4.12.3.2 纤维与织物的一般测试（8学时）

（1）知识点：纤维异形度测试；纤维毛羽、不匀与疵点测试；纤维长度及拉伸测试。

（2）思政元素：科学探索中的使命感、责任感，激发创造创新活力——确立"科技报国"的理想，"为建设中国特色社会主义伟大事业奋斗终身"的坚定信念；工程伦理中的职业素养——"义"与"利"的选择，"非其义，不受其利"，不做"见利忘义""见利思义"的事；怀疑与批判精神；科学探索是一个破除迷信、破除陈旧观念、不断创新的过程，它更需要科学家具有怀疑与批判精神，而不是盲从。

（3）融入路径：①查阅相关专利和文献，了解纤维异形度测试方法。讨论异形纤维的测试新方法以及功能性异形纤维的开发、特点及应用。引导学生树立破解材料领域"卡脖子"难题的信心。②纤维瑕疵测试的必要性及其对织物的影响。第三方检测部门在对产品进行检测时应该具有的职业素养，不能因利而为，要保持第三方机构的公平公正原则。③纤维或者织物强度受环境和助剂影响较大，有一般规律。讨论现代的染整助剂和工艺应用，纤维或者织物强度变化与传统认知不一致的情况。引导学生从现象去分析本质，不要过分依赖传统的观念，要敢于怀疑与批判。

4.12.3.3　织物光、电性能测试及风格测试（10学时）

（1）知识点：纺织品抗静电测试；纺织品的颜色测试；织物风格测试。

（2）思政元素：标准意识、规则意识、法律意识——工程设计中国家标准的重要性、生产生活中法律的重要性，"矩不正，不可为方；规不正，不可为圆"；树立正确的"世界观、人生观、价值观"；创新开拓的科学探索精神和国家发展战略——全球视野、勇担当、善创新的时代精神。

（3）融入路径：①抗静电测试原理和抗静电的基本条件。通过抗静电测试中影响最大的测试条件引申到测试标准的严格性，树立学生的标准和规则意识。②从纺织品颜色测试中经常出现的问题是机器测试与人眼观察会出现偏差。谈及不同国家对于颜色测试要求的不同，要求学生树立正确的世界观、人生观和价值观，不能带有个人情绪或者偏见去认识世界。③目前成熟且被认可的织物风格测试系统只有国外的两种系统。我国是世界纺织第一大国，从发展战略来说，应该制定自己的标准，实现中国制造强国梦想，具备国际领导水平。

4.12.3.4　其他织物测试（4学时）

（1）知识点：纺织品阻燃测试测试；生态纺织品测试。

（2）思政元素："安全第一"，坚持安全第一，就是对国家负责，对企业负责，对人的生命负责；"预防为主"是实现"安全第一"的前提条件，也是重要手段和方法；"隐患险于明火，防范胜于救灾"；可持续发展，保护环境——"金山银山不如绿水青山，绿水青山就是金山银山"。

（3）融入路径：①观看几个消防知识短片，让学生理解现代火场的基本情况与逃生规则。从一些火灾损失讲解安全生产和实验的必要性。结合阻燃整理的预防作用，讲解阻燃整理的意义和预防为主的意识。②从"什么是生态纺织品"谈及可持续发展的概念，与同学们讨论常见的生态纺织品测试标准及其意义。结合国外和我国生态纺织品的要求，提升学生的环保意识。

4.12.4　课程思政参考书目及网站

［1］李汝勤.纤维和纺织品测试技术[M].上海：东华大学出版社，2018.

［2］范尧明.纺织品检测[M].北京：中国纺织出版社，2016.

［3］《学习强国》学习平台.

［4］《人民日报》微信公众号.

［5］王英龙.课程思政：我们这样设计（理工类）[M].北京：清华大学出版社，2020.

4.13 印染厂设计课程思政教学指南

4.13.1 课程思政说明

"印染厂设计"是轻化工程的专业选修课（24学时）。在课程教学中，要巧妙地进行教学设计，选取与专业知识点相关的思政素材，在合适的时间将它导入课堂，或者从思政素材入手，切入课堂知识点，以培养学生的科学素养和实事求是的科学精神，提高学生正确认识问题、分析问题和解决问题的能力，以提高学生工程伦理觉悟和大国工匠精神，激发学生为实现中华民族伟大复兴的使命感。

4.13.2 课程思政目标

（1）首先介绍我国纺织染整工业发展史以及我校纺织染化专业发展史，然后介绍传统印染工厂布局、车间设计到现代化印染厂设计的变革以及现代印染企业在使用各类自动化设备的情况下，车间的巨大变化，激发学生学习的热情和对专业的认可度，使学生投身专业学习、踏实认真工作。

（2）在理论知识教学中，通过融入马克思主义方法论和强化工程伦理教育，树立大纺织工程观，加强学生的环保节能意识，培养解决复杂工程问题的能力和不畏艰辛、勇于探索的科学精神。

（3）结合工程实际案例，培养学生在轻化工业界内持续学习、追求卓越的精神；结合典型人物案例，引导学生树立进取精神、担当意识，形成良好的职业素养和职业伦理。

4.13.3 思政元素融入教学知识点计划与安排

4.13.3.1 绪论（2学时）

（1）知识点：染整行业发展史及染厂特点。

（2）思政元素：正确的"世界观、人生观、价值观"；工匠精神；环保与法规。

（3）融入路径：案例教学法——古代丝绸、汉马王堆、黄河治理、沙漠治理等；介绍环境保持法中印染加工污染物的排放标准。

4.13.3.2 设计程序与基本内容（2学时）

（1）知识点：基本建设程序、设计依据和基础资料；印染厂设计的基本内容。

（2）思政元素：哲学理想——做设计要贯彻天人合一的理念。

（3）融入路径：航天服的设计理念、都江堰的设计思想。

4.13.3.3 印染厂工艺设计（8学时）

（1）知识点：产品方案；工艺流程设计；工艺流程设备的选型、配置及排列；印染厂定员计算；印染厂附房；生活用水、汽、高温热源、压缩空气以及染化料消耗量计算。

（2）思政元素：哲学思维——科学中的对立统一关系。

（3）融入路径：古长城、四大发明、coolmax纤维等例子。

4.13.3.4　其他专业的设计（4学时）

（1）知识点：总图运输设计；厂房设计；给水排水设计；采暖通风与供热设计；供电设计；仓储设计；设计概预算。

（2）思政元素：唯物辩证法——联系与发展。

（3）融入路径：青岛市由德国人设计的排水系统；太阳黑子活动对地球环境的影响的例子。

4.13.3.5　印染厂清洁生产与节水节能设计（2学时）

（1）知识点：印染厂清洁生产和节水节能的意义；印染厂清洁生产及节水节能的途径。

（2）思政元素：树立节能、环保、低排的生活理念。

（3）融入路径：介绍"十三五""十四五"的纺织工业发展规划。

4.13.3.6　针织染整厂工艺设计（4学时）

（1）知识点：针织染整厂的生产规模和产品方案的确定；针织物染整加工工艺流程的选择；针织染整生产工艺和设备的选择；针织染整设备选型、计算等。

（2）思政元素：求实与求真、创新和开拓的精神。

（3）融入路径：黄道婆的纺机发明；我国第一台涤纶纺丝机的例子。

4.13.3.7　毕业设计文件的编写（2学时）

（1）知识点：毕业设计文件的目的与任务；编写内容与流程；图纸的制作的注意事项。

（2）思政元素：求真与创新；团结协作。

（3）融入路径：好的开始是成功的一半；水滴石穿；一个和尚有水吃，三个和尚没水吃。

4.13.4　课程思政参考书目及网站

［1］董振礼.测色与计算机配色[M].北京：中国纺织出版社，2018.

［2］范尧明.纺织品检测[M].北京：中国纺织出版社，2016.

［3］《学习强国》学习平台.

［4］《人民日报》微信公众号.

［5］王英龙.课程思政：我们这样设计（理工类）[M].北京：清华大学出版社，2020.

4.14　文献阅读与论文写作课程思政教学指南

4.14.1　课程思政说明

"文献阅读与论文写作"是轻化工程专业的通识教育必修课（16学时）。在课程教学中，要把马列主义、毛泽东思想以及习近平新时代中国特色社会主义思想与科学精神的培养结合起来，塑造符合时代要求的工程技术人才；把思政教育融入文献检索、阅读、利用和科技论文写作的能力的培养中去，提高学生正确认识问题、分析问题和解决问题的能力；本课程特别要注重强化学生信息素质教育、科技创新素质教育，培养高素质应用型人才，激发学生以科技报国的家国情怀和使命担当。

4.14.2　课程思政目标

（1）通过介绍我国科研发展史、我国目前科研水平以及大学生进行文献阅读和写作的必要性，激发学生学习文献检索和利用知识的兴趣；以文献检索在新时代社会主义建设中的作用，激发学生科技报国的家国情怀和爱校、爱专业的热情，使学生具备文献检索及应用能力，成为21世纪高素质工程应用型人才。

（2）在理论知识教学中，通过融入习近平新时代中国特色社会主义思想和强化工程伦理教育，引导学生树立信息意识和工程能力，培养学生在解决复杂工程问题时不畏艰辛、勇于探索的科学精神；在上机实践中，培养学生正确认识、分析和解决问题的能力，提升学生的思辨力和创新力。

（3）结合工程实际案例，培养学生科学判断信息可靠性、合理性的能力，能够分辨是非，时刻站在科学前沿；结合典型人物案例，引导学生树立正确的学术行为和信息道德，养成良好的职业素养和职业伦理。

4.14.3　思政元素融入教学知识点计划与安排

4.14.3.1　绪论（2学时）

（1）知识点：信息素质三要素；信息道德的重要性。

（2）思政元素：从大事看出大是非，制度优势——坚定四个自信，即"道路自信、理论自信、制度自信、文化自信"。

（3）融入路径：全球新冠肺炎疫情之下，信息传播过程中的道德问题；分析国内外在疫情问题下的不同应对措施，体现社会主义制度的优越性，弘扬爱国主义情怀；讨论后疫情时代的全球形势变化，让学生体会中国共产党领导的重要性。

4.14.3.2　纸质图书及电子图书的查阅（4学时）

（1）知识点：纸质图书到电子图书的转变；电子图书的优势。

（2）思政元素：低碳绿色生活，减少打印用纸，就是减少纸张生产过程中的环境污染和植被破坏。

（3）融入路径：讨论从传统的纸质图书变成电子图书后，人们阅读习惯的变化；讲述电子图书的优势和它在绿色生活中的作用，培养学生环保意识。

4.14.3.3　期刊论文的检索与阅读（4学时）

（1）知识点：科技期刊论文的特点与作用。

（2）思政元素：科学探索中的使命感、责任感，激发创造创新活力——确立"科技报国"的理想，"为实现中华民族的伟大复兴而奋斗终身"的坚定信念。

（3）融入路径：查阅相关文献，了解材料研究的地位和重要性；讨论材料领域的大国间竞争，介绍新材料在航空航天技术中的重要性、特点及应用；通过美国法律专业学生仅通过图书馆文献查阅，即可设计出切实可行的原子弹的案例，引导学生树立破解材料领域"卡脖子"难题的信心。

4.14.3.4　特种文献查阅（2学时）

（1）知识点：专利和标准的查阅。

（2）思政元素：提高知识产权保护意识，不侵犯他人知识产权；标准意识、规则意识、法律意识——工程设计中国家标准的重要性、生产生活中法律的重要性。

（3）融入路径：以专利侵权案例来分析知识产权保护的重要性；以"苹果手机充电线"为案例，说明标准的重要性；培养学生知识产权意识、标准意识。

4.14.3.5　科技论文阅读技巧与论文写作（4学时）

（1）知识点：科技论文的写作要求。

（2）思政元素：从科研的基本素养到树立正确的"世界观、人生观、价值观"。

（3）融入路径：讨论目前科技论文写作时经常出现的造假和抄袭现象；讨论科技论文造假和人的价值观问题；引导学生从现象去分析本质，培养正确的"世界观、人生观、价值观"。

4.14.4　课程思政参考书目及网站

［1］张虎芳. 科技文献检索与科教论文写作[M]. 北京：中国石化出版社，2019.

［2］邓富民. 文献检索与论文写作[M]. 2版. 北京：经济管理出版社，2017.

［3］《学习强国》学习平台.

［4］《人民日报》微信公众号.

［5］王英龙. 课程思政：我们这样设计（理工类）[M]. 北京：清华大学出版社，2020.

5 >> 生物工程专业课程

5.1 基础生物学课程思政教学指南

5.1.1 课程思政说明

"基础生物学"是生物工程专业的专业必修课（32学时）。课程具有综合性强、教学知识点多的特点。课程涉及内容广泛，与各生物科学知识联系紧密。在课程教学中，结合课程知识内容，融合德育元素，实现二者的有效融入，进而使思政教育有效地贯穿到"基础生物学"课程中，突显它的引领功能，进而完成立德树人的教育功能。深化教学内涵，使课程不再受专业理论知识的拘束，结合学生的实际发展需求，从实践应用角度出发，结合实际国情，引导他们在学习生物基础专业知识的同时，引入思政教育的辩证、唯物、相对论等思考问题的方式，对问题进行创新性的理解。

5.1.2 课程思政目标

（1）通过介绍我国生物学的发展以及在现代社会生活中的应用，提升学生的专业学习热情、激发学生以科技报国的家国情怀，使学生坚定专业学习的信念、志存高远、不负韶华。

（2）通过介绍重要知识点是如何被科学家发现和应用，让学生感受到科学的严谨，进而使他们明白如何科学地发现、分析以及解决相关的问题，让学生能通过现象看本质。

（3）结合领域内杰出人物和生物学发展史上的里程碑事件案例，培养学生在生物工程相关领域内努力钻研、追求原创的精神；引导学生树立脚踏实地、积极进取的精神，形成良好的职业素养和职业道德。

5.1.3 思政元素融入教学知识点计划与安排

5.1.3.1 绪论（2学时）

（1）知识点：了解生物学与现代社会生活的关系。

（2）思政元素：爱校爱国——秉承"锲而不舍、敢为人先"的湖工精神，"实现民族复兴梦想"的爱国情怀与远大理想。

（3）融入路径：了解国内外利用生物学知识解决粮食短缺、能源危机、疾病危害、环境污染、生态平衡等问题的现状，激发学生树立勇于攀登科学高峰、开发原创技术来服务社会、振兴国家发展的远大理想。

5.1.3.2　细胞（4学时）

（1）知识点：掌握细胞的结构；熟知细胞通讯的机制。

（2）思政元素："学以致用"——理论联系实际，让学生把理论知识与实践紧密结合起来。

（3）融入路径：在细胞通讯章节，举例当下杰出中国青年科学家在理论上有什么新的发现，应用发现解决了什么问题，培养学生认识理论知识的重要性，培养学生学习理论知识的兴趣，并以中国优秀科学家为榜样，忧国忧民，通过所学知识为国家的发展作出贡献。

5.1.3.3　动物的形态与功能（6学时）

（1）知识点：了解内环境的控制机制；掌握免疫系统的构成和免疫功能发挥的机制。

（2）思政元素：维护国家安定团结，人人有责；保持豁达开朗的性格和积极向上的乐观心态，可以使免疫系统功能得到积极的发挥。

（3）融入路径：学习内环境的控制，让学生认识到我们国家内部环境安定团结的重要性，言行要考虑对国家稳定的影响，顾全大局，认识到身为当代大学生，有责任维护国家安定团结；免疫条件反射的案例学习与探讨，让学生理解人体内稳态调节系统的关联性，进一步知道神经系统受到长期压抑也会导致免疫系统崩盘，从而引发一系列疾病，以此引导学生要保持豁达开朗性格和积极向上的乐观心态。

5.1.3.4　植物的形态与功能（2学时）

（1）知识点：了解植物的结构和生殖及植物的调控系统。

（2）思政元素："金山银山不如绿水青山，绿水青山就是金山银山"。

（3）融入路径：让学生了解我国丰富的植物资源和经济价值，植物的生长习性和生态特点，激发学生保护国家的良好自然环境，合理开发植物资源。

5.1.3.5　遗传与变异（5学时）

（1）知识点：了解重组DNA技术；掌握遗传的基本规律。

（2）思政元素：科学进步要遵从科学伦理；科学研究的严谨性。

（3）融入路径：以2019年深圳的基因编辑婴儿事件为例，让学生认识到在分子生物学技术快速发展的同时，要谨记科学研究要受伦理约束，遵守法律；在孟德尔遗传定理这一章节，通过讲述其对应的实验选材、观察、描述、解释、验证过程；使学生感受科学的严谨性，进而使学生明白如何科学地发现、分析以及解决相关的问题。

5.1.3.6　生物进化（2学时）

（1）知识点：达尔文学说与微进化；物种形成；宏进化与系统发生。

（2）思政元素："物竞天择、适者生存"；积极进取、顺应时代的发展进步、争当时代弄潮儿。

（3）融入路径：在讲授物种进化的自然规则时，鼓励学生积极进取，融于当下社会发展需要。

5.1.3.7　生物多样性的进化（5学时）

（1）知识点：生命起源及原核生物多样性的进化；真核细胞起源及原生生物多样性的进化；绿色植物多样性的进化；真菌多样性的进化；动物多样性的进化。

（2）思政元素：了解我国长期以来贯彻的可持续发展理念、绿色发展之路以及人与自然和谐共生的美丽中国新画卷，认识到我国拥有丰富而又独特的生态系统、物种和遗传多样性，激发爱国之情。

（3）融入路径：通过对生物多样性进化的学习，比较我国不同时期生物多样性的状况，让学生认识到我国幅员辽阔、陆海兼备，地貌和气候复杂多样，孕育了丰富而又独特的生态系统、物种和遗传多样性，是世界上生物多样性最丰富的国家之一，激发爱国之情。

5.1.3.8　生态学与动物行为（6学时）

（1）知识点：生物与环境；生物多样性及保护生物学。

（2）思政元素：生态文明。

（3）融入路径：通过学习生态学与动物行为，让学生认识到生态文明是我国"五位一体"总体布局的重要方面，是习近平新时代中国特色社会主义思想的重要组成部分。

5.1.4　课程思政参考书目及网站

［1］吴相钰.普通生物学[M].北京：高等教育出版社，2019.

［2］杜震宇.生物学科课程思政教学指南[M].上海：华东师范大学出版社，2020.

［3］《学习强国》学习平台.

［4］《人民日报》微信公众号.

［5］沈赤.课程思政典型案例选编[M].杭州：浙江大学出版社，2020.

5.2　生物化学课程思政教学指南

5.2.1　课程思政说明

"生物化学"是生物工程专业的一门专业基础核心课程（56学时）。该门课程的授课对象是刚升入大二的高校学生，他们往往处在世界观、价值观和人生观的建立期，也正处于政治意识和公民意识的萌芽期。在该门课程纷繁复杂的生物化学基本知识中，蕴含着政治认同、家国情怀、科学精神、公民品格、生态文明、法治意识、文化自信与全球视野等非常丰富的课程思政元素，所以若能在该门课程知识的传授过程中，以"润物细无声"的方式将课程思政元素浸润于专业知识中，这将使得学生在学习生物化学专业知识的同时，潜移默化地塑造三观，自觉成为推动中华民族伟大复兴的新时代青年。

5.2.2 课程思政目标

（1）围绕生命属性的化学本质，在深刻理解生物分子的结构与功能、生物分子的分解和合成代谢以及遗传信息的流动和传递的基础上，结合辩证唯物主义原理，培养学生对马克思主义哲学原理的深刻领悟，树立高度的政治认同感，形成积极的价值观和人生观。

（2）通过对生物化学专业知识、技术结合生物化学发展史的系统学习，培养学生客观理性的思维方式、严谨求实的工作作风和探索创新的价值取向；在自然科学的课堂里感受我国的灿烂文化和伟大传统，从而树立文化自信；了解当前时代的国际合作与竞争，形成全球视野。

（3）通过系统学习生物化学及相关技术，对技术的两面性有正确认识。教会学生对技术风险评估的"可测、可控、可逆"三原则。了解生物化学技术与产品开发应用的法律法规，尊重生命、保护环境、遵纪守法。

5.2.3 思政元素融入教学知识点计划与安排

5.2.3.1 绪论（2学时）

（1）知识点：生物化学的概念、发展历史、成就、应用及发展趋势。

（2）思政元素：科学精神、家国情怀、文化自信、专业自信——坚定爱国、爱校、爱专业。

（3）融入路径：生物化学研究的发展历程和成就介绍；新冠肺炎疫情暴发以来，中国在新冠疫苗研发及检测管控等方面的突出表现；新冠肺炎疫情后国家对生物专业及生物产业的重视和扶持以及湖南圣湘生物科技有限公司的飞速发展。

5.2.3.2 糖类化学（5学时）

（1）知识点：糖类的定义、分类、结构、功能、性质。

（2）思政元素：文化自信、科学精神——激励学生投身于生物科学的研究中，为人类社会发展作贡献。

（3）融入路径：我国在公元前12世纪就能制作麦芽糖；我国唐代就能生产纯白的蔗糖，比西方制糖工艺早了一千多年。探讨研究开发纤维素、壳多糖这两个在自然界分布居一二位的多糖，有望成为未来人类解决能源问题和环境问题的关键。

5.2.3.3 脂类和生物膜化学（3学时）

（1）知识点：脂类的定义、分类、结构、性质、功能。

（2）思政元素：科学饮食、科学精神、造福人类——科学让生活更美好。

（3）融入路径：以近两年火遍朋友圈的"秋天的第一杯奶茶"为例，分析饮食健康问题；胆固醇代谢调节机制的研究及治疗胆固醇代谢疾病的药物研发案例。

5.2.3.4　蛋白质化学（6学时）

（1）知识点：氨基酸及蛋白质的定义、分类、结构、性质、功能。

（2）思政元素：科学精神、政治认同、文化自信——科学家的精神值得我们学习。

（3）融入路径：班延和麦克劳德发现并提纯出胰岛素，当确认胰岛素可以用于治疗糖尿病时，将价值连城的胰岛素专利以一元的价格象征性转让给母校的案例；1955年，英国化学家桑格通过十年的不懈努力，完成了牛胰岛素的全部测序工作；1965年，我国科学家艰苦奋斗，不畏艰难，人工合成了结晶牛胰岛素，这是人类第一次人工合成具有生物活性的蛋白质；我国人民很早就利用大豆蛋白加热变性的特点制作豆腐。

5.2.3.5　核酸化学（4学时）

（1）知识点：核苷酸及核酸的定义、分类、结构、性质、功能。

（2）思政元素：科学精神、政治认同、文化自信、科学伦理——只要功夫深，铁杵磨成针。

（3）融入路径：DNA双螺旋结构的发现故事；1983年，我国科学家实现酵母丙氨酸转移核糖核酸的全人工合成；分析南方科技大学贺建奎的基因编辑婴儿的伦理问题。

5.2.3.6　酶化学（6学时）

（1）知识点：生物酶的定义、分类、结构、性质、功能。

（2）思政元素：文化自信、科学精神、专业自信——创新开拓的科学探索精神和勇担当、善创新的时代精神。

（3）融入路径：①我国古代劳动人民早在八千年前就开始利用酶，之后把酶应用到相当广泛的领域（以酿酒、制酱、利用曲治疗消化不良等为例）。②20世纪80年代，在科学界早已普遍认为酶的本质就是蛋白质时，切赫和奥尔特曼通过反复实验验证，发现了核酶，打破了酶是蛋白质的传统观念，开辟了酶学研究的新领域。③以TaqDNA聚合酶的应用为例，介绍酶学研究成果已经广泛应用于生活中的各个领域，甚至一个酶就可以造就一个产业。

5.2.3.7　代谢系统必需的辅助因子（2学时）

（1）知识点：维生素的定义、分类、结构、性质、功能。

（2）思政元素：政治认同、文化自信、科学精神——中国，我为你自豪。

（3）融入路径：①我国古代《千金要方》和《千金翼方》中有记录用牛肝治疗雀目和用谷皮治疗脚气病的文字。这些利用食物中的维生素治疗疾病比西方早了一千多年。②我国科学家研究的"两段发酵法"生产维生素C的方法全面优于1933年德国人发明并被罗氏公司垄断了几十年的"莱氏族学法"。如今，全球超过90%的维生素C由我国生产。

5.2.3.8　能量代谢与生物能的利用（5学时）

（1）知识点：能量代谢的定义、场所、分类、线粒体和非线粒体氧化、高能磷酸键的生成、电子传递链的抑制。

（2）思政元素：家国情怀、公民品格——强健体魄、苦练本领、树立正确的三观，为实现自己的人生价值不懈努力。

（3）融入路径：①以自由基对身体的危害为切入点，介绍沉迷游戏、熬夜、抽烟、酗酒、药物、易怒等不良的生活习惯都会使体内产生过多自由基，对身体造成危害。②以习近平总书记多次发表的关于健康的讲话为切入点，倡导学生们保持心理健康，养成良好习惯，锻炼强健体魄，树立正确的三观，明确奋斗目标，用知识武装头脑，健康快乐地为实现自己的人生价值不懈努力，为实现伟大的中国梦添砖加瓦。

5.2.3.9　糖的分解与合成代谢（7学时）

（1）知识点：糖酵解；三羧酸循环；磷酸戊糖途径；乙醛酸循环；光合作用；蔗糖和淀粉的合成；糖原的合成。

（2）思政元素：科学精神、积累和创新、危机意识——科学研究总是站在巨人的肩膀上。

（3）融入路径：①以克鲁布斯发现三羧酸循环的科学事迹为例，介绍推理、分析、综合、归纳等理性的科学思维在科学研究中的重要性。②整个光合作用机理的研究耗时200多年，期间相关研究共获得8次诺贝尔奖。可见科学的发展和重大成果的产生需要长期的积累和不懈地研究探索。③由植物体内的淀粉和动物体内的糖原这种动植物应对危机的能量储备机制，延伸到我们这些生长在好时代的人们，也要有未雨绸缪的危机意识，居安思危、不忘初心。

5.2.3.10　脂代谢（4学时）

（1）知识点：脂肪酸的 α 氧化；β 氧化；脂肪酸的合成代谢。

（2）思政元素：坚忍不拔、持之以恒的科学精神和创新精神。

（3）融入路径：普通过巧妙的实验设计用苯基标记，发现了脂肪酸的 β 氧化机制；因技术和理论知识滞后，胆固醇生物合成机制研究耗时36年才被阐明。

5.2.3.11　氮代谢（6学时）

（1）知识点：氨基酸的分解代谢；脱氨基作用；脱羧基作用；尿素的生成；氨基酸的合成代谢；核酸的降解；核苷酸的合成。

（2）思政元素：养成良好的生活习惯，用科学知识指导生活，关爱身体的老黄牛——肝脏。

（3）融入路径：通过2000年左右风靡一时的"核酸营养保健品"案例，启发学生要具备科学的理性思维；以肝脏的结构特征及代谢功能为切入点，讲解肝脏的重要性；讲解代谢异常及不良生活习惯，如过量饮酒、熬夜、易怒等容易引起的肝脏疾病及其对人体健康的影响，引导学生保护肝脏，养生良好的生活习惯。

5.2.3.12　三大物质代谢之间的关系（2学时）

（1）知识点：三大营养物质之间的代谢关系。

（2）思政元素：全局观念、事物之间的辩证统一关系。

（3）融入路径：以糖尿病的"三多一少"的症状为切入点，在讲解其症状产生的原因的基础上，引申出整体与部分、个人与集体之间的关系。

5.2.4　课程思政参考书目及网站

［1］梅兵.生物学科课程思政教学指南[M].上海：华东师范大学出版社，2020.

［2］张洪渊.生物化学原理[M].北京：科学出版社，2018.

［3］王镜岩.生物化学[M].北京：科学出版社，2004.

［4］《学习强国》学习平台.

［5］沈赤.课程思政典型案例选编[M].杭州：浙江大学出版社，2020.

5.3　生物化学实验课程思政教学指南

5.3.1　课程思政说明

生物化学实验课程是生物类专业非常重要的课程之一（32学时），实验课程大大深化了学生对理论知识的理解，增强学生将知识转化为应用的能力，锻炼学生动手操作能力、观察分析问题与解决问题的能力。本课程实验内容与生活生产联系密切，有丰富的思政材料，因此可以将思政元素润物细无声地融入实验教学过程中，从而有效培养学生的社会责任感，为国家培养优异的社会主义建设者与接班人。

5.3.2　课程思政目标

（1）在实验教学中，培养学生正确认识、分析和解决问题的能力，提升学生的思辨力和创新力。

（2）将一个个独立的实验和科研、生产实践、人民生活相联系，让学生切身感受到生物化学实验与生活生产之间的密切联系，增强学生对专业的热爱，培养学生的社会责任感。

（3）结合一些环保问题和实验室安全事故引导学生树立实验中的安全意识与环保意识。

5.3.3　思政元素融入教学知识点计划与安排

5.3.3.1　蒽酮比色法测定植物中的可溶性总糖（5学时）

（1）知识点：可溶性总糖的提取、蒽酮比色法测植物中可溶性总糖。

（2）思政元素：安全意识——"道路千万条，安全第一条，行车不规范，亲人两行泪"。

（3）融入路径：以硫酸的安全取用规范为切入点，强调在使用浓硫酸时安全意识、安全防护、规范取用、防范风险的重要性；强调实验过程中硫酸灼伤事故的应急处理。

5.3.3.2 脂肪酸价的测定（2学时）

（1）知识点：酸价的定义；酸碱滴定法测酸价。

（2）思政元素：劳动素养、环保意识——践行绿色可持续发展观。

（3）融入路径：介绍乙醚等有机溶剂的安全隐患和危害，要求学生按要求规范收集实验中产生的废弃醇醚混合液；鼓励学生在生活中加强环保观念，爱护环境。

5.3.3.3 考马斯亮蓝结合法测定蛋白质浓度（4学时）

（1）知识点：分光光度计的使用；考马斯亮蓝法测蛋白质浓度的原理方法。

（2）思政元素：用心观察，注意实验细节——细节决定成败。

（3）融入路径：讲解实验过程中比色皿清洗干净与否对实验成败的影响，引导学生做科学研究一定要注意细节，态度严谨，实事求是；在实验过程中培养学生细致、有公德心的态度，以及良好的团队协作精神。

5.3.3.4 SDS—PAGE测定牛血清蛋白的分子量（8学时）

（1）知识点：聚丙烯酰胺凝胶的制作；点样电泳；染色脱色方法；数据处理。

（2）思政元素：锲而不舍、坚持不懈的科学精神。

（3）融入路径：本实验过程复杂，实验难度大，持续时间长，所以要求学生一定要有细心、耐心和坚持的精神，大胆动手，认真分析；强调试验中各成员之间的分工合作，相互促进。

5.3.3.5 DNA的提取和琼脂糖电泳（6学时）

（1）知识点：聚丙烯酰胺凝胶的制作；点样电泳；染色脱色方法；数据处理。

（2）思政元素：规范意识、责任意识——"不以规矩，不能成方圆"，遵规守纪，方能造就人生。

（3）融入路径：移液枪是本实验中不可缺少的贵重的精密仪器，实验中稍有不慎就会造成移液枪损坏或试剂污染，导致实验失败。提醒学生在实验和学习生活中都要养成规范意识、责任意识。

5.3.3.6 酶的特异性以及酶促反应动力学（4学时）

（1）知识点：酶催化的特异性、专一性；酶的失活；酶的抑制作用。

（2）思政元素："择一事而专，专一事而精"——做"专精"的社会主义建设者和接班人。

（3）融入路径：从生物酶催化反应的专一性和高效性为切入点，引导学生做有专业精神的人——"择一事而专，专一事而精"，做社会主义建设中不可缺少的一颗重要的螺丝钉。

5.3.3.7 维生素C提取及测定（3学时）

（1）知识点：维生素C的提取；滴定法测维生素C含量；微量滴定管的使用。

（2）思政元素：规范意识、责任意识——"不以规矩，不能成方圆"，遵规守纪，方能造就人生。

（3）融入路径：微量滴定管是本实验中不可缺少的贵重的精密仪器，实验中稍不注意就会造成损坏。所以要求学生一定要有严格的规范操作意识，并严格按照要求使用，轻拿轻放，仔细清洗，爱护仪器，保证实验顺利进行。

5.3.4　课程思政参考书目及网站

[1]陈钧辉.生物化学实验[M].北京：科学出版社，2018.
[2]周正义.生物化学实验教程[M].北京：科学出版社，2018.
[3]《学习强国》学习平台.
[4]《人民日报》微信公众号.
[5]沈赤.课程思政典型案例选编[M].杭州：浙江大学出版社，2020.

5.4　细胞工程课程思政教学指南

5.4.1　课程思政说明

"细胞工程"是生物工程专业的专业必修课，理论教学课时32学时。通过课程思政教学，使学生在全面了解细胞工程基本原理和技术的基础上，培养他们发现和解决问题的能力，通过凝练专业知识中的育人价值，引导学生树立社会主义核心价值观念、道德信仰和科学思维。

5.4.2　课程思政目标

（1）通过介绍植物细胞工程与动物细胞工程发展史以及我国在细胞工程领域与世界强国的差距，激发学生以科技报国的家国情怀和爱国的热情，使学生投身专业学习，为中华之崛起而拼搏。

（2）在教学过程中，运用情境带入式、案例式、问题探究式等教学方法，融入社会主义核心价值观、道德意识、科学精神、人文意识、法治意识等思政基本理论，引导学生充分认识科技兴国的重要性，培养学生不畏艰辛、勇于探索的科学精神。

（3）结合细胞工程应用的实际案例，培养学生在生物工程相关领域的持续学习，追求知识产业化的精神；结合视频教学和典型人物案例，引导学生树立"锲而不舍、敢为人先"的湖工精神。

5.4.3 思政元素融入教学知识点计划与安排

5.4.3.1 绪论（2学时）

（1）知识点：细胞工程发展概况及应用现状。

（2）思政元素：不畏浮云遮望眼——启发学生学习要有细致严谨的态度更要有批判性思维，建立独特的分析能力，不要"人云亦云"；"锲而不舍、敢为人先"的湖工精神。

（3）融入路径：通过列举中国科学家在细胞工程领域的主要贡献，弘扬爱国主义情怀；在讲授应用细胞工程技术进行质量安全检测时，以三聚氰胺、苏丹红、瘦肉精等为例，让学生了解细胞工程技术在人类健康和安全检测中的作用，提高学生的社会责任感和主人翁意识。

5.4.3.2 植物组织与细胞培养的基本原理及无菌操作技术（6学时）

（1）知识点：植物细胞全能性的概念及无菌操作技术。

（2）思政元素："良好的开始是成功的一半"，任何事都要提前做好准备工作；操作过程不能急于求成，做事情要循序渐进，遵章守规，细节决定成败。

（3）融入路径：德国植物学家哈伯兰特提出了植物细胞全能性，以此为理论基础推进植物细胞工程的发展；无菌操作技术是细胞培养的关键技术，培养基或器械灭菌不彻底是细胞污染的首要原因。

5.4.3.3 植物离体无性繁殖和脱毒技术、植物细胞培养和次生代谢产物生产（5学时）

（1）知识点：植物离体无性繁殖技术及植物细胞培养生产次生代谢产物。

（2）思政元素：要有耐心和持之以恒的精神，要树立正确的科研观和人生观，创新开拓的科学探索精神和国家发展战略。

（3）融入路径：观看离体快繁技术短片，了解植物细胞工程最普遍的应用；通过介绍袁隆平院士跋山涉水选育杂交水稻和诺贝尔医学奖获得者屠呦呦六十年如一日开发挖掘抗疟疾药物青蒿素等坚持不懈的科研精神，教育学生做科学研究要持之以恒，激发学生为中华民族伟大复兴而奋斗的壮志，培养学生为国为民的奉献精神。

5.4.3.4 植物原生质体培养和体细胞杂交（3学时）

（1）知识点：植物体细胞杂交。

（2）思政元素：辩证的观点看待事物——事物都有两面性，事物自身所包含的既相互排斥又相互依存，既对立又统一的关系。

（3）融入路径：介绍以原生质体融合为基础的体细胞杂交的育种方法；介绍体细胞杂交的应用实例，以及人们对这种育种方式的顾虑，讨论培养学生的辩证思维能力，看问题不能片面，要把握事物本质，特别是对新生事物，要辩证看待，通过扬长避短、趋利避害、规范管理，使育种技术服务于人类。

5.4.3.5 植物花药与花粉培养、胚胎培养（4学时）

（1）知识点：花药与花粉培养。

（2）思政元素：要有远大的理想抱负，不能被一时的成功或失败打倒；要不断完善和提高自身的各项能力，增强自身社会责任感。

（3）融入路径：介绍花粉、花药、胚培养的方法，让学生掌握不同外植体的培养方法；介绍2012年诺贝尔医学奖获得者戈登的故事，中学时戈登的生物成绩排在最后一名，被同学讥笑，但他凭借对生物的兴趣、执着和努力，最终获得了成功。引申出态度和兴趣影响未来，由于我校属普通本科院校，有一部分同学就看轻了自己，正好借助戈登的例子鼓励学生通过自己不懈的努力，实现自己的梦想。

5.4.3.6 动物细胞培养技术（4学时）

（1）知识点：动物细胞体外培养。

（2）思政元素：科学的思维方法和严谨的工作态度——基础学科在国家重大战略及关键领域的重要性，"九层之台，起于垒土"。强化历史使命感和社会责任感。

（3）融入路径：观看动物细胞体外培养的短片，动物细胞体外培养方法；通过动物细胞培养人造肉以期解决由非洲猪瘟导致的猪肉价格上涨问题，使同学们理解细胞工程在日常生产和生活中的应用，提高学生的学习兴趣和社会责任感。

5.4.3.7 动物细胞融合、胚胎工程（4学时）

（1）知识点：淋巴细胞杂交瘤和单克隆抗体。

（2）思政元素："道固远，笃行可至；事虽巨，坚为必成"，要树立正确的价值观、高尚的道德情操和无私奉献的精神。

（3）融入路径：介绍单克隆抗体技术的应用，阐明要勇于探索、创新和超越；讲授动物细胞融合单克隆抗体制备时，以中国疾控中心病毒所所长侯云德院士为例，几十年如一日，不求名利为祖国构建疾病防治之盾，让学生们理解和明白作为一名科研工作者为国为民的真谛和真理。

5.4.3.8 动物干细胞技术、转基因动物（4学时）

（1）知识点：干细胞体外培养诱导分化和应用；转基因技术及应用。

（2）思政元素：树立正确的科研观、人生观、价值观和世界观，不允许以获得名利为目的虚构事实和触碰伦理道德底线。

（3）融入路径：①以长春长生生物科技有限公司的假疫苗案和日本理化学研究所发育与再生医学综合研究中心小保方晴子臆想出的STAP细胞学术造假案为例，告诫学生做科研和做人都必须诚信第一。②以贺建奎的基因编辑婴儿事件为反面教材，告诫学生科研和人生的底线，任何科学研究都必须遵循自然的发展规律，科学研究只是揭示自然的奥秘，不能且绝不允许改变自然本身的进程。

5.4.4 课程思政参考书目及网站

［1］杨淑慎.细胞工程[M].北京：科学出版社，2017.

［2］李志勇.细胞工程[M].北京：高等教育出版社，2019.

［3］《学习强国》学习平台.

［4］《人民日报》微信公众号.

［5］王子朝，张慧茹，李海峰，等.“细胞工程”课程思政教学改革探索[J].教育教学论坛，2020（34）：29-30.

5.5 微生物学课程思政教学指南

5.5.1 课程思政说明

“微生物学”是生物工程专业的专业必修课，理论教学40学时。在课程教学中，在学习理论知识的同时发挥课堂育人的渠道作用，不断挖掘课程本身的思政资源，培养学生的辩证思维能力、严谨的科学态度、良好的团队合作精神、生物安全意识、社会责任感和爱国情操。

5.5.2 课程思政目标

（1）结合微生物学课程特点，制定的课程德育培养目标是通过讲授微生物学基础理论和基本技术的发现过程，使学生热爱科学研究，具备吃苦耐劳的科研精神及学术规范意识。

（2）结合微生物在各领域中的实际应用和最新的社会热点问题，使学生深刻意识到传染微生物、环境污染及抗生素滥用等问题的危害，增强学生职业道德及社会责任感，激发学生以科技报国的家国情怀和爱校、爱专业的热情。

（3）将思政教育融入各专业课程的实践中，以“培养面向生产、建设、管理、服务等第一线需要，具有良好思想品德修养和首岗适应能力、多岗迁移能力、可持续发展能力的高素质技术技能人才”为目标，让学生成为德才兼备、全面发展的人才。

5.5.3 思政元素融入教学知识点计划与安排

5.5.3.1 绪论（2学时）

（1）知识点：微生物学的发展史。

（2）思政元素：不畏浮云遮望眼——启发学生学习不仅要有细致严谨的态度，更要有批判性思维，建立独特的分析能力，不要“人云亦云”，要有“锲而不舍、敢为人先”的湖工精神。

（3）融入路径：“微生物学之父”巴斯德其曲颈瓶实验推翻了古老的“自然发生说”，开启了微生物学的发展；分析国内微生物研究的现状以及目前新冠肺炎疫情形势，弘扬爱国主义情怀。

5.5.3.2　原核生物（4学时）

（1）知识点：细菌的细胞结构、繁殖方式、培养特征。

（2）思政元素：国家利益高于个人利益——民族复兴需要每一个中国人参与。

（3）融入路径：著名的微生物学家、病毒学家汤非凡在国难之际毅然回国，在战火纷飞的年代从事研究工作，证实沙眼是由衣原体引起，否定了日本学者野口英世提出的沙眼杆菌。激发学生为中华民族伟大复兴而奋斗的壮志，培养学生为国为民的奉献精神。

5.5.3.3　真核微生物（4学时）

（1）知识点：酵母菌和真菌的细胞结构、繁殖方式、培养特征。

（2）思政元素：科学的思维方法和严谨的工作态度——基础学科在国家重大战略及关键领域的重要性，"九层之台，起于垒土"。强化历史使命感和社会责任感。

（3）融入路径：我国酿酒使用的曲就含有混杂生长着的霉菌和酵母，分别起着糖化和发酵的作用；复式发酵法，酿造出风味别致、驰誉世界的黄酒"善酿"和白酒"茅台"，这是我国劳动人民在酿酒工业中的一大发明。

5.5.3.4　病毒（4学时）

（1）知识点：病毒的发现以及病毒举例。

（2）思政元素：制度优势——坚定四个自信，即"道路自信、理论自信、制度自信、文化自信"。

（3）融入路径：让学生自己上网查找一种病毒，了解该病毒的特点及预防方法；通过介绍新冠病毒引出在此次疫情暴发期间我国政府高度重视，速度之快、规模之大，世所罕见，展现出中国速度、中国规模、中国效率，体现了社会主义制度的优越性。

5.5.3.5　微生物的营养（4学时）

（1）知识点：微生物的营养要求及吸收营养的方式。

（2）思政元素：现代科技在国防现代化中的重要作用——未来科技在战争中的重要作用，高新科技在国防建设中的重要地位。

（3）融入路径：列举对营养的需求不同的各类微生物，阐明不同的个体需要不同的对待；观看中国人工造岛的视频，谈及大国崛起离不开现代化的科学技术，让学生正确认识科学的发展与国土国防事业之间的关系，激发学生的学习热情。

5.5.3.6　微生物的生长繁殖及其控制（4学时）

（1）知识点：微生物的生长规律；影响微生物生长的主要因素。

（2）思政元素：要辩证看待，通过扬长避短、趋利避害、规范管理，为促进社会思想道德建设，提高社会整体文明度，引导社会全面进步，构建和谐社会献出自己的绵薄之力。

（3）融入路径：我国微生物资源十分丰富，许多微生物具有生防作用，病原菌也会引起重大的灾害，造成巨大的经济和生态损失；抗生素滥用导致病原菌耐药性的产生和超级细菌的诞生，并造成严重的环境污染，让学生在面对问题时保持科学理性，而不是盲听、盲从、盲信。

5.5.3.7 微生物的遗传变异（4学时）

（1）知识点：微生物的遗传；菌种保存。

（2）思政元素：辩证的观点看待事物——事物都有两面性，事物自身所包含的既相互排斥又相互依存，既对立又统一的关系。

（3）融入路径：观看几个菌种保存的片段，熟悉菌种保存的各种方法；讲述遗传的概念和变异的方法，从这两个看似对立的概念讲述，让学生明白事物的两面性，激发学生科学的思维方法，提升学生逻辑思辨能力。

5.5.3.8 微生物生态（4学时）

（1）知识点：微生物在生态系统中的作用；微生物与环境保护。

（2）思政元素：可持续发展，保护环境——"金山银山不如绿水青山，绿水青山就是金山银山"。

（3）融入路径：①介绍微生物在生态系统中的作用及意义。②生物生态及其在环境治理中的作用，既要强调微生物治理环境污染的可行性，也要让学生深刻感到环境保护的重要性，从生活的点滴做起，号召大家共同建设我们的"美丽中国"。③通过讲解共生、互生等关系，让学生明白个人与集体的关系，感悟团队与协作的精神。

5.5.3.9 感染与免疫（4学时）

（1）知识点：宿主的非特异免疫和特异性免疫；生物制品及其应用。

（2）思政元素：创新开拓的科学探索精神和国家发展战略——全球视野、勇担当、善创新的时代精神。

（3）融入路径：①介绍人类免疫缺陷病毒（HIV）引起的获得性免疫缺陷综合征（AIDS）知识点时，需要正确引导学生认清HIV是通过不洁的性行为、输血、静脉注射吸毒和母婴传染等侵入机体造成感染，而正常人与艾滋病人之间亲切交谈、握手、共同进餐等日常社交活动不会造成感染。②介绍免疫学产品——新冠疫苗，在疫苗研制过程中，国人开拓创新，研制出预防效果高、副作用小的疫苗，让学生理解中国是如何承担大国责任、展现大国担当的。

5.5.3.10 微生物的分类和鉴定（2学时）

（1）知识点：微生物的分类单元；微生物的鉴定。

（2）思政元素：三牛精神或工匠精神——"为民服务孺子牛、创新发展拓荒牛、艰苦奋斗老黄牛"或"匠人、匠心、匠作"。

（3）融入路径：介绍伯杰氏手册艰难的编写过程；介绍几种国内外先进的细菌全自动检测系统，阐明我国在细菌检测系统与先进国家的差距以及我国科研人员为追赶先进技术艰苦奋斗和创新求发展的决心，激励学生的爱国情怀和学习热情。

5.5.4 课程思政参考书目及网站

［1］周德庆.微生物学[M].北京：高等教育出版社，2020.

［2］沈萍.微生物学[M].北京：高等教育出版社，2016.

［3］《学习强国》学习平台.

［4］《人民日报》微信公众号.

［5］王春燕，张好强，李培琴.浅谈微生物学课程思政[J].高教学刊，2019（12）：177-180.

5.6 微生物学实验课程思政教学指南

5.6.1 课程思政说明

"微生物学实验"是生物工程专业的专业必修课，实验课时为32学时。"微生物学实验"是一门操作技能很强的基础课程，也是生物工程专业实验操作的基础，其重要性不亚于理论课程。在教学过程中除了注重无菌操作和纯培养的基本操作外，还要结合理论知识的掌握对学生的思想政治教育予以注重，使学生通过学习不仅掌握实验操作，更重要的是提高学生的学习热情，培养学生的创新思维、实践动手能力、分析问题解决问题的能力，培养能够适应社会德育协调发展的优秀专业人才。

5.6.2 课程思政目标

（1）微生物学实验课主要目的是使学生掌握研究与应用微生物的主要方法与技术，包括经典的、常规的以及现代的方法与技术，结合微生物学基础理论课，认识微生物的基本特性，同时培养学生科学实验方法和实验技能，培养和提高学生在实践中综合应用所学的知识去认识问题、分析问题和解决问题的能力，以及创新意识和创新能力。

（2）微生物学实验课程教学过程中融入思政教育是回归教书育人的初心，是立德树人的根本举措。

（3）从教学内容、教学方法、教师能力等多个方面进行改革和提升，坚持知识传授与价值引领相统一，将社会主义核心价值观、中华传统优秀文化、科技报国等思政元素有机融入课程教学中，实现专业课程与思政课程同向同行，形成协同育人效果，推动建设"全员、全过程、全方位"三全育人大格局。

5.6.3 思政元素融入教学知识点计划与安排

5.6.3.1 革兰氏染色（4学时）

（1）知识点：细菌革兰氏染色的原理、步骤；显微镜的使用。

（2）思政元素：诚信意识、健康心态——"诚实是人生的命脉，是一切价值的根基"。

（3）融入路径：在显微镜使用中，有机融入显微镜的发明创造历史故事，鼓励学生探索未知、追求真理的精神；因细菌革兰氏染色得到了与理论不一致的结果，鼓励学生自己思考查找可能的原因，提出解决方法。借此实验，教导学生由操作错误等原因导致的错误结果不可采用，教育学生规范操作、遵守科研诚信。

5.6.3.2　培养基的配制（4学时）

（1）知识点：培养基的配置；灭菌锅的使用。

（2）思政元素：探索未知、追求真理。

（3）融入路径：介绍各种微生物常用培养基的差别，灭菌的原理以及方法；介绍著名微生物学家路易斯·巴斯德建立的低温灭菌法即巴氏消毒法，以及巴斯德在微生物学上取得的其他成就，激发学生在学习上探索未知领域的热情。

5.6.3.3　壤土样品中微生物的分离（4学时）和纯培养的获得（2学时）

（1）知识点：无菌操作技术；三大类微生物的观察。

（2）思政元素：时代新人的劳动素养、团队协作精神和节约意识——社会主义建设者和接班人的综合素质和劳动技能。

（3）融入路径：此两个实验为连续性的实验，如果操作不规范可能会使长达两周的实验功亏一篑，得不到实验结果；在实验过程中培养学生耐心、细致的工作态度，良好的团队协作精神；不测数据时关闭设备电源，养成节约的良好习惯。

5.6.3.4　微生物大小和数量的测定（6学时）

（1）知识点：测定微生物细胞大小和检测微生物细胞数目。

（2）思政元素：注重生态文明，环境保护。

（3）融入路径：在细菌总数的测定实验中，分析水污染程度，呼吁学生保护环境、促进生态文明建设，在教学内容中引入2019年某知名超市销售的"大红肠"被检测出菌落总数和大肠杆菌菌群严重超标事件，增强学生的职业道德、社会责任以及法制观念。

5.6.3.5　环境及体表微生物的检测（4学时）

（1）知识点：细菌菌落形态的描述。

（2）思政元素：感悟中华传统优秀文化的博大精深以及文化传承的力量。

（3）融入路径：以我国著名微生物学者林宗扬的事例为切入点，学习我国第一代微生物学者的先进事迹，培养学生严谨的治学态度和奉献精神。

5.6.3.6　化学因素对微生物的影响（4学时）

（1）知识点：滤纸片法检测化学物质抑菌效果。

（2）思政元素：可持续发展，保护环境。

（3）融入路径：以滤纸片为载体检测某些化学物质对微生物的抑菌作用效果；强调某些化学物质的危害以及对环境的影响，让学生深刻感到环境保护的重要性，从生活的点滴做起，号召大家共同建设我们的"美丽中国"。

5.6.3.7 菌种保存（4学时）

（1）知识点：自主设计实验保存菌种。

（2）思政元素：实事求是、理论联系实际的科学研究精神——"怀疑有如草木之芽，从真理之根萌生"的求实态度。

（3）融入路径：要求学生自己设计实验方法，强调自主设计的重要性，遇到困难时的解决办法；强调实验操作、记录应该自己完成及学习生活中的诚信等。

5.6.4 课程思政参考书目及网站

［1］周德庆. 微生物学实验[M]. 北京：高等教育出版社，2020.

［2］沈萍. 微生物学[M]. 北京：高等教育出版社，2016.

［3］《学习强国》学习平台.

［4］《人民日报》微信公众号.

［5］殷利眷. 课程引入思政教育的探索[J]. 高校生物学，2021，37（4）：1434-1442.

5.7 分子生物学课程思政教学指南

5.7.1 课程思政说明

"分子生物学"是生物类本科人才培养体系中的专业核心课程（56学时）。在分子水平上阐释遗传信息的复制、传递、表达、调控、突变、修复、互作的机制。基于"夯实基础、拓宽知识、增强能力、提高素质"课程目标，教师应积极探索课程思政，将理想信念教育、爱国主义教育、核心价值观教育、民族文化教育落细、落微、落实于教学全过程，将课程建设为立德树人的"阿基米德支点"，实现"师者也，教之以事而喻诸德也（戴圣《礼记》）""学必以德行为本（吴澄《草庐学案》）"的大学教育之本，师生共悟"德者业之本，业者德之著。德益进而业益修，业益修则德益进（张履祥《备忘三》）"之真谛，协同"格物、致知、诚意、正心、修身，自明其德"。

该课程主要介绍科学家在分子生物学领域的成就和科学研究的艰辛经历，激励学生掌握生物大分子结构和功能、基因组复制与损伤修复、转录和翻译及其调控机制、合成生物学基本理论和分子生物学前沿发展和前景，掌握科学探索的逻辑和思想，树立科学情怀和家国情怀。旨在结合学校生物科学本科专业建设的要求和定位，围绕生物科学研究型人才培养目标，坚持"以立德树人为本、重能力、求创新、国际化、个性化培养"的教学理念，培养高水平生物科学创新人才。

5.7.2 课程思政目标

课程目标的价值取向必定是个体本位与社会本位的统一，大学课程教学目标的设置要落实"以本为本",推进"回归常识、回归本分、回归初心、回归梦想",坚持知识传授与价值引领相结合,还原大学追求真理、探究高深学问的本质,结合课程蕴含的隐性思政德育元素,培养学生成为德才兼备、全面发展的创新人才,我们构建了基于课程思政教育理念的"分子生物学"三维立德树人目标,将科学精神、思想品德、实践能力和人文素养的培育贯穿于人才培养的全过程。

（1）知识目标："分子生物学"课程的核心内容是揭示核酸与蛋白质结构、功能及其相互关系。通过课程学习,要求学生掌握涉及调控生物基因组稳定、复制、转录、翻译、重组、突变、选择性表达的分子精细机制的理论知识和前沿进展;掌握在生命科学领域开展研究所涉及的试验设计逻辑和数据分析方法。

（2）能力目标:搭建系统性强、构架清晰、与国际接轨的"分子生物学"知识体系。不断提升批判性文献阅读能力、科学分析能力、发现并解决问题能力;获得知识迁移能力,形成创新思维、创新意识、创新习惯。

（3）德行目标:提升国际视野与格局;养成诚信合作、无私奉献、文化自信、格物致知、知行合一的人格品质;塑造科学精神、辞海精神、工匠精神;增强时代责任感、使命感、承担历史使命;升华思想水平、政治觉悟、道德品质、文化素养,做社会主义核心价值观的坚定信仰者、积极传播者、模范践行者。

5.7.3 思政元素融入教学知识点计划与安排

5.7.3.1 理论教学（34学时）

5.7.3.1.1 绪论（2学时）

（1）知识点:分子生物学发展史、我国分子生物学发展历程以及国内生物产业的现状与前景。

（2）思政元素:我国科学研究水平正在从量的积累向质的飞跃,国际科技创新的话语权不断强化。在"分子生物学"教学过程中要不断展示我国高水平的科研成果,增强学生的国家文化自信和民族自豪感。

（3）融入路径:通过对新冠肺炎疫情的介绍,以及疫苗与防护措施的介绍,融入全球抗疫活动中,中国方案对全球抗疫的巨大贡献,再介绍本专业相关行业在抗击疫情过程中所发挥出来的巨大作用。

5.7.3.1.2 染色体与DNA（4学时）

（1）知识点:基因的概念。

（2）思政元素:树立正确的"世界观、人生观、价值观"——沃森与克里克以及富兰克林在建立DNA双螺旋的过程中,各自发挥的重要作用。同时谈一谈搞科学研究与为人处世的道理。

（3）融入路径:在讲解假基因概念时,学生了解到假基因是基因组中与正常基因序列相似的非功能性DNA拷贝。使学生了解到假基因并不一定是没有功能的,在基因组中存在伪假基因。起始需要RNA引物的内容时，引入最新研究结果，使学生了解到噬菌体NrS−1的DNA聚合酶可以在没有任何引物存在的情况下从头起始DNA复制。

5.7.3.1.3 生物信息的传递（上）——从DNA到mRNA（4学时）

（1）知识点：RNA的转录。

（2）思政元素：通过学术课堂活动，使学生能够跟踪"分子生物学"研究进展，从国际视角不断构建自己的知识体系，自觉做到"学必日新"；认识到在以科学技术为主导的当代社会，必须立足中国、胸怀世界，通过个体的努力学习推动国家的强大。

（3）融入路径：通过新冠病毒mRNA疫苗的研制，讲述中国科学家的中国方案，增强学生对行业的兴趣以及增强学生对本国生命科学事业发展的信心。

5.7.3.1.4 生物信息的传递（下）——从DNA到蛋白质（4学时）

（1）知识点：蛋白质合成的生物学机制。

（2）思政元素：通过将我国杰出科学家的科研成果融入课堂教学，使学生充分了解我国科学家在理论创新、机理解析等方面作出的国际一流贡献，自觉增强社会主义文化自信和认同感，承担国家科学文化价值传承的重任，以对世界科技文化兼容并蓄的气魄，努力为国家科技进步、民族伟大复兴提供科学精神和动力源泉。

（3）融入路径：在蛋白质生物合成章节，介绍我国科学家在世界上首次人工合成具有生物活性的结晶牛胰岛素、首次人工合成酵母丙氨酸tRNA的创新科研成果。在真核生物前体mRNA剪接加工章节，引入施一公团队发表的文献。

5.7.3.1.5 分子生物学研究方法（4学时）

（1）知识点：重组DNA发展史上的重大事件。

（2）思政元素："分子生物学"发展至今，所有新理论、新知识、新技术的产生与突破都凝聚了无数科学家的艰辛。

（3）融入路径：以优秀科学家事迹为切入点，使学生了解到科学研究需要付出"筚路蓝缕、手胼足胝"的艰苦努力，具有严谨性、踏实性、规范性、协同性、合作性特征，自觉培养人文精神、科学精神、学术素养。

5.7.3.1.6 基因的表达与调控（上）——原核基因表达调控（4学时）

（1）知识点：原核基因表达调控总论。

（2）思政元素：通过基因的表达调控、信号通信、表观遗传学机制内容的传授，以基因社会学为比拟，使学生深刻理解自己是伟大中国梦奋进历程和国家民族发展大业中的一员，在校期间要"勿惰寸功、心无旁骛、潜心明道问学、进德修业"，时刻响应党和人民的召唤，认真履责，奉献自己的才智。

（3）融入路径：以细胞编程性凋亡、基因诱导表达等内容，引导学生要有大局观、团队合作意识和奉献情怀。不论身在何处，都要接受监督、遵纪守法，有压力、有动力、有创新，如同基因稳定遗传而又适度变异那样，勇于与时俱进、敢于标新立异，但是不可冒进，避免犹如脱离正常生命轨道的癌细胞，成为生命秩序的叛逆者而毁灭生命个体。

5.7.3.1.7　基因的表达与调控（下）——真核基因表达调控的一般规律（4学时）

（1）知识点：真核细胞的基因结构与转录活性、其他水平上的基因调控。

（2）思政元素：对"分子生物学"课程内容中所蕴含思政资源的挖掘，将"传道"落实到"授业、解惑"的教学全过程，在丰富教学内容的同时，让专业课教学回归到育人的本真，帮助学生树立正确的人生观、价值观和世界观，既育人又育才，让学生在学习过程中实现个人理想信念、价值取向、学习能力、知识水平、意志品质、思辨能力、创新精神、社会责任、使命担当、国际视野、人文情怀等方面的提升。

（3）融入路径：通过学术课堂活动，使学生能够跟踪"分子生物学"研究进展，从国际视角不断构建自己的知识体系，自觉做到"学必日新"；认识到在以科学技术为主导的当代社会，必须立足中国、胸怀世界，通过个体的努力学习推动国家的强大。

5.7.3.1.8　疾病与人类健康（2学时）

（1）知识点：人类的疾病概述。

（2）思政元素：充分挖掘分子生物学课程的科技伦理、社会责任和家国情怀等思政元素，在潜移默化中对学生进行思政教育。适度地讲解分子生物学与诺贝尔奖之间的关系，激发学生的兴趣，同时向学生传授科学家坚持理想信念、实事求是、努力不懈、精益求精的科学精神。

（3）融入路径：通过将我国杰出科学家的科研成果融入课堂教学，使学生充分了解我国科学家在理论创新、机理解析等方面作出的国际一流贡献，自觉增强社会主义文化自信和认同感，承担国家科学文化价值传承的重任，以对世界科技文化兼容并蓄的气魄，努力为国家科技进步、民族伟大复兴提供科学精神和动力源泉。

5.7.3.1.9　基因与发育（4学时）

（1）知识点：发育与调控概述。

（2）思政元素：追踪科学前沿，让学生从国际视角来不断构建自己的知识体系。我们也可以在向学生传授新知识、新理论、新技术的同时穿插一些案例。

（3）融入路径：通过介绍基因编辑婴儿事件，帮助学生树立珍爱生命、尊重生命、敬畏生命的意识，树立伦理道德和科研诚信的思想意识。我们要学会挖掘分子生物学课程中的隐性思政元素，通过丰富生动的案例来教育学生、打动学生，使专业知识与思政教育相融合，相互渗透，贯穿教育教学全过程。

5.7.3.1.10　基因组与比较基因组学（2学时）

（1）知识点：人类基因组计划。

（2）思政元素：在本部分内容讲授过程中，先讲解被誉为生命科学的"登月计划"人类基因组计划，让同学们认识到分子生物学对人类社会发展所作出的巨大贡献，同时告诉大家，中国于1999年9月积极参与了这项研究计划，承担其中1%的任务，即人类3号染色体短臂上约3000万个碱基对的测序任务。中国成为参加这项研究计划的唯一的发展中国家，增强学生的民族自豪感。

（3）融入路径：重点给学生讲解由中国科学家倡导开展的"水稻基因组计划"。通过水稻基因组计划的讲解，让同学们认识到我国在对世界科学技术发展所作出的巨大贡献，认识到祖国的日益强大，不仅是在经济方面、政治方面，在科学技术方面我们的国家也在快速成长，能够在国际舞台中扮演重要角色，作出更大的贡献。

5.7.3.2　实验教学（24学时）

5.7.3.2.1　实验一　总DNA的提取（SDS、CTAB）（6学时）

（1）知识点：采用SDS法对植物总基因组DNA进行提取；凝胶的制备；电泳仪使用；电泳的操作。

（2）思政元素：安全意识、责任意识——"实验千万条，安全第一条，操作不规范，亲人两行泪"。实事求是、理论联系实际的科学研究精神——"怀疑有如草木之芽，从真理之根萌生"的求实态度。

（3）融入路径：通过一些实验室安全事故实例，强调实验过程中注意自身安全的同时也要注意他人安全，防范风险发生；增强个人在科研工作中处理应对突发状况的能力。

5.7.3.2.2　实验二　植物DNA的随机PCR扩增（6学时）

（1）知识点：植物DNA进行随机引物扩增；PCR仪的使用；PCR程序的编制；PCR产物扩增的操作。

（2）思政元素：时代新人的劳动素养、团队协作精神和节约意识——社会主义建设者和接班人的综合素质和劳动技能；诚信意识、健康心态——"诚实是人生的命脉，是一切价值的根基"。

（3）融入路径：讲解实验步骤中各种操作要点，如果操作不规范可能会使长达四小时的实验功亏一篑，得不到实验结果；在实验过程中培养学生耐心、细致的工作态度、良好的团队协作精神；不测数据时关闭设备电源，养成节约的良好习惯。

5.7.3.2.3　实验三　质粒DNA的提取与电泳（6学时）

（1）知识点：采用碱裂解法对从大肠杆菌里面提取质粒DNA、质粒DNA提取操作、质粒DNA电泳操作。

（2）思政元素：实事求是、理论联系实际的科学研究精神——"怀疑有如草木之芽，从真理之根萌生"的求实态度。

（3）融入路径：在实验过程中培养学生耐心、细致的工作态度，良好的团队协作精神；不测数据时关闭设备电源，养成节约的良好习惯；要求学生理解实验原理，并与最前沿的实验技术进行比较，与时俱进、敢于创新。

5.7.3.2.4　实验四　大肠杆菌感受态细胞的制备与转化（6学时）

（1）知识点：制备感受态细胞；携带靶基因质粒转入感受态细胞；转化细胞的筛选。

（2）思政元素：培养学生掌握实验的基本操作、基本技能和基本知识的同时，也培养学生严肃认真、实事求是的科学态度和作风，创新意识与创新能力，以及使用危险化学品的安全意识，并要求学生能运用所学的理论知识去解决实验中遇到的各种实际问题。

（3）融入路径：通过细胞转化实验，让学生了解转基因重要环节，让学生了解转基因，同时对转基因的利弊有一定的了解。学会用辩证的观点，去看待事物的两面性；实验结束后，要求学生严格对生物实验残余垃圾进行处置，让学生知道生物实验残余垃圾的危害，同时树立环境保护的良好风气。

5.7.4 课程思政参考书目及网站

［1］习近平总书记在全国高校思想政治工作会议上的重要讲话[N]. 人民日报，2016-12-09.

［2］高德毅，宗爱东. 从思政课程到课程思政：从战略高度构建高校思想政治教育课程体系[J]. 中国高等教育，2017.

［3］祝华东，思想政治教育融入戏剧影视类专业课程的教学实践[J]. 美与时代：创意（上），2018.

［4］初文华，张健，李玉伟. 理工科专业基础课程中的思政教育探索——以《水力学与泵》课程为例[J]. 教育教学论坛，2018.

［5］陆道坤. 课程思政推行中若干核心问题及解决思路——基于专业课程思政的探讨[J]. 思想理论教育，2018.

［6］裴晨晨. 浅析高校开展"课程思政"的问题及对策建议[J]. 决策咨询，2018.

［7］邱伟光. 论课程思政的内在规定与实施重点[J]. 思想理论教育，2018.

［8］汪洋. 活用"微课"助力分子生物学课堂教学[J]. 教育现代化，2018.

［9］段瑞君，杨希，梁健，等. 分子生物学模块化教学改革的探索与实践[J]. 生物学杂志，2018.

［10］徐启江，李玉花. 分子生物学分级式课程体系的构建[J]. 黑龙江高教研究，2008.

5.8 发酵工艺及设备课程思政教学指南

5.8.1 课程思政说明

"发酵工艺及设备"是生物工程专业的专业必修课（48学时）。该课程最大的特点是研究对象是有生命的微生物或动植物细胞，而生命体均具有"精打细算自我保护"和"士为知己者用"的双重属性。前者是天性，我们必须遵守；后者是它的适应性，可以利用，但必须创造适合它们的各种条件，充分调动它们的生产积极性。基于此，在本课程教学中，要把这种"人本主义"的教育理念与科学精神的培养结合起来，提高学生科学认识问题、分析问题和解决问题的能力；要注重强化学生的工程素质教育，培养学生精诚团结、精益求精的大国工匠精神，实现人文思想与科学精神的完美融合。

5.8.2 课程思政目标

（1）通过介绍我国生物工程技术的现状、特别是发酵工业发展史以及我校生物工程专业发展历程，激发学生爱科学、爱学校、爱专业的热情，培养学生的爱心和责任心。

（2）在课程教学中，积极融入辩证主义"普遍联系"的方法论和强化工程应用的"人本主义"教育，引导学生正确树立"科学方法与人本思想高度融合"的大工程观念和大工匠精神，培养解决复杂工程问题的综合能力和勇于突破的拼搏精神。在理论教学中侧重上述理念的教育与培养，而实验或实践教学则侧重上述理论的实际操练与提高。

（3）以典型基因工程菌株的构建、培育及利用为案例，培养学生综合应用"生物化学""微生物学""分子生物学""基因工程"等前期课程知识的能力，促使学生逐渐建立起一个完整的专业知识体系，激发学生在生物工程相关领域内持续学习、追求进步的热情，形成过硬的职业素质和职业道德。

5.8.3 思政元素融入教学知识点的计划与安排

5.8.3.1 理论教学（28学时）

5.8.3.1.1 发酵原理（6学时）

（1）知识点：发酵过程的意义及组成；发酵工程的历史；发酵工程的生物学与工程学基础。

（2）思政元素：树立正确的"世界观、人生观、价值观"——发酵工业领域体现工匠精神的故事。科学探索中的使命感、责任感，激发创造创新活力——"技术报国、科技报国"的理想，"为建设中国特色社会主义伟大事业奋斗终身"的坚定信念。

（3）融入路径：讲述江南大学诸葛健教授创立发酵甘油产业的工匠故事，培养学生树立正确的人生观、价值观。

5.8.3.1.2 发酵菌种（2学时）

（1）知识点：微生物的特性及工业微生物的要求；一些工业化产品生产菌的特点；自然界中有目的微生物分离的原则；菌种选育及分子改造。

（2）思政元素：坚持创新开拓的科学探索精神，以科学与发展的观点探索"超级菌种"的新方法、新技术、新手段。

（3）融入路径：查阅文献资料，讨论相关学科领域最新研究成果在发酵工业中的应用情况，引导学生树立勇于争先的发展观。

5.8.3.1.3 发酵培养基（2学时）

（1）知识点：发酵培养基的优化，重组产品培养基介绍。

（2）思政元素：坚定"勤俭节约""高效利用""绿色（清洁）生产"的原则，筛选成本低廉、来源广泛、高效利用的新型培养基。

（3）融入路径：以1，3-丙二醇的发酵生产为案例，说明培养基类型及成分选择在降低工业发酵成本方面的重要性。

5.8.3.1.4　种子扩大培养（2学时）

（1）知识点：种子的制备过程举例；种子制备过程的技术概要。

（2）思政元素：坚持可持续发展，防微杜渐。

（3）融入路径：举例说明种子扩大培养的重要性，培养学生的事业心与责任心。

5.8.3.1.5　发酵设备（4学时）

（1）知识点：通风发酵设备；固态发酵设备；嫌气发酵设备。

（2）思政元素：现代及未来科技在发酵工程中的重要作用。

（3）融入路径：电焊在高精尖发酵罐制备技术中的应用；从科学技术如何推动社会生产力的发展，到科学技术如何影响发酵设备制造，让学生理解现代制备技术的重要性。

5.8.3.1.6　发酵的操作方式（4学时）

（1）知识点：分批发酵及其动力学；补料分批发酵及其动力学；连续发酵及其动力学；其他发酵方式及其动力学。

（2）思政元素：科学的思维方法和严谨的工作态度——基础学科在国家重大战略及关键领域的重要性，"九层之台，起于垒土"。

（3）融入路径：观看几个与发酵方式相关的国家精品课程片段，加强电计算机、自动控制等知识的学习理解；从基本定律难理解、基础学科难学，讲到基础学科的学习在个人职业发展中的重要性和在国家重大战略和关键领域中所起的重要作用；在解决问题过程中激发学生科学的思维方法，提升学生逻辑思辨能力。

5.8.3.1.7　发酵过程的工艺控制（4学时）

（1）知识点：发酵过程的参数检测；发酵过程的pH控制；温度变化及其控制。

（2）思政元素：遵循"普遍联系""协同发展"的理念；注重电子、传感器、自动控制等理论的学习。

（3）融入路径：以华东理工大学生物反应器工程国家重点实验室研发全自动控制摇床、多参数相关分析的发酵系统为例，说明科技创新的重要性。

5.8.3.1.8　典型发酵过程的特性与工业控制（2学时）

（1）知识点：传统微生物培养；基因工程菌发酵；动植物细胞培养。

（2）思政元素：生物工程中"养生理念"的培养，把各种疗效基因植入动植物乳腺细胞中，实现"药、食"双重功能。

（3）融入路径：查阅科技文献资料，观看动植物细胞培养录像，了解我国动植物细胞反应器的研究成果及发展趋势。

5.8.3.1.9　发酵工程的过去、现在与未来（2学时）

（1）知识点：发酵工程的过去、现在与未来。

（2）思政元素：发酵工程在解决未来世界面临的能源、资源、环境、粮食等重大危机中的作用。

（3）融入路径：观看相关视频，讨论发酵工程的未来。

5.8.3.2　实验教学（16学时）

5.8.3.2.1　实验一　酿酒酵母发酵过程参数的测定及计算（10学时）

（1）知识点：酿酒酵母分批发酵；发酵过程监测；实验数据处理与分析。

（2）思政元素：实事求是、理论联系实际的科学研究精神——"怀疑有如草木之芽，从真理之根萌生"的求实态度。

（3）融入路径：介绍分批发酵的操作方法；鼓励学生在实验过程中多思考多探索，具有怀疑和批判精神。

5.8.3.2.2　实验二　酿酒酵母反复分批发酵（6学时）

（1）知识点：酿酒酵母反复分批发酵。

（2）思政元素：时代新人的劳动素养、团队协作精神和节约意识——社会主义建设者和接班人的综合素质和劳动技能。

（3）融入路径：在实验过程中培养学生耐心、细致的工作态度，良好的团队协作精神；不测数据时关闭设备电源，养成节约的良好习惯；强调实验操作、记录应该自己完成及学习生活中的诚信等。

5.8.4　课程思政参考书目及网站

［1］陶兴无.发酵工艺与设备[M].北京：化学工业出版社，2017.

［2］范文斌.发酵工艺技术[M].北京：化学工业出版社，2018.

［3］《学习强国》学习平台.

［4］《人民日报》微信公众号.

［5］沈赤.课程思政典型案例选编[M].杭州：浙江大学出版社，2020.

5.9　基因工程课程思政教学指南

5.9.1　课程思政说明

"基因工程"是生物工程专业的专业必修课（36学时），是一门实践和应用性较强的课程，也是一门不断发展的课程。在课程教学中，在讲授基本理论知识和技术要点时，要启发学生以动态发展的眼光看待课程中专业知识的应用前景，懂科学、弘扬科学、应用科学来创造价值，培养学生创新精神；同时教育学生恪守科学伦理原则，提高学生明辨是非的能力，树立正确的价值观、科学观，使学生成长为有理想信念、有道德情操、有社会责任意识的时代新人。

5.9.2 课程思政目标

（1）结合课程特点，制订课程德育培养目标是通过讲授基因工程基础理论和基本技术的发现过程，使学生热爱科学研究，具备吃苦耐劳的科研精神及学术规范意识。

（2）结合基因工程中的最新研究进展和动态，使学生能够灵活运用基因工程的基本理论知识和实验方法，对整个生物工程有一个更新的认识，使学生受到基本科学思维和科学实验能力训练，同时使学生学会学习，具有自我开拓可获得知识、利用信息的能力和科研创新的能力，以达到融知识传授、能力培养和素质提高于一体的教学目的，使学生投身专业学习、激发爱国热情。

5.9.3 思政元素融入教学知识点计划与安排

5.9.3.1 理论教学（32学时）

5.9.3.1.1 基因工程概况（2学时）

（1）知识点：基因工程研究内容、基因工程的安全性问题、基因工程研究发展前景。

（2）思政元素：启发学生学习要有科学的思维方法和严谨的工作态度，同时要有批判性思维，建立独特的分析能力；引导学生热爱科学、热爱祖国，增加学生的历史使命感和社会责任感，弘扬"锲而不舍、敢为人先"的湖工精神。

（3）融入路径：艾弗里等人改进的肺炎双球菌实验；史密斯等人分离并纯化了限制性核酸内切酶；瑟恩等人成功地利用体外重组实现了细菌间性状的转移。启发学生学习要有科学的思维方法和严谨的工作态度，同时要有批判性思维，建立独特的分析能力。

5.9.3.1.2 DNA重组（6学时）

（1）知识点：DNA的组成和结构；天然DNA的制备；限制性核酸内切酶和DNA片段化。

（2）思政元素：基础科学的进步，是科学家通过现象发现本质的过程，而有这样的能力要不断学习付出艰辛努力，而且这种发现总是由无人知晓逐步到大家不断证明其正确性，从而激发学生热爱科学、追求真理、甘于奉献的精神。

（3）融入路径：通过讲述1944年芭芭拉·麦克林托克（1983年诺贝尔生理学或医学奖获得者）在研究玉米基因的发现，有些DNA片段可以在染色体DNA中移动位置，基因组DNA中存在一些非游离的、能自复制或自剪切、并能以相同或不同拷贝在基因组中或基因组间移动位置的功能性片段，被称为转座元件（transposable element）。激发学生热爱科学、追求真理、甘于奉献的精神。

5.9.3.1.3 基因克隆载体（6学时）

（1）知识点：质粒克隆载体；病毒（噬菌体）克隆载体。

（2）思政元素：创新是民族进步的灵魂，是一个国家兴旺发达的不竭源泉，也是中华民族最深沉的民族禀赋；培养学生创新思维，推进创新教育。

（3）融入路径：以源于病原微生物的质粒和病毒载体在农业、食品、医药领域的应用发展和取得的可观效果为例，激发学生创新性思维，让学生明白创新是民族进步的灵魂，是一个国家兴旺发达的不竭源泉。

5.9.3.1.4　目的基因的制备（4学时）

（1）知识点：目的基因的制备；目的基因的分离。

（2）思政元素：通过介绍中国科学对目的基因的获得，让学生油然而生民族自豪感和文化自信。

（3）融入路径：①列举对中国科学家为获得目的基因的努力和所获的成就，增加学生对我国基因工程研究的巨大贡献，如湖南师大刘筠院士父子两对工程鲫鱼等。②介绍中国科学家在人类基因组计划中的贡献，中国基因组测序产业规模与创新研究正"比翼齐飞"。产业方面，华大基因等以测序为主的公司在全球市场占有一席之地；研究方面，中科院遗传发育所、北京基因组所和中国农科院基因组所等，成为中国基因组学原始创新研究、创新人才培养的重要基地。

5.9.3.1.5　目的基因导入受体细胞（4学时）

（1）知识点：受体细胞；重组DNA分子转入原核生物细胞；重组子的筛选。

（2）思政元素：通过对α-互补、抗生素基因筛选等知识的学习，让学生对科学设计实验方法、合理设计科学实践过程不断完善不断进步，激发学生科学的思维方法，提升学生逻辑思辨能力，使学生有能吃苦耐劳、为求知而不断进取的精神力量。

（3）融入路径：根据载体的遗传特征筛选重组子，让学生对科学设计实验方法，合理设计科学实践过程不断完善不断进步，激发学生科学的思维方法，提升学生逻辑思辨能力，从而使学生有能吃苦耐劳、为求知而不断进取的精神力量。

5.9.3.1.6　外源基因的表达（4学时）

（1）知识点：基因表达的机制；基因表达的调控元件。

（2）思政元素：具备批判性分析的能力，养成能够进行创新研究的方法论；能正确分析负面结果，是成功的关键。并应该瞄准重大的、原创性的、对世界文明有贡献、对国家有意义的突破性成果。

（3）融入路径：通过了解施一公和他的学生在基因表达的研究最新成果，让学生从他们的人生经历中学习，具备批判性分析的能力，能正确分析负面结果，是成功的关键。并应该瞄准重大的、原创性的、对世界文明有贡献、对国家有意义的突破性成果。

5.9.3.1.7　基因工程应用（4学时）

（1）知识点：基因工程药物；转基因动物；基因治疗。

（2）思政元素：创新开拓的科学探索精神和国家发展战略——全球视野、勇担当、善创新的时代精神。教育学生恪守科学伦理原则，提高学生明辨是非的能力，树立正确的价值观、科学观。

（3）融入路径：介绍钟南山和新冠疫苗，在疫苗研制过程中，国人开拓创新，研制出预防效果高、副作用小的疫苗，让学生理解中国是如何承担大国责任、展现大国担当的；以基因编辑婴儿事件为例，教育学生恪守科学伦理原则，提高学生明辨是非的能力，树立正确的价值观、科学观。

5.9.3.1.8　基因工程的争论和安全措施（2学时）

（1）知识点：对基因工程和生物安全的争论带来的全球关注和影响。

（2）思政元素：辩证的观点看待事物——事物都有两面性，事物自身所包含的既相互排斥又相互依存，既对立又统一的关系。

（3）融入路径：介绍基因工程的安全性和社会问题，启发学生辩证的观点看待事物，即事物都有两面性，事物自身所包含的既相互排斥又相互依存，既对立又统一的关系。

5.9.3.2　实验教学　载体pYLTAC747H/sacB的培养（4学时）

（1）知识点：pYLTAC747H/sacB载体构建；pYLTAC747 H /sacB菌种的培养方法和操作。

（2）思政元素：学习老一辈科学家实事求是、热爱科研的作风。

（3）融入路径：介绍刘耀光和pYLTAC 747H/sacB的提供者，教育学生弘扬老一辈科学家实事求是、热爱科研的作风。

5.9.4　课程思政参考书目及网站

［1］楼士林.基因工程[M].北京：科学出版社，2020.

［2］孙明.基因工程[M].北京：高等教育出版社，2020.

［3］徐晋麟.基因工程原理[M].北京：科学出版社，2020.

［4］《学习强国》学习平台.

［5］《人民日报》微信公众号.

5.10　生物分离工程课程思政教学指南

5.10.1　课程思政说明

"生物分离工程"是生物工程专业的一门非常重要的专业基础必修课（56学时）。在该课程中实施课程思政，发挥专业课程课堂教学渗透性思政教育的隐形主渠道作用，实现立德树人的根本培养目标，将专业知识与科学精神结合，在提高学生生物分离工程专业素养的同时，将思政教育渗透进课堂，从而形成生物分离工程课程与思政课的同向同行，协同效应。在生物分离工程知识传播中实现价值引领，增强学生对专业的认同感，提高学生对生物分离工程及相关课程的学习兴趣和自信，激发学生以科技报国的家国情怀、使命担当和爱国主义情怀。

5.10.2　课程思政目标

（1）通过介绍全世界生物分离工程领域研究的发展史以及我国生物分离工程研究的发展史，激发学生对本专业学习的热情以及科学报国的家国情怀，使学生投身专业学习、逐梦无悔青春。激发学生的爱国热情，坚定理想信念，更加深入体会"富强""民主"等社会主义核心价值观的内涵。培养学生"宁静致远""静心修身"的人文情怀。引导学生坚定"四个自信"，同心同德、万众一心，为实现中华民族伟大复兴的中国梦而奋斗。

（2）在理论教学中，通过系统地融入生物分离工程发展过程中许多里程碑式的科学发现背后的感人故事，以及生物分离工程对我们日常生活等许多方面的重要影响，引导学生树立环保意识和生态文明观以及"文明""和谐"的社会主义核心价值观。培养学生传承中华优秀传统文化的责任感以及对当前社会争议问题的思辨能力。

（3）在实验教学中，引导学生进一步认识合作的重要性，树立团队协作精神。培养学生的专注、敬业及创新的工匠精神，把握工程伦理的内涵。引导学生正确认识创新与坚守之间的关系。培养学生的民族自豪感、爱国主义精神及科研素养。

5.10.3　思政元素融入教学知识点计划与安排

5.10.3.1　理论教学（32学时）

5.10.3.1.1　绪论（2学时）

（1）知识点：生物分离工程的发展和成就。

（2）思政元素：科学探索中的使命感、责任感——"科学报国、科技报国"的理想，"为建设中国特色社会主义伟大事业奋斗终身"的坚定信念。

（3）融入路径：分析新冠肺炎疫情的危害，我国控制疫情的伟大成就，引出目前接种疫苗的最有效的防疫方式，我国疫苗研发和接种速度让发达国家也望尘莫及，再引出疫苗生产离不开高效的生物分离工程技术，激发学生的民族自豪感。

5.10.3.1.2　发酵液的预处理与固液分离（4学时）

（1）知识点：发酵是生物产品生产的最重要方式之一，在产品分离之前，需要对发酵液进行处理，了解其性质；预处理的本质是将水溶液体系中比较稳定的细胞或蛋白质通过盐析等方式沉淀，以利用后续的分离。

（2）思政元素：发酵的重要性，发酵液性质的重要性，以及如何利用其性质为分离工程所用；预处理等操作作为初级分离，以生活中各类制作豆腐原理为切入点。

（3）融入路径：①讲解生物分离工程的基本单元操作，生物分离工程主要面对的是生物材料，即发酵的细胞，引出发酵领域的中国工程院院士伦世仪，让学生了解其作为中国发酵工程重点学科的奠基人，在发酵过程动力学、高效生物反应器的研制等方面的卓越贡献。引导学生热爱专业，发挥专业优势为国作贡献。②讲解细胞、蛋白等处理的原理，以生活实例引导学生正确认识创新与坚守之间的关系。

5.10.3.1.3 细胞破碎和沉淀法（4学时）

（1）知识点：细胞结构、细胞性质和细胞破碎原理；沉淀的原理与应用；沉淀与生活实践。

（2）思政元素：细胞与人类健康；知识来源于实践，实践依托于理论知识，实践中的任何小的改进都属于技术创新；从生活实践中理解创新引领发展的道理。

（3）融入路径：①讲到细胞，必须要告诉学生，居一隅而雄天下——中国"细胞生物学之父"郑国锠。作为我国细胞生物学界的泰斗人物，郑国锠为科学教育事业奋斗不息。他终生辛勤耕耘、矢志不渝、呕心沥血、鞠躬尽瘁，用生命书写了"学为人师、行为世范"的典范，培养学生爱国敬业的精神。②古法制备豆腐工艺中"卤水点豆腐"的基本机理。在对沉淀工艺的讲述过程中，对沉淀前的煮浆环节进行探讨，提出工艺改进与创新的意义；同时也打破学生对于创新的认识误区，使学生认识到在实践中任何的小改进也是技术创新的一部分，甚至可能是关键的部分，从而更好地激发学生的创新热情。③以啤酒生产中过滤工艺的发展历程为融入点，引导学生思索"创新引领发展"的道理以及在"大众创业、万众创新"形势下如何提升竞争力。

5.10.3.1.4 膜分离法（4学时）

（1）知识点：膜分离技术的应用和几种重要的膜分离技术的发展。

（2）思政元素：创新开拓的科学探索精神；膜分离与生活，科技改变生活，培养民族自豪感。

（3）融入路径：①讲述膜分离领域高从堦和塞锡高院士研究膜分离的故事，他们的不懈努力使中国膜分离技术可以与杜邦、陶氏、日东电工等世界知名大公司抗衡，让学生体会创新开拓的科学探索精神以及交流学习的重要性，探讨中国科学家如何在科研中勇于突破。②直饮水装置在我国十分普遍，使学生直观体验膜分离技术的方便、快捷等优点；同时，世博会和奥运会直饮水机的提供量也使学生对我国的先进科技及强大国力有了深刻的认识，激发了学生的民族自豪和爱国热情。

5.10.3.1.5 萃取法（4学时）

（1）知识点：萃取的机制与萃取的重要性。

（2）思政元素：萃取技术在医药领域的重要地位。

（3）融入路径：讲述屠呦呦设计的用乙醚低温提取青蒿的方案在第191次试验中，终于得到了令人振奋的结果——青蒿提取物对疟原虫实现了100%的抑制，因此获得了2015年诺贝尔生理学或医学奖。引导学生了解我国在科研领域的重要贡献，培养学生对我国古今的科研精神与成果感到无比自豪感。

5.10.3.1.6 离子交换法（4学时）

（1）知识点：常见的离子交换树脂的重要用途。

（2）思政元素：治学严谨，注重理论联系实际，学会积极尝试进行跨学科、复合型、创新型的研究。

（3）融入路径：讲述南开大学教授何炳林是我国著名化学家、教育家、中国科学院院士，他是中国离子交换树脂的奠基人，被誉为"中国离子交换树脂之父"。在南开大学任教的最初短短两年多的时间里，他历经艰辛，成功地合成了当时世界上已有的全部离子交换树脂品种，为我国原子能事业发展和第一颗原子弹成功爆炸作出了重大贡献。1989年，何炳林获得国防科工委颁发的"献身国防科学技术事业"荣誉奖，激发学生进行跨学科、创新型的研究。

5.10.3.1.7 重组蛋白层析分离法（4学时）

（1）知识点：常见重组蛋白的分离工艺与方法。

（2）思政元素：重组干扰素、重组胰岛素、乙肝疫苗、新冠疫苗等均是耳熟能详的产品，而这些产品的生产离不开生物分离工程的专业知识，引导学生用知识武装头脑，通过所学专业知识为实现自己的人生价值不懈努力，为实现伟大的中国梦添砖加瓦。

（3）融入路径：新冠肺炎疫情肆虐全球，我国是唯一能生产五种新冠疫苗的国家，如安徽智飞生物生产的亚单位重组疫苗，生产的核心就是如何高效率地分离纯化出这些重组蛋白，以此引出我国科学家如何夜以继日研发疫苗，开发重组疫苗的分离纯化工艺。让学生认识到我党带领人民如何以最高效的手段建立保护人民的屏障，引导学生勇于奋斗，明确奋斗目标，用知识武装头脑，为实现伟大中国梦添砖加瓦。

5.10.3.1.8 色谱分离法（4学时）

（1）知识点：色谱分离原理、色谱分离的核心——色谱填料。

（2）思政元素：色谱分离应用到日常产品的方方面面，色谱分离效果的好坏取决于色谱柱，特别是色谱柱中的填料，也是产品分离成本中最重要的部分。

（3）融入路径：2021年上市的纳微科技有限公司，主营业务之一是开发色谱填料，用于生物医药等产品的分离。公司的色谱填料打破了国际垄断和卡脖子问题。而其中的核心填料正是本专业的优秀校友经过8年的研发获得的成就。以此引导学生树立自信、树立目标，为国家建设作出贡献。

5.10.3.1.9 结晶法（2学时）

（1）知识点：常见的许多生化制品如氨基酸、多肽以及许多小分子的精制方法。

（2）思政元素：治疗糖尿病的良药胰岛素——结晶法制备胰岛素。

（3）融入路径：1965年9月17日，中国首次人工合成了结晶牛胰岛素，这是人类有史以来第一次人工合成有生命的蛋白质。标志着人类在认识生命、探索生命奥秘的征途中迈出了关键性的一步。该合成胰岛素就用到了结晶法，让学生对我国生化分离领域科学家在国际上作出的杰出贡献充满自豪。

5.10.3.2 实验教学（24学时）

5.10.3.2.1 实验一 双水相系统相图及蛋白质分配系数的测定（8学时）

（1）知识点：双水相体系的组成、分配原理和分配系数测定。

（2）思政元素：安全重于泰山；细节决定成败、细节决定命运；实验安全意识、责任意识。

（3）融入路径：分离操作是生物、医药、食品和化工等相关产品生产最重要的环节，操作细节决定产品的质量，一个好的分离工艺是高效、环保和安全的。实验过程要强调自身安全，防止有毒有害化学品的接触和吸入，强调实验过程中注意自身安全的同时也要注意他人安全，防止风险发生，做到防患于未然；通过一些安全事故引导学生在科研工作中注意安全和培养应对风险的能力。

5.10.3.2.2　实验二　离子交换树脂总交换容量的测定（4学时）

（1）知识点：离子交换的原理；实验操作注意事项。

（2）思政元素：创新来自细节；成就来自一点一滴的积累、一步一步规范的操作和实践。

（3）融入路径：离子交换法在生活中应用甚广，通过饮用水净化实例，引导学生了解我国在保障用水安全方面做出的巨大努力和获得的成就以及离子交换带来的方方面面进步，让学生对国家充满自信和自豪。通过实验操作认识到细节的重要性，如果操作不规范可能会使实验结果大相径庭，产品质量得不到保证，引导学生在实验过程中耐心和细致的工作态度，让学生明白伟大的创新始于一点一滴、不积跬步无以至千里的道理。

5.10.3.2.3　实验三　色谱法分离天然化合物（4学时）

（1）知识点：色谱法的重要理论、塔板理论、速率理论在实践中的应用。

（2）思政元素：勇于创新和持之以恒是科技强国的必由之路。

（3）融入路径：色谱分离是高质量产品生产中的心脏，要求学生理解其重要性，能独立设计部分实验内容，遇到困难时的解决办法；以优秀校友通过8年的研发突破色谱分离柱卡脖子技术事迹为例，引导学生对专业的认同感，明确坚持不懈和勇于探索的重要性。

5.10.3.2.4　实验四　重组蛋白诱导及提取分离（8学时）

（1）知识点：重组蛋白生产过程、原理；提取、分离纯化主要操作。

（2）思政元素：重组蛋白的发现及应用具有划时代的重要意义；PD-1抗癌药物、重组胰岛素等——理论联系实际的科学探索精神，科学为民的大爱精神。

（3）融入路径：①在介绍原理和操作要点时候，以新冠重组亚单位疫苗为例引出重组蛋白的重要性，激发学生对专业充满自信，引导学生明白科技、专业的重要性，树立爱国、担当的精神。②以实验所用的重组绿色荧光蛋白，引到钱永健发现绿色荧光蛋白获得诺贝尔奖的事例，鼓励学生在实验过程中多思考、多探索，具有怀疑和批判精神，引导学生在科研中，结合实际，要有敢于探索、敢于挑战的精神。

5.10.4　课程思政参考书目及网站

［1］孙彦.生物分离工程[M].北京：化学工业出版社，2020.

［2］刘国诠.生物工程下游技术[M].北京：科学出版社，2018.

[3]《学习强国》学习平台.

[4]《人民日报》微信公众号.

[5]沈赤.课程思政典型案例选编[M].杭州：浙江大学出版社，2020.

5.11 产品安全危害与控制课程思政教学指南

5.11.1 课程思政说明

产品安全危害与控制课程是专业必修课（32学时），主要让学生了解和掌握产品质量管理的基本概念、理论和方法，是确保产品质量管理不可或缺的知识与技能。通过对产品安全危害与控制这门课程的学习，使学生从中了解到食品生产、包装及消费等各方面所涉及的行业自律及职业道德，培养他们做有担当、有品质、有修养的大学生。

中国有修身、齐家、治国、平天下的伟大哲理，也就是说首先要完善自己的行为规范，然后才能管理好一个家，治理好一个国家，让百姓丰衣足食、安居乐业。因此，实行"法德并济"才能有效保障产品质量安全。一个有道德、有修养的人会自觉地按照社会公认的道德规范行事。

可持续发展就是既能满足当代人的需要，又不对后代人满足其需要的能力构成危害的发展。十六大把"可持续发展能力不断增强"作为全面建成小康社会的目标之一。在关注食品质量安全的同时，关注资源、产品生命周期和环境对人类生存的影响。在教授学生学习专业相关知识的同时也需要培养其社会责任感。

5.11.2 课程思政目标

（1）培养学生求真务实的科学精神：从国际上看，各国对质量高度重视，如日本的"戴明奖"，美国的"波多里奇国家质量奖"，欧洲的"质量管理基金会卓越奖"等。中国也已经迈入从数量扩张到质量提升阶段，质量提升需要企业创新、经济转型，全过程实施质量管理。教师在讲课过程中通过实际案例，引导学生就我国该如何打破国际贸易壁垒，维护我国对外贸易产品的利益，全面提高我国对外贸易产品的竞争力进行思考，激发学生努力学习、求真务实的科学精神。

（2）培养学生遵纪守法，实事求是的工作作风：无规矩不成方圆。法律法规、组织纪律是人们不可触碰的社会高压线。规矩关乎宇宙万物的命运，没有规矩，就没有生命的依托。当人们都依据法治精神，在法律法规范围内活动，社会就有了秩序。规矩创造秩序又守护秩序，没有规矩，就没有社会的和谐。学校应重点培养学生的遵纪守法意识，将来在从事生产相关工作时自觉地把人民群众的健康安全放在第一位。

（3）培养学生树立以人为本的科学发展观：可持续发展就是既能满足当代人的需要，又不对后代人满足其需要的能力构成危害的发展。2002年十六大把"可持续发展能力不断增强"作为全面建成小康社会的目标之一。在关注食品质量安全的同时，关注资源、产品生命周期和环境对人类生存的影响。教师可在课堂中讲解世界污染八大公害，如日本的米糠油、水俣病、骨痛病等事件，都是工业污染通过食物链造成的人身伤害，播放相关视频后可开展分组讨论，使学生自由发表自己的观点并进行反思，明确作为食品行业职业人的社会责任。从事食品行业的高职学生只有具备食品质量安全责任和环境友好意识，努力学习并强化自身的专业技能，自觉维护和保障食品质量安全，保护人类赖以生存的环境，才能为食品工业的发展有所作为。

（4）培养学生运用哲学思想和辩证思维：在食品检验中，通过观察和判断，结合测量、试验进行符合性评价，以引导学生学会透过现象看本质的能力。量变、质变规律在食品质量管理方法中的体现，如食品生产过程动态管理通过控制图分析，可以发现已经存在的或潜在的影响过程质量的异常因素，加以消除，使过程无异因、达到统计稳定状态，将影响食品质量的不利因素消灭在萌芽状态，从而让学生理解"千里之堤，毁于蚁穴"的含义，引导学生树立正确的世界观、价值观、人生观。

（5）培养学生的个人修养与社会责任感。中国有"修身、齐家、治国、平天下"的伟大哲理，也就是说首先要完善自己的行为规范，然后才能管理好一个家，治理好一个国家，让百姓丰衣足食、安居乐业。因此，实行"法德并济"才能有效保障食品质量安全。一个有道德、有修养的人会自觉地按照社会公认的道德规范行事。通过对食品质量安全问题的成因分析，学生从中了解到食品生产、包装及消费等各方面所涉及的行业自律及职业道德，培养他们做有担当、有品质、有修养的大学生。

5.11.3 思政元素融入教学知识点计划与安排

5.11.3.1 绪论（2学时）

（1）知识点：食品质量概述。

（2）思政元素：将思政元素融入食品质量管理课程教学中，对于提高学生今后从业的职业道德修养具有重要意义。

（3）融入路径：以形象生动的案例教学，让学生意识到"从农田到餐桌"整个食品链的各个环节的食品质量管理，关乎百姓的生命安全，关乎政府职能部门监督管理的公信力。探讨如何理解朱兰说的"人类是在质量大堤的保护之下"的含义，帮助学生树立质量意识以及个人如何对质量作贡献。

5.11.3.2 质量管理的数学方法与工具（6学时）

（1）知识点：质量管理中的数据及统计方法。

（2）思政元素：量变与质变；内因与外因；现象与本质。

（3）融入路径：通过几个常用的质量管理工具，培养学生通过现象看本质，具体问题具体分析。正确认识当前社会上存在的质量问题，树立正确的质量意识，做人要讲诚信。让学生通过对企业进行资料收集、满意度模型设计、实施调查等方式，对目标企业的服务质量现状以及顾客满意度现状进行分析，从而提出服务质量改进策略。

5.11.3.3　产品质量成本管理（4学时）

（1）知识点：生物产品质量要素。

（2）思政元素：质量至上，诚信为本；质量成本的控制，不只是简单的经济问题，更是对品德的考量。

（3）融入路径：通过对食品的质量成本的各个要素的讲授，让学生理解质量成本的真正内涵，既要控制成本，同时也要注重质量。生产者对质量的追求，才是质量成本的精髓。

5.11.3.4　食品质量法规（4学时）

（1）知识点：食品质量安全法规。

（2）思政元素：提高产品质量，保护消费者合法权益；勿以善小而不为，勿以恶小而为之。

（3）融入路径：培养学生遵纪守法，实事求是的工作作风。使学生学会系统地思考企业的服务质量问题，培养学生分析判断能力和逻辑推理能力，同时也为他们今后走上工作岗位打好基础。

5.11.3.5　食品质量标准（2学时）

（1）知识点：食品质量标准概述。

（2）思政元素：习近平总书记指出，"中国质量大会旨在推进国际质量合作。质量体现着人类的劳动创造和智慧结晶，体现着人们对美好生活的向往。中华民族历来重视质量。千百年前，精美的丝绸、精制的瓷器等中国优质产品就走向世界，促进了文明交流互鉴。今天，中国高度重视质量建设，不断提高产品和服务质量，努力为世界提供更加优良的中国产品、中国服务。"

（3）融入路径：通过对我国质量标准与国际质量标准的比较，让学生了解到我国在质量管理上与发达国家还存在一定的差距，同时联系习近平总书记的讲话，让学生了解我国在质量管理上取得了进步，了解我党对质量管理的高度重视。

5.11.3.6　食品良好操作规范（GMP）（4学时）

（1）知识点：良好生产规范GMP。

（2）思政元素：现代质量管理理念是全面质量管理，质量是生产出来的，不是检验出来的。质量是通过现代化企业管理，科学质量管理体现出来的。

（3）融入路径：全面质量管理，是食品药品生产管理的主要模式。通过案例，使学生对现阶段存在的质量案例问题进行专业分析，培养学生的担当精神，体现将个人理想追求融入国家民族事业中的社会责任感和历史使命感。告诫学生无论做任何事情都不能投机取巧，要脚踏实地。

5.11.3.7　ISO相关体系（4学时）

（1）知识点：ISO质量管理体系。

（2）思政元素：ISO 9000国际质量管理体系理论指导思想的八项质量管理原则中的"以顾客为关注焦点"，让学生具有以顾客为关注焦点的意识，并理解一个组织在经营上取得成功的关键是生产和提供的产品能够持续地符合顾客的要求，并得到顾客的满意和信赖。培养学生了解顾客明示的、隐含的需求，学会如何与顾客进行良好的沟通。

（3）融入路径：使得学生通过学习ISO 9000国际质量管理体系标准和考取审核员证书而逐渐形成像审核员那般认真、严谨的工作作风。讲授服务质量时，让学生通过对企业进行资料收集、满意度模型设计、实施调查等方式，对目标企业的服务质量现状以及顾客满意度现状进行分析，从而提出服务质量改进策略。使学生学会系统地思考企业的服务质量问题，培养学生分析判断能力和逻辑推理能力，同时也为他们今后走上服务岗位打好基础。

5.11.3.8　食品质量控制的HACCP系统（6学时）

（1）知识点：HACCP的产生及发展；HACCP的基本原理。

（2）思政元素：抓住主要问题，科学预见，有效控制；质量问题，有关键性问题与一般性问题，抓住主要问题就能够对全局进行有效控制；树立学生全局观、大局观。

（3）融入路径：通过实际生产中的HACCP中关键控制点，来有效控制产品质量安全。让学生树立起大局观、全局观。从做产品，上升到做人、做事。

5.11.3.9　食品质量检验（2学时）

（1）知识点：质量和安全检验。

（2）思政元素：质量检验属于质量管理的基础活动，在制造企业质量管理实践中属于必备技能，严把质量关，以质量取得成功。

（3）融入路径：由海尔总裁张瑞敏砸冰箱事件引入，在学生心目中种下"有缺陷的产品就是废品"的质量观。同时让学生看到国产产品在质量上取得的巨大进步，增强学生支持国货，不盲目崇洋媚外的优良品质，进而推进以"学科德育"为核心理念的教学目标。让学生树立实业报国、质量报国的热情和信心，实现立德树人的目标。

5.11.4　课程思政参考书目及网站

［1］习近平总书记在全国高校思想政治工作会议上的重要讲话[N].《人民日报》，2016-12-09.

［2］高德毅，宗爱东.从思政课程到课程思政：从战略高度构建高校思想政治教育课程体系[J].中国高等教育，2017.

［3］徐丹，尹雪娜，马世坤.基于大学有机化学开展"课程思政"的探索与实践[J].中国高等医学教育，2018（10）：30-31.

［4］初文华，张健，李玉伟.理工科专业基础课程中的思政教育探索——以《水力学与泵》课程为例[J].教育教学论坛，2018.

［5］陆道坤.课程思政推行中若干核心问题及解决思路——基于专业课程思政的探讨

[J]. 思想理论教育，2018.

　[6] 裴晨晨. 浅析高校开展"课程思政"的问题及对策建议[J]. 决策咨询，2018.

　[7] 邱伟光. 论课程思政的内在规定与实施重点[J]. 思想理论教育，2018.

　[8] 宁喜斌，晨凡. 高校《食品安全学》课程思政教育的设计与实践[J]. 安徽农学通报，2017.

　[9] 徐丹，尹雪娜，马世坤. 基于大学有机化学开展"课程思政"的探索与实践[J]. 中国高等医学教育，2018（10）：30–31.

5.12　微生物检验学课程思政教学指南

5.12.1　课程思政说明

"微生物检验学"是生物工程专业的专业必修课（40学时），专业人才培养目标及微生物检验的岗位需求，是培养从事卫生检验及食品安全检测等领域中微生物学检验的高技能、应用型人才的一门专业课程。在课程教学中，要把马克思主义立场观点方法的教育与科学精神的培养结合起来，培养学生辩证思维意识；塑造学生不畏艰险、勇于探索的科学精神；树立对重大传染病疫情攻坚克难的责任和担当；体会到社会主义制度优越性和民族自豪感；激发对专业认同以及对"大健康"产业的使命和担当是该课程思政的主旨。

5.12.2　课程思政目标

（1）结合微生物检验领域典型人物，用这些科学家严谨的治学态度、献身科学的牺牲精神和造福人类的历史功绩，引导学生树立不畏艰辛、锲而不舍、勇于担当、科技报国的意识，形成良好的职业素养和职业伦理。

（2）在理论知识教学中，培养学生运用微生物检验理论知识解决实际问题的能力，增强学生辩证思维观念和创新能力。

（3）结合实验、实践环节，通过学生实验的具体案例（如食品病原微生物检验中，每一个细节的疏漏都会影响检测结果的评判，关系到人群健康），培养学生严谨认真的工作作风、尊重科学和尊重事实的职业素养以及学生在食品安全、医学诊断相关领域内持续学习、追求卓越的精神。

（4）结合微生物检验领域近年国内外发生的烈性传染病疫情，帮助学生树立学以致用、报效祖国、造福人类的远大志向；重点结合新型冠状病毒肺炎疫情，要求学生了解中国人民在疫情防控过程中表现出的伟大精神及力量，感悟医务工作者的无私奉献，体会社会主义制度优越性，激发学生爱国情怀及担当精神。

（5）微生物检验学与人类生活和健康密切联系，介绍微生物检验在食品安全、医学诊断、流行病检验等领域的应用，以及中国做出了诸多令世界瞩目的伟大功绩，培养学生民族自豪感和爱国情怀。

5.12.3　思政元素融入教学知识点计划与安排

5.12.3.1　理论教学（24学时）

5.12.3.1.1　绪论（2学时）

（1）知识点：微生物检验学的发展概况。

（2）思政元素：树立学生攻坚克难的宏图大志，激发学生对未来公共卫生事业的使命感和责任担当——微生物创始人历史事迹并结合近年国内外发生的烈性传染病疫情。

（3）融入路径：通过讲解各位微生物奠基人的重要贡献，如列文虎克发明显微镜，巴斯德否定自然发生学说、创立巴氏消毒法、免疫预防疾病，科赫常用固体培养基分离鉴定微生物等。用这些科学家严谨的治学态度、献身科学的牺牲精神和造福人类的历史功绩，激励学生奋发学习，培养其不畏艰辛、锲而不舍、勇于探索的科学精神，帮助学生树立学以致用、报效祖国、造福人类的远大志向。

5.12.3.1.2　微生物检验理论基础（6学时）

（1）知识点：细菌的形态、结构与检验的关系；细菌检验的基本技术。

（2）思政元素：树立正确的"世界观、人生观、价值观"——微生物检验发展历史上的英模（工匠）故事；科学探索中的使命感、责任感，激发创造创新活力——确立"科技报国"的理想，"为建设中国特色社会主义伟大事业奋斗终身"的坚定信念。

（3）融入路径：解说微生物的形态、基本结构，并重点阐述其在检验中的应用；讲述我国微生物学家汤飞凡的工匠故事，培养学生树立正确的人生观、价值观；讨论微生物检验技术的大国间竞争，介绍新材料、新工艺在微生物检验技术中的重要性和应用，引导学生树立破解该领域"卡脖子"难题的信心，激励学生投身尖端仪器研发，为国争光。

5.12.3.1.3　食品微生物检验理论及应用（8学时）

（1）知识点：食品中的微生物污染及其控制；荧光定量PCR技术的应用；食品微生物检验的质量控制。

（2）思政元素：可持续发展，保护环境——"金山银山不如绿水青山，绿水青山就是金山银山"；以史观今，病原微生物检验工作者的责任和使命担当——做到两个维护；现代科技在国防现代化中的重要作用——未来科技在战争中的重要作用，高新科技在国防建设中的重要地位。

（3）融入路径：①举例说明食品污染源头控制不当带来的危害，通过查阅国家标准网站，讲述相关国家标准，介绍食品原材料污染引起产品质量不合格，导致出口受限，进而阐述可持续发展理念和企业责任。②以时下全球范围内暴发的新型冠状肺炎疫情作为切入点，新冠肺炎的核酸检测技术正是基于荧光PCR方法，激发学生的爱国情怀、引导学生感受新型检测技术的先进性从而提升他们对科研的浓厚兴趣，又能自然而然地提高学生对新知识的接受和接纳程度，由此引申到伟大的抗疫精神，新冠肺炎疫情期间，中国人民表现出了全国一盘棋，团结协作，共克时艰的伟大的抗疫精神。③以人类历史上的四次流感、三次鼠疫、两次霍乱为例，讲解微生物流行性疾病对人类生存的挑战；对比分析2020年全世界新冠疫情期间，美国政府的不作为吹掉的民主面纱及我国政府面对恶劣形势时政府作为及表现出的众志成城的中国贡献及力量，激发学生的爱国热情。

5.12.3.1.4 病原微生物的检验（8学时）

（1）知识点：金黄色葡萄球菌的检验及国家标准；肠杆菌科的检验及国家标准。

（2）思政元素：创新开拓的科学探索精神和国家发展战略——全球视野、勇担当、善创新的时代精神；科学的思维方法和严谨的工作态度——基础学科在国家重大战略及关键领域的重要性，"九层之台，起于垒土"。

（3）融入路径：①讨论国家标准的战略性地位。②《国家中长期科学和技术发展规划纲要（2006—2020年）》明确把实施技术标准战略作为我国科技发展的两大战略之一；《国民经济和社会发展第十一个五年规划纲要》中，有15处对标准化工作提出了新要求。这充分说明，标准化战略已上升为国家意志，经济全球化浪潮使标准竞争上升到了战略地位，由此激发学生的爱国热情，激发学生的创新精神和担当精神。③讲述大肠杆菌、沙门氏菌和志贺菌的检验流程，从基本定律难理解、基础学科难学，讲到基础学科的学习在个人职业发展中的重要性和在国家重大战略和关键领域中所起的重要作用，在解决问题过程中激发学生科学的思维方法，提升学生逻辑思辨能力。

5.12.3.2 实验教学（16学时）

5.12.3.2.1 实验一 金黄色葡萄球菌的检验（6学时）

（1）知识点：按照国家标准，通过形态学检验、培养特性和生化检验，鉴定金黄色葡萄球菌。

（2）思政元素：安全意识、责任意识——"道路千万条，安全第一条，行车不规范，亲人两行泪"。

（3）融入路径：强调在检验金黄色葡萄球菌时，如果没有安全防范意识，会导致腹泻等疾病；强调实验过程中注意自身安全的同时也要注意他人安全，防范风险发生；增强个人在科研工作中处理应对突发状况的能力。

5.12.3.2.2 实验二 副溶血性弧菌的检验（6学时）

（1）知识点：生化鉴定板操作注意事项；克氏双糖实验易出错点及错误结果分析。

（2）思政元素：时代新人的劳动素养、团队协作精神和节约意识——社会主义建设者和接班人的综合素质和劳动技能；认真严谨的工作作风、尊重科学和尊重事实的职业素养以及学生在食品安全、医学诊断相关领域内持续学习、追求卓越的精神。

（3）融入路径：讲解生化鉴定板的使用要点及注意事项，在不当操作时会导致实验功亏一篑，得不到正确的实验结果；在实验过程中培养学生耐心、细致的工作态度，良好的团队协作精神，不测数据时关闭设备电源，养成节约的良好习惯；克氏双糖实验中半加塞和全加塞两种方式会导致结果不同，影响结果判断，通过错误结果分析，培养学生严谨、细致的工作作风及职业素养。

5.12.3.2.3 实验三 常见食源性细菌的荧光定量PCR检测（4学时）

（1）知识点：荧光定量实验设计及操作要点。

（2）思政元素：诚信意识、健康心态——"诚实是人生的命脉，是一切价值的根基"。

（3）融入路径：要求学生自己设计PCR引物，强调自主设计的重要性，遇到困难时的解决办法；强调实验操作、记录应该自己完成及学习生活中的诚信等，以翟天临事件为例。

5.12.4 课程思政参考书目及网站

[1] 刘荣臻，等. 微生物学检验[M]. 北京：高等教育出版社，2019.

[2] 宁喜斌，等. 食品微生物学检验[M]. 北京：中国轻工业出版社，2019.

[3]《学习强国》学习平台.

[4]《人民日报》微信公众号.

[5] 沈赤. 课程思政典型案例选编[M]. 杭州：浙江大学出版社，2020.

5.13 食品加工原理课程思政教学指南

5.13.1 课程思政说明

"食品加工原理"是生物工程专业的专业限选课（32学时），课程主要探讨食品加工概念，特别是保藏、加工、包装、运输以及上述因素对食品质量、货架寿命、营养价值和安全性等方面的影响。着重论述了热加工、杀菌、冷藏、冷冻、脱水的保藏加工原理以及加工因素对食品品质的影响，为今后进一步学习食品领域的专业课程或从事食品科研、产品开发、工业生产管理及相关领域的工作打下理论基础。在课程教学中，要把马克思主义立场观点方法的教育与科学精神的培养结合起来，培养学生的责任感、民族自豪感，激发爱国情怀，为国家食品行业的可持续发展作出贡献。

5.13.2 课程思政目标

（1）通过介绍食品工业发展史以及我校生物工程专业发展史，培养学生树立正确的人生观、价值观，强调科学探索中的使命感、责任感，激发创造创新活力——"技术报国、科技报国"的理想，"为建设中国特色社会主义伟大事业奋斗终身"的坚定信念。

（2）强调食品行业可持续发展对国家发展的重要性，响应国家脱贫攻坚的伟大号召，探讨传统食品在实现贫困地区人民脱贫致富中的重要作用，说明高新技术在促进食品产业升级中的重要性，培养学生"技术创新"的事业心与责任心。

（3）坚持创新开拓的科学探索精神，以科学与发展的观点探索食品冷加工的新方法、新技术、新手段。结合典型人物案例，引导学生树立进取精神、担当意识，形成良好的职业素养和职业伦理。

5.13.3 思政元素融入教学知识点计划与安排

5.13.3.1 绪论（2学时）

（1）知识点：食品加工的相关概念；食品加工技术的现状与趋势；我国食品产业的战略需求与发展机遇。

（2）思政元素：树立正确的"世界观、人生观、价值观"——食品工业领域体现工匠精神的故事；科学探索中的使命感、责任感。

（3）融入路径：讲述江南大学食品科学与工程国家重点学科的发展故事，培养学生树立正确的人生观、价值观；强调科学探索中的使命感、责任感，激发创造创新活力——"技术报国、科技报国"的理想，"为建设中国特色社会主义伟大事业奋斗终身"的坚定信念。

5.13.3.2 食品冷加工（6学时）

（1）知识点：食品的冷却；食品的冻结；食品的冷藏与冻藏；食品的回热与解冻；食品在冷冻中的干缩。

（2）思政元素：坚持创新开拓的科学探索精神，以科学与发展的观点探索食品冷加工的新方法、新技术、新手段。

（3）融入路径：查阅文献资料，讨论冷冻新技术在食品工业中的应用情况，引导学生树立勇于争先的发展观。

5.13.3.3 食品热加工（6学时）

（1）知识点：食品微生物的耐热性；食品（罐头）的热杀菌；食品的欧姆加热。

（2）思政元素：坚定"技术创新""高效利用""绿色（清洁）生产"的原则，筛选更高效安全的新型热杀菌技术。

（3）融入路径：介绍超高温（UHT）杀菌技术在食品加工中的应用。

5.13.3.4 食品非热加工（6学时）

（1）知识点：食品辐照加工；食品超高压贮藏；脉冲电场杀菌；脉冲磁场杀菌；放电杀菌。

（2）思政元素：坚持可持续发展；防微杜渐；优先推进高新技术的应用。

（3）融入路径：举例说明高新技术在促进食品产业升级中的重要性，培养学生"技术创新"的事业心与责任心。

5.13.3.5 食品脱水加工（2学时）

（1）知识点：食品的干燥；食品的烟熏；食品浓缩与结晶。

（2）思政元素：响应国家脱贫攻坚的伟大号召，探讨传统食品在实现贫困地区人民脱贫致富中的重要作用。

（3）融入路径：以湘西传统腊制品为立足点，发动学生讨论如何带动当地群众脱贫致富。

5.13.3.6 食品腌渍与发酵（4学时）

（1）知识点：食品的腌渍；食品的发酵。

（2）思政元素：事物都是普遍联系的，既是统一的，又是矛盾的。

（3）融入路径：查阅资料，举行一个以"发酵食品"为主题的分组讨论会，让学生学会科学的思维方法，推动技术创新。

5.13.3.7 食品保藏技术（4学时）

（1）知识点：食品的化学保藏；食品的生物保藏；食品的气调贮藏；食品包装技术。

（2）思政元素：工程伦理中的职业素养——"义"与"利"的选择，"非其义，不受其利"，不做"见利忘义""见利思义"的事。

（3）融入路径：介绍气调贮藏在果蔬加工中的作用及意义。

5.13.3.8 食品的货架寿命（2学时）

（1）知识点：食品货架寿命的意义及估算。

（2）思政元素：遵循"质量第一，安全第一"的原则，落实《食品安全法》的实施。

（3）融入路径：以山东寿光蔬菜安全追溯为例，介绍食品安全追溯体系在食品加工的重要性。

5.13.3.9 食品加工新技术（2学时）

（1）知识点：食品加工新技术。

（2）思政元素：贯彻"科学发展观"理念，力争科学创新、技术创优。

（3）融入路径：查阅科技文献资料，撰写有关"现有或未来高新技术在食品加工的应用"的课程小论文。

5.13.4 课程思政参考书目及网站

［1］姜文. 食品加工原理[M]. 北京：中国质检出版社，2011.

［2］秦文，曾凡坤. 食品加工原理[M]. 北京：中国计量出版社，2011.

［3］《学习强国》学习平台.

［4］《人民日报》微信公众号.

［5］沈赤. 课程思政典型案例选编[M]. 杭州：浙江大学出版社，2020.

5.14　食品化学课程思政教学指南

5.14.1　课程思政说明

"食品化学"是生物工程专业的专业限选课（32学时），本课程利用化学的理论和方法研究食品本质的科学，为改善食品品质、开发食品新资源、革新食品加工和储运技术、科学调整膳食结构、改进食品包装、加强食品质量控制及提高食品原料加工和综合利用水平奠定理论基础。在课程教学中，要把马克思主义立场观点方法的教育与科学精神的培养结合起来，调动学生的学习主动性和积极性，培养实事求是的科学精神、创新意识、创新精神和创新能力，提高学生的思想道德修养和职业道德素修养，激发民族自豪感和爱国情怀。

5.14.2　课程思政目标

（1）在课程教学过程中自然、有机地融入思想教育内容，让思政教育与专业课程发生"化学反应"，点燃梦想和追求真理的火焰，使学生树立正确的世界观、人生观和价值观，激发创新创造的精神，培养报效祖国的能力。

（2）深入发掘、梳理和凝练课程思政教育素材，在案例教学、融入前沿科研成果、联系社会热点等多元化教学方式中融入鲜活、生动的思政教育元素，形成食品化学课程育人的多元化教学方式。

（3）案例教学针对食品化学这门课基础性和理论性较强的特点，采用案例教学引发学生学习的兴趣和积极性。我国历史悠久、文化底蕴深厚，充分利用传统文化资源，弘扬和培养大学生的民族精神和爱国情怀。

5.14.3　思政元素融入教学知识点计划与安排

5.14.3.1　绪论（1学时）

（1）知识点：食品化学的研究内容；食品化学的研究方法。

（2）思政元素：激发民族自豪感和爱国情怀。

（3）融入路径：通过介绍我国食品化学的发展历程，点燃学生梦想和追求真理的火焰，激发民族自豪感和爱国情怀。

5.14.3.2　水（3学时）

（1）知识点：水在食品中的作用；水与食品稳定性的关系；分子流动性与食品稳定性。

（2）思政元素：节约用水，珍惜自然资源。

（3）融入路径：通过说明水在食品中的作用与重要性，让学生明白节约用水、珍惜自然资源的意义。

5.14.3.3 糖类（3学时）

（1）知识点：单糖、低聚糖、多糖等糖类在食品加工和贮藏中的变化。

（2）思政元素：联系社会热点，增强学生的专业认同感和自豪感，建立职业归属感和使命感。

（3）融入路径：防控新冠肺炎疫情成为社会热点，营养在促进患者康复中起着重要作用，应做到食物多样化；食品中有很多成分具有免疫调节功能，包括多糖、氨基酸等。以此增强学生的专业认同感和自豪感，建立职业归属感和使命感。

5.14.3.4 脂类（3学时）

（1）知识点：脂类的理化性质；油脂在食品加工和贮藏过程中的变化。

（2）思政元素：食品化学相关科研成果的应用，使学生开阔眼界，从而激发学习兴趣和创新意识。

（3）融入路径：在"脂肪的氧化"内容中，介绍王应睐教授研究出利用黄豆粗豆油中的天然抗氧化剂抑制脂肪的自动氧化，并且严格控制干粮中容易引起油脂自动氧化的铜离子和铁离子，启发学生理论联系实际，激发学习兴趣和创新意识。

5.14.3.5 蛋白质（4学时）

（1）知识点：蛋白质的功能性质；蛋白质的变性。

（2）思政元素：潜移默化地提高学生对中华传统饮食文化的认识，增强民族自豪感。

（3）融入路径：在讲"蛋白质的功能性质"之一的"胶凝作用"时，以豆腐为例，豆腐就是大豆蛋白在凝固剂的作用下发生胶凝作用而形成的凝胶。豆腐起源于我国，存在的历史悠久，并且传到了世界上很多国家，受到人们的喜爱。通过讲述豆腐的起源、分类、制作方法，就可以潜移默化地提高学生对中华传统饮食文化的认识，增强民族自豪感。

5.14.3.6 维生素（3学时）

（1）知识点：维生素的生物利用性。

（2）思政元素：理论联系实际，学以致用，培养爱国情怀。

（3）融入路径：讲述王应睐教授与侯祥川教授指出解放初期上海解放军舌头糜烂是维生素B2缺乏的问题，并提出了有效的措施的案例，培养学生的爱国情怀，同时向学生灌输理论研究要与实际相联系的意识。

5.14.3.7 矿物质（3学时）

（1）知识点：矿物质在食品加工和贮藏过程中的作用及变化。

（2）思政元素：辩证唯物主义教育。

（3）融入路径：介绍"矿物质在食品加工和贮藏过程中的作用及变化"内容时，引导学生要辩证地看待问题，利用有利方面从事食品的生产、贮藏，同时避免不利的因素。

5.14.3.8 酶（3学时）

（1）知识点：酶催化反应动力学；固定化酶；酶对食品品质的影响。

（2）思政元素：引导学生在学习中要发现问题，敢于质疑，养成实事求是的科学态度。

（3）融入路径：在"酶促氧化"一节中，介绍王泽农教授通过研究否定了传统观点——红茶的制作只是单纯的茶叶中的茶多酚的氧化过程。指出红茶的发酵是茶叶中各种成分相互作用、互相制约的转化过程，才形成了红茶特有的色、香、味，这体现了科学研究者严谨的工作态度，追求真理的工作作风，引导学生在学习中要发现问题、敢于质疑，养成实事求是的科学态度。

5.14.3.9　色素（3学时）

（1）知识点：色素的发色机理；食品中的天然色素；天然食品着色剂。

（2）思政元素：严谨的科研精神、不屈的创新意识教育。

（3）融入路径：介绍我国的"面点大王"王志强，他将一生精力贡献于面点，他把面点做得和水果形状口感都一样，颜色都是从蔬菜中提取的，发酵和上屉蒸的时候，要保持不变形、不脱色，做到这几点要求就用了12年的时间。一方面，向学生宣讲创新精神，做事情要有自己的想法；另一方面，强调做事要有恒心、有毅力。

5.14.3.10　风味物质（3学时）

（1）知识点：呈味物质、食品香气、呈香物质、风味物质的形成途径。

（2）思政元素：引导学生提高对科技创新和科技兴邦的认识，培养学生的创新意识和科技报国的情怀。

（3）融入路径：通过讲述孙宝国院士在肉味香料和肉味香精研究方面攻克了许多技术难题，提出"味料同源"的中国特色肉味食品香精制造新理念，引导学生提高对科技创新和科技兴邦的认识，培养学生的创新意识和科技报国的情怀。

5.14.4　课程思政参考书目及网站

［1］迟玉杰. 食品化学 [M]. 北京：化学工业出版社，2020.

［2］汪东风. 食品化学 [M]. 北京：化学工业出版社，2019.

［3］《学习强国》学习平台.

［4］《人民日报》微信公众号.

［5］沈赤. 课程思政典型案例选编 [M]. 杭州：浙江大学出版社，2020.

5.15　食品安全分析与检测课程思政教学指南

5.15.1　课程思政说明

"食品安全分析与检测"是生物工程专业的专业限选课（32学时），主要讲授食品安全分析检测的基本方法、食品一般成分分析、食品添加剂及食品常见有毒有害成分的检测等内容。通过本课程系统地学习分析理论及相关检测技术，同时通过实验课程的开设，使学生能独立运用物理、化学或生物化学、分子生物学等分析检测方法对食品相关样品进行分析检测，同时初步培养学生理论联系实际及相关科学研究能力，促进学生诚信观念及社会责任感的进一步形成。

5.15.2　课程思政目标

（1）将"课程思政"理念与"工匠精神"培育相结合，形成树立学生专业责任感与使命感、增强学生道德责任感，激发学生积极进取精神和培养学生严谨求实科学态度的有效举措。

（2）培养学生诚信意识，将来在从事食品相关工作时要自觉地把人民群众的健康安全放到第一位；引导学生维护国内产品的利益，对如何提升国内产品竞争力进行思考，调动学生学习的积极性，激发至诚报国的情怀。

（3）结合领域内杰出人物案例，培养学生在食品检测相关领域内努力钻研、追求原创的精神，引导学生去了解科学家，以便引导学生有正确的追星导向，以实现课堂思政的德育功效。

5.15.3　思政元素融入教学知识点计划与安排

5.15.3.1　理论教学（24学时）

5.15.3.1.1　食品安全检测技术进展概述（2学时）

（1）知识点：食品中关键物质的危害关系；食品安全检测技术标准与管理。

（2）思政元素：强调食品安全的重要性，引导学生树立正确的人生观、世界观、价值观，促进学生全面发展。

（3）融入路径：从苏丹红、三聚氰胺、瘦肉精到滥用食品添加剂、农兽药残留严重超标、违法添加非食用物质等层出不穷的食品安全问题为例，指出利益驱使的道德缺失是造成食品安全问题的首要因素，这让学生意识到食品行业道德的重要性，引导学生树立正确的人生观、世界观、价值观，促进学生全面发展。

5.15.3.1.2　食品安全检测技术要求（2学时）

（1）知识点：食品安全检测技术中的标准物质要求；食品安全技术预警应急预案中的技术要求。

（2）思政元素：激发学生爱国情怀。

（3）融入路径：以食品安全国际贸易为例，指出发达国家基于经济和科技、政治的优势，单方面制定技术壁垒，限制发展中国家出口贸易。引导学生学好知识以提高国家食品安全检测技术为目标，激发学生的爱国情怀。

5.15.3.1.3　食品中残留危害物质检测技术（2学时）

（1）知识点：食品中农药残留的检测技术；食品中兽药残留的检测技术。

（2）思政元素：向学生传播精益求精、精雕细琢，更完美的精神理念，培养精益求精的工匠精神。

（3）融入路径：介绍著名的分析仪器企业，激发学生学习企业对科学的执着追求，以开拓精神不断向科学技术挑战，向学生传播精益求精、精雕细琢、追求完美的精神理念，培养精益求精的工匠精神。

5.15.3.1.4 食品中有害金属检测技术（2学时）

（1）知识点：食品中汞及有机汞化合物的检测技术；食品中砷及有机砷化合物的检测技术。

（2）思政元素：展现中国科学家献身科研的学术精神和创新能力，培养学生作为新时代中国人的民族自豪感和使命感，激发学生爱国主义情怀。

（3）融入路径：以我国著名原子光谱分析家——中国科学院院士黄本立先生的光辉事迹为例，展现中国科学家的献身科研的学术精神和创新能力，培养学生作为新时代中国人的民族自豪感和使命感，激发学生爱国主义情怀。

5.15.3.1.5 食品添加剂检测技术（3学时）

（1）知识点：食品中非法添加物的检测技术。

（2）思政元素：遵守国家法律法规，不能唯利是图，置道德和良心于不顾，危害社会；培养学生诚信意识，将来在从事食品相关工作时要自觉地把人民群众健康安全放到第一位；引导学生维护国内产品的利益，对如何提升国内产品竞争力作出思考，调动学生学习的积极性，激发至诚报国的情怀。

（3）融入路径：以我国奶制品"三聚氰胺"事件作为案例，引出该事件一度让中国奶粉行业失信于民，"代购海外奶粉"使得海外品牌在国内婴幼儿奶粉行业处于相对强势的地位，一定程度上制约了国内奶粉行业的发展。培养学生诚信意识，引导学生维护国内产品的利益，对提升国内产品竞争力作出思考，调动学生学习的积极性，激发至诚报国的情怀。

5.15.3.1.6 食品中天然毒素物质检测技术（2学时）

（1）知识点：食品中的真菌毒素检测技术。

（2）思政元素：增强专业自豪感，提升学生自主学习积极性。

（3）融入路径：在讲授食物中毒时，花生发霉时会产生一种强致癌物黄曲霉毒素，容易使人类霉菌毒素中毒。花生油品质控制指标之一是黄曲霉毒素，正规的花生油脂加工厂生产工艺中有去除黄曲霉毒素的工序。引导学生正确看待和肯定现代食品加工业，增加从事食品行业的自豪感。

5.15.3.1.7 食品中持久有机污染物检测技术（2学时）

（1）知识点：食品中多氯联苯类、二噁英的检测技术；食品中多溴联苯醚的检测技术。

（2）思政元素：培养环保意识，养成环保习惯，营造学生重视环保、积极参与环保的良好氛围，鼓励学生积极参与环保宣传活动以提高全民环保素质。

（3）融入路径：指出科学技术的发展使人类开发利用自然资源的能力和范围不断扩大，使得环境受废气、废水、废渣"三废"的污染日趋深受其影响，食品安全也日渐深受其影响，严重危害了人类的健康。引出环境保护问题，培养学生环保意识，鼓励学生积极参与环保宣传活动以提高全民环保素质。

5.15.3.1.8　食品加工中污染物检测技术（2学时）

（1）知识点：食品中杂环胺类的检测技术。

（2）思政元素：培养学生与时俱进的意识。

（3）融入路径：阐述食品加工中产生的一些毒素是随着科学技术的进步被发现的，以此启发学生与时俱进，不断钻研。

5.15.3.1.9　食品接触材料迁移试验检测技术（2学时）

（1）知识点：食品包装材质及容器评价分析；食品接触材料评价技术。

（2）思政元素：增强学生的民族自信心和民族自豪感，同时也正视我国与发达国家之间存在的差距，激发学生的危机意识。

（3）融入路径：在讲授相关分析检测技术的进展时，对学生进行价值观教育，肯定我国食品安全检测技术的成就，增加学生的民族自信心和民族自豪感，同时也正视我国与发达国家之间的差距，激发学生的危机意识。

5.15.3.1.10　食品中有害微生物的快速检测技术（3学时）

（1）知识点：食品中有害微生物ELISA快速检测技术。

（2）思政元素：养成文明饮食习惯。

（3）融入路径：以食品中新冠肺炎病毒的检测方法为例，引申出酶联免疫吸附分析技术（ELISA）的原理，帮助学生实现知识的迁移，提高学生探索问题和举一反三的能力，培育学生精益求精的工匠精神。同时倡导学生改变食用野生动物的陋习，养成文明饮食习惯。

5.15.3.1.11　食品中常见有害物质的快速检测技术（2学时）

（1）知识点：食品中克伦特罗残留的酶联免疫方法快速检测技术；食品中金黄色葡萄球菌的试纸法定性快速检测技术。

（2）思政元素：引导学生掌握辩证唯物主义方法论，进一步培养学生的辩证思维能力。

（3）融入路径：探讨检测技术中定性、定量分析的关系，引导学生掌握辩证唯物主义方法论，进一步培养学生的辩证思维能力。

5.15.3.2　实验教学（8学时）

5.15.3.2.1　实验一　纤维素的测定（4学时）

（1）知识点：掌握硝酸—醋酸提取纤维素的方法和硫代硫酸钠滴定方法。

（2）思政元素：安全意识、责任意识。

（3）融入路径：安全无小事，以近期高校中发生的实验安全事件，培养学生的安全意识、责任意识。

5.15.3.2.2 实验二 食品中甲醛的快速检测方法（4学时）

（1）知识点：间苯三酚法快速检测食品中甲醛的原理和方法。

（2）思政元素：培养学生科学严谨的实验态度。

（3）融入路径：通过课堂实践操作，培养学生认真、严谨、科学的实验态度，培养学生动手能力和灵活应变能力。

5.15.4 课程思政参考书目及网站

［1］王世平.食品安全检测技术[M].北京：中国农业大学出版社，2019.

［2］汪东风.食品质量与安全检测技术[M].北京：中国轻工业出版社，2018.

［3］《学习强国》学习平台.

［4］《人民日报》微信公众号.

［5］沈赤.课程思政典型案例选编[M].杭州：浙江大学出版社，2020.

6 >> 应用化学专业课程

6.1 电镀原理与工艺课程思政教学大纲

6.1.1 课程思政说明

电镀原理与工艺课程是应用化学专业的一门专业限选课（48学时），它是研究用电化学或化学方法制取金属、合金镀层和金属转化膜以及它们的性能与结构的学科；研究的内容包括：金属电沉积的基本理论；各种金属、合金镀层和金属复合镀层的电镀工艺；制取各种金属的化学和电化学转化膜的工艺；各种金属、合金镀层和金属复合镀层的化学镀工艺。开设本课程的目的是使学生比较系统地掌握电镀基本原理和基本技能以及运用电镀方法保护材料和装饰新产品的工艺方法，以提高材料的使用寿命和产品的市场竞争力以及在培养学生具有实事求是科学态度、严格细致科学习惯、严谨治学科学素养的素质目标的基础上，把马克思主义立场观点方法的教育与科学精神的培养结合起来，提高学生正确认识问题、分析问题和解决问题的能力；要注重强化学生工程伦理教育，培养学生精益求精的大国工匠精神，激发学生以科技报国的家国情怀和使命担当。

6.1.2 课程思政目标

（1）在理论知识教学中，通过融入马克思主义方法论和强化工程伦理教育，引导学生树立工程意识和大工程观，培养解决复杂工程问题的能力和不畏艰辛、勇于探索的科学精神；在实验教学中，培养学生正确认识、分析和解决问题的能力，提升学生的思辨力和创新力。

（2）结合工程实际案例，培养学生遵守标准规范的职业素养，创新、绿色、安全化工的理念，树立电镀生产"安全至上，生态和谐"的意识。

（3）在传授课程知识过程中，使学生熟知电镀工程在国民经济中不可替代的地位和作用；对比欧美国家在重视科技创新，长期研发投入和技术积累基础上，所取得的一系列技术成果，引导学生把远大抱负落实到实际行动中，落实到中华民族伟大复兴的不懈奋斗中。使学生树立艰苦奋斗、甘于奉献、自觉投身于国家发展和建设的人生观。

（4）教学过程中，不但讲解电镀工业化生产关键因素，还要阐述传统生产工艺所带来的环境问题；培养学生绿色化学和绿色化工理念，提升他们的社会责任感，为建立环境友好、资源节约型社会，实现人类社会可持续发展贡献力量。

6.1.3 思政元素融入教学知识点计划与安排

6.1.3.1 绪论（2学时）

（1）知识点：电镀的范畴；电镀层的作用；电镀工业的发展趋势。

（2）思政元素：国内与欧美国家电镀生产技术差别，树立正确的时代责任感，激发学生以技术报国的责任意识。

（3）融入路径：从电镀技术差距出发，增强学生对应用化学专业的认同感和自信心，使学生积极学习、奋发向上；培养学生的时代责任感和紧迫感，引导学生学好专业知识、专业技能，志存高远，积极投身于我国电镀工业生产，激发学生以技术报国的责任意识，为我国新型高端电镀技术的开发作出贡献。

6.1.3.2 金属电沉积（6学时）

（1）知识点：金属离子阴极还原的可能性、金属离子和配位离子还原时的极化、电解液配方和电镀规范对沉积层结构的影响。

（2）思政元素：科学探索中的使命感、责任感，激发创造创新活力——"技术报国、科技报国"的理想。

（3）融入路径：通过实例讲述电化学理论与电镀理论联系，建立正确的电镀理论模型，树立技术报国、科学报国的理想。

6.1.3.3 电镀液性能（6学时）

（1）知识点：电镀液的分散能力和覆盖能力及其影响因素，霍尔槽试验及其在电镀中的应用。

（2）思政元素：把国家相关发展政策和国家标准融入课程教学中——有关电镀液检测的国家标准。

（3）融入路径：将我国国家电镀液检测标准列入重点，重点介绍国家标准的检测方法及应用，通过案例引入，辩证分析内外因影响因素。

6.1.3.4 电镀工艺规范对镀液镀层性能的影响（6学时）

（1）知识点：电镀液的基本类型，单盐和配合物电镀液组成对镀液镀层性能的影响。

（2）思政元素：工程伦理中的职业素养和职业技能。

（3）融入路径：通过提问的方式，吸引学生的注意力，培养学生分析问题的能力，激发学生爱岗敬业，遵守规章制度，严格按照技术规范进行操作，严禁超过工艺规程允许范围运行的意识。以如何进行电镀设计，引出本章学习的必要性。

6.1.3.5 电镀前处理（4学时）

（1）知识点：电镀前处理重要性、前处理工艺及内容。

（2）思政元素：激发学生的民族自豪感，培养学生科学精神和创新意识，培养学生工程应用能力。育人主题——科学精神、工匠精神、价值主题。

（3）融入路径：通过案例分析，培养学生严谨科学精神和创新意识，引入实际案例，进一步加深知识的理解程度，培养学生理论联系实际分析问题的能力。

6.1.3.6　单金属电镀（8学时）

（1）知识点：电镀锌、电镀铜、电镀镍、电镀铬、电镀锡的作用与发展；环保型电镀；电镀单金属工业介绍及其应用。

（2）思政元素：可持续发展的理念——爱护环境，保护生态环境。

（3）融入路径：重点介绍环保型电镀单金属工业，让学生树立保护环境的思想理念，提醒学生自觉保护生态环境，具有可持续发展理念。

6.1.3.7　合金电镀（4学时）

（1）知识点：合金电镀、彩色电镀。

（2）思政元素：绿色发展理念——合金电镀的研究与生产符合绿色发展理念。培养学生养成责任意识和科学创新精神。育人主题——科学精神、工匠精神、价值主题。

（3）融入路径：讲到合金电镀中重要组成部分——彩色电镀部分时，可以向学生介绍彩色电镀发展历史，环保型彩色电镀技术的发展与环境保护要求相辅相成，符合"绿水青山就是金山银山"的绿色环保理念。

6.1.3.8　贵金属电镀（4学时）

（1）知识点：贵金属电镀概述及性质；贵金属电镀工艺及应用。

（2）思政元素：大国工匠精神——敬业、精益、专注、创新。

（3）融入路径：我国古代工匠利用流金、仿金工艺制造的工艺品享誉世界，让学生感受到中国人民的智慧，增强他们的民族自豪感，引导他们思考和理解"精艺、创新、敬业"的"大国工匠"精神和价值取向。

6.1.3.9　非金属材料电镀（2学时）

（1）知识点：非金属材料电镀工艺与发展。

（2）思政元素：科学的思维方法和严谨的工作态度——专业学科在国家重大战略及关键领域的重要性。

（3）融入路径：介绍非金属材料电镀工艺，培养学生的科学思维方法和严谨的工作态度；从科学技术如何推动社会生产力的发展，到科学技术如何影响国防军备，让学生理解中国政府是如何承担大国责任、展现大国担当的。

6.1.3.10　轻金属的表面精饰（4学时）

（1）知识点：铝及铝合金、镁及镁合金的表面精饰。

（2）思政元素：高度的社会责任感，有当代青年的爱国情怀和担当。

（3）融入路径：铝及合金、镁及合金精饰应用到人们生活各个领域，丰富了人们的物质生活，提高了人们的审美观，体现了高度的社会责任感和勇于担当的精神。

6.1.3.11　钢铁的氧化（2学时）

（1）知识点：钢铁高温氧化和常温发黑工艺。

（2）思政元素：可持续发展；节能降耗。

（3）融入路径：通过高温氧化和常温发黑工艺比较，树立节能降耗的理念，达到低碳排放目的。

6.1.4　课程思政参考书目及网站

［1］冯立明.电镀工艺学[M].2版.北京：化学工业出版社，2020.

［2］《学习强国》学习平台.

［3］安茂忠.电镀理论与技术[M].2版.哈尔滨：哈尔滨工业大学出版社，2016.

［4］肖鑫，钟萍.电镀实用工艺守则[M].北京：机械工业出版社，2010.

［5］廖永安.湘潭大学线上教学优秀案例集[M].湘潭：湘潭大学出版社，2020.

6.2　电化学基础课程思政教学指南

6.2.1　课程思政说明

"电化学基础"是应用化学专业基础必修课（48学时），为学生学习专业课和从事本专业科研、生产和工作打下必备的基础。在课程教学中，要把马克思主义立场观点方法的教育与科学精神的培养结合起来，提高学生正确认识问题、分析问题和解决问题的能力；要注重强化学生工程伦理教育，培养学生精益求精的大国工匠精神，激发学生以科技报国的家国情怀和使命担当。

6.2.2　课程思政目标

（1）通过介绍电化学发展史以及电化学专业价值，激发学生以科技报国的家国情怀和爱校、爱专业的热情，使学生投身专业学习、逐梦无悔青春。

（2）在理论知识教学中，通过融入马克思主义方法论和强化工程伦理教育，引导学生树立工程意识和大工程观，培养学生解决复杂工程问题的能力和不畏艰辛、勇于探索的科学精神；在实验教学中，培养学生正确认识、分析和解决问题的能力，提升学生的思辨力和创新力。

（3）结合实际案例，培养学生在电化学相关领域内持续学习、追求卓越的精神；结合典型人物案例，引导学生树立进取精神、担当意识，形成良好的职业素养和职业伦理。

6.2.3 思政元素融入教学知识点计划与安排

6.2.3.1 绪论（2学时）

（1）知识点：电化学科学的研究对象；电化学在实际生活中的应用；电化学的发展简史和发展趋势；电化学基本概念。

（2）思政元素：结合中国元素，挖掘中国科学家对电化学发展的重大贡献，了解他们的科学历程，激励和鼓舞学生的家国情怀和社会责任感。

（3）融入路径：介绍电化学发展史时，引入吴浩青院士的故事，其在耄耋之年仍亲自进行实验，为我国电化学领域培养大批人才。通过事例引导学生认识到职业道德要服从国家利益，个人价值的实现要建立在国家整体利益的基础之上，使学生树立"科学无国界，但科学家有祖国"的家国情怀。

6.2.3.2 电化学热力学（10学时）

（1）知识点：相间电位、电极电位与电化学体系；平衡电极电位与不可逆电极。

（2）思政元素：以相间电位研究为基础，培养学生的科学思维、科学方法以及科学精神，引导学生感知求真求实的科学精神和追求理想的科学品质。

（3）融入路径：在讲解电位形成原因时，引导学生感知求真求实的科学精神和追求理想的科学品质。

6.2.3.3 电极溶液界面的结构与性质（8学时）

（1）知识点：电毛细现象、双电层的微分电容与双电层结构、零电荷电位；电极、溶液界面的吸附现象。

（2）思政元素：采用演绎法，将抽象复杂的问题转变为理想模型加校正的多快好省的处理问题方法，课程教学中灵活应用演绎法，培养学生科学思维方式、方法。

（3）融入路径：以双电层微分电容为例，演示其推导过程。在推导过程中，演示每一步的由来和所依据的科学原理，培养学生科学严谨的逻辑思维方式。

6.2.3.4 电极过程概述（8学时）

（1）知识点：电极的极化现象；电极过程的基本历程和速度控制步骤；电极过程的特性。

（2）思政元素：结合电极过程的实例，培养学生树立与时俱进、终身学习的理念。

（3）融入路径：将计算机技术应用于化工热力学方程的求解过程中，培养学生树立持续学习的理念。

6.2.3.5 液相传质步骤动力学（10学时）

（1）知识点：液相传质的三种方式；稳态扩散过程；浓差计划规律和浓差计划的判别方法；非稳态扩散过程；滴汞电极的扩散电流。

（2）思政元素：在教学过程中，应充分调动学生在学习过程中的探索性和主动性，激发学生的学习兴趣，培养学生的工程意识，提高学生分析和解决实际问题的创新能力。

（3）融入路径：本章涉及计算，在教学过程中，调动学生的探索性和主动性，激发学生的学习兴趣，培养学生的工程意识，提高学生分析和解决实际问题的创新能力。

6.2.3.6 电子转移步骤动力学（10学时）

（1）知识点：电极电位对电子转移步骤反应速度的影响；电子转移步骤的基本动力学参数；稳态电化学极化规律；多电子的电极反应；双电层结构对电化学反应速度的影响；电化学极化与浓差极化共存时的动力学规律。

（2）思政元素：结合实际案例教学，培养学生节能减排及能源资源忧患意识，树立绿色化学理念。

（3）融入路径：以具体的数据说明我国目前的用能状况和用能水平，对环境的影响以及与发达国家之间的差距，让学生树立节约能源，合理用能的意识，提高作为一名工科学生的责任感和使命感。

6.2.4 课程思政参考书目及网站

［1］李荻.电化学原理[M].北京：北京航空航天大学出版社，2008.

［2］高鹏.电化学基础教程[M].北京：化学工业出版社，2013.

［3］《学习强国》学习平台.

6.3 波谱分析课程思政教学指南

6.3.1 课程思政说明

"波谱分析"是应用化学专业的专业必修课（40学时）。波谱分析已经逐渐取代经典的化学分析成为有机化合物等分子结构分析和鉴定的主要手段。在课程教学中，要把马克思主义立场观点方法的教育与科学精神的培养结合起来，提高学生正确认识问题、分析问题和解决问题的能力；要注重激发学生自发学习的动力、吃苦耐劳的精神，培养学生积极向上、不畏困难的探索精神，提高学生的社会责任意识和民族自信，激发学生以科技报国的家国情怀和使命担当。

6.3.2 课程思政目标

（1）在讲授四大波谱基础知识时，通过介绍国内分析仪器的发展情况以及我校化学化工类专业的发展史，激发学生以科技报国的家国情怀和爱校、爱专业的热情，使学生投身专业学习、逐梦无悔青春。

（2）在理论知识教学中，通过融入马克思主义方法论和强化工程伦理教育，引导学生树立工程意识和大工程观，培养学生解决复杂工程问题的能力和不畏艰辛、勇于探索的科学精神；在实验教学中，培养学生正确认识、分析和解决问题的能力，提升学生的思辨力和创新力。

（3）结合工程实际案例，学会化合物分子结构鉴定的波谱分析方法，培养学生在化学化工相关领域内持续学习、追求卓越的精神；结合典型人物案例，引导学生树立进取精神、担当意识，形成良好的职业素养和职业伦理。

6.3.3 思政元素融入教学知识点计划与安排

6.3.3.1 理论教学（32学时）

6.3.3.1.1 绪论（2学时）

（1）知识点：介绍课程的内容、各类方法的特点与作用。

（2）思政元素：科学探索中的使命感、责任感，激发创造创新活力——"技术报国、科技报国"的理想，"为建设中国特色社会主义伟大事业奋斗终身"的坚定信念。

（3）融入路径：引入恰当的科学小故事，体现出结构表征在科学研究中的重要地位；展示优秀的科学家案例，给学生树立学习的榜样，激发学生主动探索的科研精神；讲述科学家们勇于探索、坚持不懈的科研精神，激发学生刻苦学习的动力以及对该课程的学习热情。

6.3.3.1.2 紫外吸收光谱法（6学时）

（1）知识点：紫外光谱法的基本原理；紫外分光光度计结构；各类有机物UV谱；紫外吸收光谱的应用。

（2）思政元素：科学的思维方法、严谨工作态度；家国情怀、政治认同、爱专业；科学探索的使命感、责任感，激发创造创新活力——"技术报国、科技报国"的理想，"为建设中国特色社会主义伟大事业奋斗终身"的坚定信念。

（3）融入路径：从基本定律讲起，介绍相关基础知识在个人职业发展中的重要性和在国家重大战略和关键领域中所起的重要作用；在解决问题过程中激发学生科学的思维方法，提升学生逻辑思辨能力。通过学习仪器的原理、构造等，对我国紫外分光光度计的研发现状进行介绍，列举相关实例，培养学生爱国情怀，为中华民族伟大复兴奉献自己。科学的思维方法和严谨的工作态度——基础学科在国家重大战略及关键领域的重要性。

6.3.3.1.3 红外光谱法（8学时）

（1）知识点：基本原理；影响吸收频率的因素；红外光谱仪及制样技术；各类化合物红外特征吸收；红外谱图解析及应用。

（2）思政元素：树立正确的"世界观、人生观、价值观"；科学探索中的使命感、责任感，激发创造创新活力——"技术报国、科技报国"的理想，"为建设中国特色社会主义伟大事业奋斗终身"的坚定信念。

（3）融入路径：通过红外光谱发展的介绍，使学生们具有爱国主义情怀，认同社会主义核心价值观，坚定党领导人民建设社会主义现代化强国的信念；查阅相关专利和文献，了解红外光谱在生产和生活中的应用；讨论大国间竞争中材料研发的重要性，介绍新材料、新工艺的特点及应用；引导学生对新材料研究与应用的信心。

6.3.3.1.4 质谱分析法（8学时）

（1）知识点：质谱仪的基本结构、工作原理、进样方式、离子源种类；质谱中离子的主要类型；各类有机化合物的质谱；有机质谱的解析及应用。

（2）思政元素：坚定文化自信——树立正确的人生观、价值观；具有社会主义核心价值观——高度的社会责任感，有当代青年的爱国情怀和担当。

（3）融入路径：新冠肺炎疫情来临之际，全国医务工作者奔赴武汉抗疫一线，体现了高度的社会责任感和勇于担当的精神；查阅相关文献、书籍，结合现代报道，列举相关实例，培养学生的爱国情怀。

6.3.3.1.5 核磁共振波谱法（8学时）

（1）知识点：核磁共振的基本原理；化学位移；自旋偶合与自旋分裂；核磁共振波谱的解析。

（2）思政元素：家国情怀、政治认同、爱专业；大国工匠精神——敬业、精益、专注、创新；创新开拓的科学探索精神和国家发展战略——全球视野、勇担当、善创新的时代精神。

（3）融入路径：新药研究与开发，介绍我国新冠肺炎疫苗和药物的研究与开发的情况，为抗疫作出了卓越的贡献。引导学生向这些科研工作者学习，培养学生吃苦耐劳的敬业精神、激励学生勇于创新、开拓进取；让学生感受到中国人民的智慧，增强他们的民族自豪感，引导他们思考和理解"精艺、创新、敬业"的"大国工匠"精神和价值取向。

6.3.3.2 实验教学（8学时）

6.3.3.2.1 紫外可见分光光度计的使用及其校正（2学时）

（1）知识点：紫外光度计的结构、使用、校正方法。

（2）思政元素：安全意识、责任意识——实验安全规范的重要性。

（3）融入路径：实验过程严格遵守实验室的规章制度；在实验过程中，始终把实验安全、操作规范放在重要位置。

6.3.3.2.2 芳香族化合物的鉴定（4学时）

（1）知识点：有机物光谱测定及鉴定分析方法。

（2）思政元素：实事求是、理论联系实际的科学研究精神——"怀疑有如草木之芽，从真理之根萌生"的求实态度和诚信意识。

（3）融入路径：实验过程必须以严谨的科学态度、实事求是的精神对待，包括样品处理、仪器操作、结果分析等方面；理论联系实际，引导学生思考如何鉴定未知有机物。

6.3.3.2.3 红外光谱仪的使用及材料分析（2学时）

（1）知识点：红外光谱测定与红外谱图解析。

（2）思政元素：精益求精、敢于创新——大国工匠精神。

（3）融入路径：鼓励学生设计新的方案，培养学生勇于创新的精神。引导他们思考和理解"精艺、创新、敬业"的"大国工匠"精神和价值取向。

6.3.4　课程思政参考书目及网站

［1］常建华. 波谱原理及解析[M]. 3版. 北京：科学出版社，2012.

［2］邓芹英. 波谱分析教程[M]. 北京：科学出版社，2003.

［3］《学习强国》学习平台.

［4］《人民日报》微信公众号.

［5］沈赤. 课程思政经典案例选编[M]. 杭州：浙江大学出版社，2020.

6.4　涂装工艺学课程思政教学指南

6.4.1　课程思政说明

"涂装工艺学"是应用化学专业的专业限选课（48学时）。通过对该课程的学习，使学生掌握涂料、涂装技术、涂装管理等方面的基础理论知识，理解涂装工艺各工序的具体作用和实施过程，并以此为基础进行涂装工艺设计，以应用于实践，从而为以后的学习、科研、工作打下扎实的基础。把马克思主义立场观点方法的教育与科学精神的培养结合起来，提高学生正确认识问题、分析问题和解决问题的能力；要注重强化学生工程伦理教育，培养学生精益求精的大国工匠精神，激发学生以科技报国的家国情怀和使命担当。

6.4.2　课程思政目标

（1）价值观目标：将教书育人理念贯穿于专业课教学全过程。在讲解涂装工艺技术过程中，不仅讲解工艺过程、工艺规范，更要深入讲解涂装工艺技术的发展历程，以及我国对涂装工艺技术发展的贡献。突出我国在高端制造领域的技术亮点，增强学生的爱国、爱校热情和敬业精神，使学生树立社会主义核心价值观。

（2）科学观目标：在讲解涂装工艺学的过程中，使学生认识到金属表面涂装处理工艺过程所需的学科知识和专业素养，以及科技工作者、工艺技术人员所付出的艰辛努力。培养学生脚踏实地、实事求是的学习、工作作风。同时，在讲解生产工艺过程中，注重学科新发展趋势（自动涂装技术、光固化技术）的介绍，使学生树立科技发展无止境、勇于创新的科学观。

（3）人生观目标：在传授课程知识过程中，使学生熟知涂装技术在制造业中不可替代的地位和作用；对比西方国家在重视科技创新，长期研发投入和技术积累基础上，所取得的一系列技术成果，引导学生把远大抱负落实到实际行动中，落实到中华民族伟大复兴的不懈奋斗中。使学生树立艰苦奋斗、甘于奉献、自觉投身于国家发展和建设的人生观。

（4）绿色环境观目标：在教学过程中，不但要讲解涂装技术发展的关键因素，还要阐述传统涂装工艺所带来的环境问题；培养学生绿色化学和绿色化工理念，提升他们的社会责任感，为建立环境友好、资源节约型社会，实现人类社会可持续发展贡献力量。

6.4.3　思政元素融入教学知识点计划与安排

6.4.3.1　绪论（2学时）

（1）知识点：涂料与涂装的发展历史，中国古代涂料涂装技术的应用。

（2）思政元素：坚定文化自信——树立正确的人生观、价值观。

（3）融入路径：从涂料与涂装的发展历史证明中华文明的历史悠久。涂料涂装在中国的应用追溯到3000年以前。莫高窟的洞穴壁画、马王堆汉墓出土漆器。

6.4.3.2　涂料基本知识（4学时）

（1）知识点：涂料的分类与命名、编号；国际规则、国内规则、行业规则。

（2）思政元素：规范意识、标准意识、依法治国。

（3）融入路径：生产过程中的规范管理和标准化作业是现代企业管理的重要措施之一；社会和国家管理中同样需要规范和制度，即"依法治国"，既规范管理者的管理，也约束公民的行为。

6.4.3.3　涂料品种简介（10学时）

（1）知识点：油脂涂料及天然树脂涂料，桐油和生漆的应用；合成树脂涂料；水性涂料与粉末涂料。

（2）思政元素：大国工匠精神——敬业、精益、专注、创新，湖南湘江涂料于20世纪50年代建立国内第一条万吨醇酸树脂生产线，勇于探索，进行技术攻关，促进我国化工行业飞速进步；绿色发展理念——涂料新产品的研究与生产符合绿色发展理念。

（3）融入路径：涂料在我国又称油漆，是世界上最早运用天然油料、漆料的国家；我国的合成树脂在20世纪50年代引进，落后西方发达国家30年，经后期的吸收、创新，已经实现超越；可持续发展于涂料行业则意味着产品转型，新型环保涂料逐步取代溶剂型涂料，降低VOC排放。

6.4.3.4　漆前表面处理工艺（8学时）

（1）知识点：金属表面的除油工艺，低温环保型除油剂的开发与应用；金属表面除锈工序，弱酸性除锈剂，减少硝酸的使用；钢铁表面的转化膜处理工序，无磷无镍转化膜。

（2）思政元素：节能环保工艺技术推广，实现工业生产，为"绿水青山"而服务。

（3）融入路径：除油除锈工艺逐渐由高温向低温、常温转变；前处理工艺优化节约水洗用水量，循环利用；前处理各类槽液中降低P、N及重金属使用。

6.4.3.5 涂装工艺方法（10学时）

（1）知识点：空气喷涂、静电涂装法、粉末涂装、自动喷涂设备。

（2）思政元素：节能环保工艺技术推广；"以人为本"的发展理念，保护员工健康，提高生产效率，在涂装行业以"工业4.0"的战略目标进行智能制造升级。

（3）融入路径：降低涂装作业过程的VOC排放；从人工喷涂到自动化涂装再到智能化涂装。

6.4.3.6 电泳涂装（4学时）

（1）知识点：电泳涂装的发展概况，国内在20世纪90年代引进日本的电泳涂料生产技术，成立合资企业。

（2）思政元素：以市场换技术，历经引进—吸收—创新。

（3）融入路径：湘江关西是国内电泳涂料及涂装技术的头部企业。

6.4.3.7 漆膜的干燥与固化工艺（2学时）

（1）知识点：涂料的干燥方法及过程（自然干燥、加热干燥、照射固化）。

（2）思政元素：降低能耗，减少碳排放。

（3）融入路径：光固化涂料及其工艺已经广泛应用于地板、家具等木制品以及手机、计算机等电子产品外壳涂装。

6.4.3.8 涂装工艺设计及工艺管理（4学时）

（1）知识点：典型涂装工艺实例，户外钢结构防腐涂装工艺实例。

（2）思政元素：国之重器——重点工程项目。

（3）融入路径：自建桥梁的发展与涂装技术息息相关，武汉长江大桥、南京长江大桥、矮寨大桥、港珠澳大桥这些不同时期、不同类型、不同区域的钢铁桥梁屹立不倒，其防腐和维护主要依靠涂装防腐。

6.4.3.9 涂装管理（2学时）

（1）知识点：涂装原材料管理；涂装过程管理；涂装质量管理。

（2）思政元素：以质量换市场，振兴民族工业。

（3）融入路径：比亚迪、长城等汽车车品牌的崛起，除其配置、设计外，外观的提升功不可没，而车身涂装质量的控制是主要措施。

6.4.3.10 涂装中的"三废"处理（2学时）

（1）知识点：废水、废气、废渣处理。

（2）思政元素：绿色中国，经济发展与社会发展的和谐。

（3）融入路径：越来越严格的废水、废气排放标准，促使工艺和生产设备的升级。

6.4.4 课程思政参考书目及网站

［1］冯立明.涂装工艺学[M].北京：化学工业出版社，2018.

［2］张学敏.涂装工艺学[M].北京：化学工业出版社，2008.

［3］《学习强国》学习平台.

［4］王锡.涂装车间设计手册[M].北京：化学工业出版社，2008.

［5］沈赤.课程思政典型案例选编[M].杭州：浙江大学出版社，2020.

6.5　涂料制造工艺学课程思政教学大纲

6.5.1　课程思政说明

"涂料制造工艺学"是应用化学专业方向限选课（56学时），它是研究涂料的制造原理、工艺配方设计与制造工艺及其性能的一门科学。也是高速发展的科学技术领域不可缺少的一门实用科学技术，在国民经济中占有不可忽视的地位。

本课程教学目的是使学生掌握国内外常用涂料的制造原理、基本制造工艺及其相关基础知识，根据涂料的基本组成和性质，推断出各种涂料的主要品种和主要性能及其在涂装生产中的选择与应用。通过涂料制造工艺理念与专业课程思政教育的结合，寻找切入点，提炼思政要素，可构建新型涂料制造工艺课程体系，并有效提高毕业要求非技术指标的达成度。要注重强化学生工程技能教育，培养学生精益求精的大国工匠精神，激发学生以科技报国的家国情怀和使命担当。

6.5.2　课程思政目标

（1）切实通过完善体制和机制建设，完善和落实激励措施，激励专业教师积极探索专业课思政教育，基于课程思政进行教学内容调整和教学方法改进，使学生的知识、能力和人格协调发展，提高人才培养质量。

（2）结合目前我学院应用化学正在推行的工程应用相关理念，需要在专业课程中推进专业知识、能力培养、职业道德和精神、安全环保意识等多方面的教育能力，结合思政教育培养学生学习兴趣，培养良好的思维习惯和终身学习能力，树立其安全和环保意识，使学生具有爱国主义情怀和职业素养，具备创新意识和严谨的科学精神。

（3）将思政教育有机贯穿于涂料制造工艺学的课程教学中，将涂料工程技术理论教学中蕴含的职业道德素养教育、辩证思维教育、环保意识教育等思政元素，有机融入课程教学中，才能更好地发挥专业课程的育人功能。

6.5.3　思政元素融入教学知识点计划与安排

6.5.3.1　绪论（2学时）

（1）知识点：涂料的组成和作用；涂料产品的种类和命名；涂料工业的特点和发展趋势。

（2）思政元素：教育大学生树立科学的世界观、价值观。

（3）融入路径：在课堂教学中，通过我国涂料企业飞速发展的介绍，使学生具有爱国主义情怀，认同社会主义核心价值观，坚定党领导人民建设社会主义现代化强国的信念。

6.5.3.2　涂膜形成、涂料中的有机化学与高分子化学（6学时）

（1）知识点：涂膜的形成及有关的基本性质；涂料中的有机化学与高分子化学与物理。

（2）思政元素：培养学生的家国情怀和爱国主义精神——老一辈涂料化工科学家的人生履历。科学探索中的使命感、责任感，激发创造创新活力——确立"科技报国"的理想。

（3）融入路径：在课堂教学过程中，选择性地切入我国涂料领域老一辈科学家的感人事迹、突出贡献或杰出成就等，在激发学生对所学知识点产生兴趣的同时，潜移默化地培养学生的家国情怀和爱国主义精神；查阅相关专利和文献，了解关于涂料有机化学和高分子化学与物理要点和难点；讨论凝胶与凝胶点的特点、重要性及应用；引导学生树立学习涂料制造工艺学这门课程的信心，坚定"技术报国、科技报国"的理想。

6.5.3.3　醇酸树脂与聚酯涂料（4学时）

（1）知识点：醇酸树脂涂料用原材料；醇酸树脂结构；醇酸树脂涂料制造工艺；聚酯涂料用原料；聚酯涂料制造工艺。

（2）思政元素：逻辑思维能力和分析问题、解决问题的能力。

（3）融入路径：在醇酸树脂制造、聚酯涂料制备操作授课过程中，从过程研究方法出发，结合解决实际工程问题的过程和步骤，启发学生的思维，抓住过程解决问题的逻辑关系，达到教学要求的逻辑思辨能力的培养目标。

6.5.3.4　氨基树脂涂料（2学时）

（1）知识点：氨基树脂用原料、合成；氨基树脂涂料生产工艺。

（2）思政元素：以史观今，化学工程师的责任和使命担当。

（3）融入路径：在新工科建设背景下，由产业需求调整教学内容，以新技术代替传统技术；以新技术改造传统技术；增加创新性、综合性、研究性内容的比重。

6.5.3.5　聚氨酯涂料（3学时）

（1）知识点：聚氨酯树脂的制备及反应机理、聚氨酯涂料和聚脲涂料的制备工艺。

（2）思政元素：可持续发展、保护环境——树立"绿水青山就是金山银山"责任意识。

（3）融入路径：通过多课程内容重新编排，提高学生运用知识能力的课程内容的占比，突出聚氨酯涂料和聚脲涂料制造的环保意识，引导学生树立可持续发展和保护环境的理念，培养学生解决工程实际问题能力，全面提升学生的涂料制造工程能力。

6.5.3.6　非转化型的溶剂型涂料（3学时）

（1）知识点：介绍几种非转化型溶剂涂料特点及制造工艺。

（2）思政元素：创新开拓的科学探索精神和理论联系实际的能力。

（3）融入路径：对制备非转化型溶剂涂料体系，可以多方案对比，促使学生学会运用知识分析问题，实现知识到应用的连线，进而铺开，从课堂到工程，启发学生提出合理涂料制备，培养学生用所学知识分析问题、理论与应用相联系的能力。

6.5.3.7 丙烯酸树脂涂料（2学时）

（1）知识点：介绍丙烯酸树脂的基本化学反应；原材料和聚合工艺；溶剂型丙烯酸树脂涂料的制造工艺。

（2）思政元素：未来科技在现代涂料工业中的重要作用，高新科技在工业领域建设中的重要地位。

（3）融入路径：能够通过陈述发言和书面表达方式，就丙烯酸树脂及涂料制造的高新技术与涂料同行及社会公众进行有效沟通和交流；通过小组课程PPT汇报体现涂料制造工艺复杂性和高新技术的重要性。

6.5.3.8 环氧树脂涂料（2学时）

（1）知识点：介绍环氧树脂的特点及性质，环氧树脂涂料的固化化学，溶剂型环氧树脂涂、环氧酯涂料、无溶剂环氧树脂涂料原料选择及制造工艺。

（2）思政元素：科学的思维方法和严谨的工作态度。

（3）融入路径：掌握自主学习的方法和拓展知识、提高能力的途径，具备为适应发展而自我提高的能力；思维方法的学习、训练、掌握和运用。

6.5.3.9 有机硅和有机氟树脂涂料（4学时）

（1）知识点：有机硅树脂涂料和有机氟树脂涂的特点及制造工艺。

（2）思政元素：可持续发展的理念——爱护环境，保护生态环境。

（3）融入路径：新型涂料工程技术的蓬勃发展及其在工业中的应用前景，能进一步开拓学生们的视野。教学中，结合这些内容和案例进行讲解，能有效地培养学生们的创新意识，培养学生们认真、严谨的精神，提高学生的环保意识。

6.5.3.10 涂料用溶剂、颜料、助剂（4学时）

（1）知识点：涂料用溶剂、颜料和助剂的性能及选择。

（2）思政元素：坚定文化自信——树立正确的人生观、价值观。

（3）融入路径：结合涂料用助剂的选择，树立正确人生观和价值观，坚定涂料文化自信。

6.5.3.11 色漆的生产工艺（4学时）

（1）知识点：色漆的配方和色漆的生产工艺。

（2）思政元素：大国工匠精神——敬业、精益、专注、创新。

（3）融入路径：结合色漆生产实例，培养学生敬业创新精神，为涂料行业造就大国工匠。

6.5.3.12　水性涂料（8学时）

（1）知识点：水溶性涂料、电泳涂料和乳胶漆的特点和生产工艺。

（2）思政元素：绿色发展理念——涂料新产品的研究与生产符合绿色发展理念。

（3）融入路径：结合水性涂料实例，引导学生形成绿色环保理念，走绿色发展之路。

6.5.3.13　实验一　乳胶漆用乳液的制备（苯丙乳液的制备）（6学时）

（1）知识点：掌握苯丙乳液的合成工艺和操作方法；掌握乳液常规性能的检测方法。

（2）思政元素：安全意识、责任意识。

（3）融入路径：强调乳液合成重要单元操作过程的重要性；强调实验过程中注意自身安全的同时也要注意他人安全，防范风险发生；增强个人在科研工作中处理应对突发状况的能力。

6.5.3.14　实验二　色漆制造工艺实验（色漆生产设备操作的演示、色漆调配演示）（2学时）

（1）知识点：掌握一般涂料色浆的制作工艺；熟悉涂料的分散设备；了解色浆质量的评价方法。

（2）思政元素：时代新人的劳动素养、团队协作精神和节约意识。

（3）融入路径：色漆生产工艺实验课程中涉及单元操作比较多，操作影响因素多，概念性强。在课堂上开展案例教学，改变"满堂灌"的教学模式，提倡"启发式"和"引导式"教学，让学生多思考、多练习，开展课堂讨论；在实验过程中培养学生耐心、细致的工作态度，良好的团队协作精神；不测数据时关闭设备电源，养成节约的良好习惯。

6.5.3.15　实验三　涂料基本性能的检测（4学时）

（1）知识点：了解刮板细度计和涂–4杯的基本原理；掌握刮板细度计和涂–4杯的操作方法和数据的处理。

（2）思政元素：对"责任关怀"教育的积极探索，树立健康、安全、环保责任意识，实现全行业的绿色、健康可持续发展。

（3）融入路径：涂料基本性能检测涉及涂料评价，系统性较强，要求学生切实掌握基本操作方法，使学生树立正确评价观念；引导学生认真执行国家标准，使涂料行业赶超世界先进水平，形成国际话语权。

6.5.4　课程思政参考书目及网站

［1］闫福安. 涂料合成树脂及应用[M]. 北京：化学工业出版社，2020.

［2］陈士杰，虞兆年，等. 涂料工艺[M].（增订本1~6分册）. 北京：化学工业出版社，1996.

［3］洪啸吟，冯汉保. 涂料化学[M]. 北京：科学出版社，1997.

［4］战凤昌，李悦良，等. 专用涂料[M]. 北京：化学工业出版社，1988.

［5］耿耀宗.新型建筑涂料的生产与施工[M].石家庄：河北科学技术出版社，1996.

［6］李肇强.现代涂料的生产与应用[M].北京：化学工业出版社，1996.

［7］《学习强国》学习平台.

［8］《人民日报》微信公众号.

6.6　防护工艺车间设计课程思政教学大纲

6.6.1　课程思政说明

"防护工艺车间设计"分两部分，第一部分为"电镀车间设计"，第二部分为"涂料与涂装车间设计"。"电镀车间设计"是应用化学专业的一门专业限选课（32学时），它是研究电镀车间设计原理、设计方法及车间设备选型与计算的一门学科，研究的内容为电镀车间设计与设备。"涂料与涂装车间设计"是应用化学专业的一门专业任选课，它是研究涂料与涂装设计原理、设计方法及车间设备选型与计算的一门学科，研究的内容为涂料与涂装车间设计与设备。

开设本课程的目的是使学生比较系统地了解防护工艺车间的设计原理、方法和过程，设备的结构和选型与计算，以及车间"三废"治理原理与方法，达到培养可持续发展高级应用型人才的目标。

本课程教学目的是使学生了解和掌握车间设计的原理、方法和设计步骤；掌握车间常用设备的选型与计算方法；结合防护工艺专业知识，确定车间组成和人员配备，合理布置车间平面，达到有效组织车间生产的目的。

通过车间设计理念与专业课程思政教育的结合，寻找切入点，提炼思政要素，可构建新型车间设计课程体系，并有效提高毕业要求非技术指标的达成度。要注重强化学生工程技能教育，培养学生精益求精的大国工匠精神，激发学生以科技报国的家国情怀和使命担当。

6.6.2　课程思政目标

（1）切实通过完善体制和机制建设，完善和落实激励措施，激励专业教师积极探索专业课思政教育，基于课程思政进行教学内容调整和教学方法改进，使学生的知识、能力和人格协调发展，提高人才培养质量。

（2）结合目前我学院应用化学正在进行的工程应用相关理念，需要在专业课程中推进专业知识、能力培养、职业道德和精神、安全环保意识等多方面的教育能力，结合思政教育培养学生学习兴趣，培养良好的思维习惯和终身学习能力，树立其安全和环保意识，使学生具有爱国主义情怀和职业素养，具备创新意识和严谨的科学精神。

（3）将思政教育有机贯穿于防护工艺车间设计的课程教学中，将车间设计理论教学中蕴含的职业道德素养教育、辩证思维教育、环保意识教育等思政元素，有机融入课程教学中，才能更好地发挥专业课程的育人功能。

6.6.3 思政元素融入教学知识点计划与安排

6.6.3.1 绪论（2学时）

（1）知识点：初步设计、技术设计和施工图设计概念与内容。

（2）思政元素："为中华之崛起而读书"的爱国情怀；"锲而不舍、敢为人先"的湖工精神。

（3）融入路径：在课堂教学中，通过防护工艺车间飞速发展的介绍，使学生们具有爱国主义情怀，认同社会主义核心价值观，坚定党领导人民建设社会主义现代化强国的信念。

6.6.3.2 扩大初步设计的编制方法（6学时）

（1）知识点：介绍电镀车间、涂装车间扩大初步设计的编制方法。

（2）思政元素：科学探索中的使命感、责任感，激发创造创新活力，树立"技术报国、科技报国"的理想。

（3）融入路径：了解关于防护工艺车间技术设计要点和难点；掌握车间设备的计算和选择，重要性及应用；引导学生树立正确的设计观点，承担技术报国、科技报国的重任。

6.6.3.3 电镀车间、涂装车间厂房建筑设计（2学时）

（1）知识点：介绍车间建筑与结构的一般设计知识、工艺对建筑的要求、建筑结构的形式与参数。

（2）思政元素：建立正确逻辑思辨能力，树立正确设计思想。

（3）融入路径：建筑厂房设计是百年大计，树立正确设计思想，自觉遵守国家建筑设计标准，以坚定国家制度统一设计思想，启发学生的思维，抓住过程解决问题的逻辑关系，达到教学要求的逻辑思辨能力的培养目标。

6.6.3.4 车间电气设计（2学时）

（1）知识点：介绍电镀车间、涂装车间直流供电和电力与照明。

（2）思政元素：以史观今，化学工程师的责任和使命担当。

（3）融入路径：在新工科建设背景下，将国家重大需求调整融入教学内容，以新技术代替传统技术，以新技术改造传统技术；增加创新性、综合性、研究性内容的比重，建立化学工程师的责任意识和使命担当。

6.6.3.5 车间通风设计（2学时）

（1）知识点：介绍全面排风、局部排风，通风机与通风管道的选择与设计。

（2）思政元素：可持续发展，保护环境。

（3）融入路径：通过多课程内容重新编排，提高学生运用知识能力的课程内容的占比，突出以车间通风设计的重点，提升分析问题、解决问题的能力，引导学生独立思考。培养学生可持续发展，保护环境的理念，全面提升学生的车间设计工程能力。

6.6.3.6　车间给排水设计（2学时）

（1）知识点：介绍车间给水与排水。

（2）思政元素：创新开拓的科学探索精神，建立理论联系实际的模型。

（3）融入路径：结合车间给排水多方案对比，促使学生学会运用知识分析问题，实现知识到应用的连线，进而铺开，从课堂到工程，启发学生提出合理的给排水方案，培养学生用所学知识分析问题、解决问题和理论与应用相联系的能力。

6.6.3.7　电镀车间废水和废气的治理（4学时）

（1）知识点：介绍电镀车间废水和废气的处理方法和处理工艺。

（2）思政元素：可持续发展的理念——爱护环境，建立良好的生态环境，树立"绿水青山就是金山银山"的思想。

（3）融入路径：通过陈述发言和书面表达方式，就电镀车间废水废气治理等复杂工程问题与学生进行有效沟通和交流，要坚持可持续发展理念，优化生态环境。通过小组课程PPT汇报体现电镀废水废气治理工艺复杂性，建立可持续发展理念。

6.6.3.8　涂装工艺设计（4学时）

（1）知识点：涂装方法的确定、涂装的主要工序和涂装工艺过程的拟定。

（2）思政元素：科学的思维方法和严谨的工作态度。

（3）融入路径：掌握自主学习的方法和拓展知识、提高能力的途径，具备为适应发展而自我提高的能力；思维方法的学习、训练、掌握和运用。

6.6.3.9　涂装工艺设备与计算（4学时）

（1）知识点：涂前处理设备与计算、涂漆设备与计算和干燥设备与计算。

（2）思政元素：树立正确的人生观、价值观、可持续发展观。

（3）融入路径：结合具体涂装工艺设计单元，列举实例，融入正确的人生价值观理念，培养学生爱专业，报效祖国的决心。

6.6.3.10　涂装车间平面布置设计和涂装生产线（2学时）

（1）知识点：涂装车间组成和车间平面布置和连续式生产线生产能力的确定。

（2）思政元素：坚定文化自信——树立正确的人生观、价值观。

（3）融入路径：结合车间平面布置和生产线设计，树立车间设计文化自信理念。

6.6.3.11　涂装作业安全与环境保护★（2学时）

（1）知识点：涂装作业安全和涂装作业环境污染及其控制；涂装车间废水废气与废渣处理方法与处理工艺。

（2）思政元素：敬业、精益、专注、创新。

（3）融入路径：结合涂料与涂装安全生产与涂装环境保护，培养学生敬业创新精神，为涂装车间废水废气治理培养人才。

6.6.3.12　涂料车间设计（4学时）

（1）知识点：涂料车间总体设计；涂料生产设备设计。

（2）思政元素：绿色发展理念——涂料新产品的研究与生产符合绿色发展理念。

（3）融入路径：结合环保型涂料车间设计，引导学生形成绿色环保理念，走绿色发展之路。

6.6.4　课程思政参考书目及网站

［1］李金柱.现代表面工程设计手册[M].北京：国防工业出版社，2000.

［2］张允诚.电镀手册[M].北京：国防工业出版社，2016.

［3］肖鑫，钟萍.电镀实用工艺守则[M].北京：机械工业出版社，2010.

［4］《学习强国》学习平台.

［5］《人民日报》微信公众号.

6.7　金属腐蚀理论与应用课程思政教学指南

6.7.1　课程思政说明

"金属腐蚀理论与应用"是应用化学方向专业的专业必修课（40学时），它包括了理论教学与实验教学两部分。本课程的主要任务是讨论电化学腐蚀理论，使学生掌握金属腐蚀的基本原理，了解金属在各种条件下的腐蚀及防止金属腐蚀的各种方法。在课程教学中，要把马克思主义立场观点方法的教育与科学精神的培养结合起来，提高学生正确认识问题、分析问题和解决问题的能力；要注重强化学生工程伦理教育，培养学生精益求精的大国工匠精神，激发学生以科技报国的家国情怀和使命担当。培养学生遵守标准规范的职业素养，创新、绿色、安全化工的理念，树立化工生产"安全至上，生态和谐"的意识。

6.7.2　课程思政目标

（1）在理论知识教学中，通过融入马克思主义方法论和强化工程伦理教育，引导学生树立工程意识和大工程观，培养学生解决复杂工程问题的能力和不畏艰辛、勇于探索的科学精神；在实验教学中，培养学生正确认识、分析和解决问题的能力，提升学生的思辨力和创新力。

（2）结合工程实际案例，培养学生遵守标准规范的职业素养，创新、绿色、安全化工的理念，树立化工生产"安全至上，生态和谐"的意识。

6.7.3 思政元素融入教学知识点计划与安排

6.7.3.1 绪论（4学时）

（1）知识点：腐蚀的概念；腐蚀的分类；腐蚀的危害。

（2）思政元素：家国情怀、职业素养——坚定爱国、爱校、爱专业和培养科学精神。

（3）融入路径：防腐蚀在工业领域的作用；我国防腐蚀工作的发展历程和成就；腐蚀对于我们生产生活的危害及防腐蚀措施。

6.7.3.2 金属电化学腐蚀倾向的判断（8学时）

（1）知识点：熟悉并掌握金属的电极电位、电位—pH平衡图等；腐蚀原电池、腐蚀控制类型。

（2）思政元素：培养学生工程应用的能力，培养学生理论联系实际的能力。育人主题——环保意识、科学精神、工匠精神、价值主题；激发学生的民族自豪感，培养学生科学精神和创新意识，培养学生工程应用能力。育人主题——科学精神、工匠精神、价值主题。

（3）融入路径：①引出课堂知识——案例分析。首先通过金属腐蚀的真实图片，带领大家认识本门课程，介绍完本门课程主要内容后，通过图片内容，分析如何降低腐蚀倾向，增强材料使用的耐久性。问题：试分析如何降低腐蚀？②通过实验视频引出材料腐蚀的概念。从腐蚀的概念出发，向学生讲述目前国家超过耐蚀合金的加工工艺和性能，激发学生爱国主义情怀和民族自豪感。③引出课堂知识——分析问题。举例说明你见过的生活中的腐蚀现象？通过问题的分析引入腐蚀的概念，培养学生理论结合实际分析问题的能力。④腐蚀的分类及防腐生活中常见的腐蚀为电化学腐蚀。比如铁器和铜器的腐蚀，引入实际案例，进一步加深学生对知识的理解程度，培养其理论联系实际分析问题的能力。

6.7.3.3 电化学腐蚀动力学（8学时）

（1）知识点：掌握腐蚀速度与极化作用、极化曲线；理解电化学极化、浓差极化、电阻极化。

（2）思政元素：培养学生养成安全意识，培养学生的科学精神和创新意识。育人主题——科学精神、工匠精神、价值主题；培养学生实事求是的工作作风和吃苦耐劳的精神。育人主题——科学精神、工匠精神、价值主题。

（3）融入路径：①引出课堂知识——案例分析。首先通过引入港珠澳大桥的防腐蚀案例，让学生分析大桥的防腐蚀方案，让学生自主讨论。结合因腐蚀发生引起的事故，分析该事故对社会、对公司以及对个人带来的影响，和该事故对于我们的启示。通过提问的方式，吸引学生的注意力，培养学生分析问题的能力，培养学生爱岗敬业、遵守规章制度，严格按照技术规范进行操作，严禁超过工艺规程允许范围运行的意识。②查阅相关文献、书籍，结合现代报道，列举相关实例，培养学生爱国情怀，为民族复兴奉献自己。

6.7.3.4　析氢腐蚀与吸氧腐蚀（6学时）

（1）知识点：掌握电化学腐蚀的阴极过程；氢去极化腐蚀；氧去极化腐蚀。

（2）思政元素：培养学生养成责任意识，培养学生的科学精神；育人主题——科学精神、工匠精神、价值主题。

（3）融入路径：①引出课堂知识——案例分析。通过引入海船吃水线附件的腐蚀情况分析，由学生自发讨论腐蚀情况。进一步强调轮船设计安全的重要性，培养学生的安全意识，引入吸氧腐蚀的概念。②设计准则和强度设计，外压容器设计具有两种方法：一种是理论计算法，另一种是图算法。通过此部分的讲解，让学生熟知学习知识并不仅仅是为了毕业，是为了真正掌握知识，人在每一个场所下都是具有初心和使命的。我们学习的初心就是学有所用、学有所思、学有所值。希望每位同学都能不忘初心，牢记使命。在掌握基础知识的基础上，力求实现突破常规，寻求创新。

6.7.3.5　金属的钝化（6学时）

（1）知识点：了解钝化的作用，理解钝化的原理。

（2）思政元素：通过钝化原理的讲解，告诫学生要全面地分析问题，自然地达到思政育人的效果；思政育人目标——培养学生辩证思维；育人主题——科学精神、工匠精神、价值主题。

（3）融入路径：不锈钢是怎么发现的，在我们生活中的应用范围等，以我国钢材产量世界第一激发学生的民族自豪感，另外也启示学生，要培养工匠精神；通过引入航天航空用钢，展现国家成就以及大国工匠精神，作为学习化学工程与工艺的学生，设计符合工艺要求的化工容器更需要这种精神，以此激发注重学生培养敬业精神。

6.7.3.6　局部腐蚀（8学时）

（1）知识点：理解电偶腐蚀、小孔腐蚀。

（2）思政元素：通过各类腐蚀类型的讲解，告诫学生要全面地分析问题，自然地达到思政育人的效果；思政育人目标——培养学生辩证思维。

（3）融入路径：结合腐蚀事故的发生，培养学生的职业道德；各类腐蚀之间的相互联系，给学生讲解联系与发展的观点。

6.7.4　课程思政参考书目及网站

［1］龚敏.金属腐蚀理论及腐蚀控制[M].北京：化学工业出版社，2008.

［2］《学习强国》学习平台.

［3］《化工707》微信公众号.

［4］沈赤.课程思政典型案例选编[M].杭州：浙江大学出版社，2020.

6.8　表面工程学课程思政教学指南

6.8.1　课程思政说明

"表面工程学"是应用化学专业的专业必修课（32学时）。通过课程的教学，使学生能掌握表面淬火、表面形变强化、热扩渗、热喷涂、堆焊、电刷镀、气相沉积等表面处理技术的原理、工艺内容、应用领域等内容，了解高能束表面改性技术和表面微细加工技术及其他表面工程技术，从而为以后的学习、科研、工作打下扎实的基础。把马克思主义立场观点方法的教育与科学精神的培养结合起来，提高学生正确认识问题、分析问题和解决问题的能力；要注重强化学生工程伦理教育，培养学生精益求精的大国工匠精神，激发学生以科技报国的家国情怀和使命担当。

6.8.2　课程思政目标

（1）价值观目标：将教书育人理念贯穿于专业课教学全过程。在讲解各种表面处理工艺过程中，不仅要讲解其工艺原理、特点、应用，更要深入讲解早期国外技术制约工艺技术变革的状况，以及我国科学家通过科技创新、突破技术瓶颈，实现工艺创新和完善的过程。突出我国在表面处理的技术亮点，增强学生的爱国、爱校热情和敬业精神，使学生树立社会主义核心价值观。

（2）科学观目标：在讲解各种表面处理工艺技术过程中，使学生认识到金属表面处理工艺过程所需的学科知识和专业素养，以及科技工作者、工艺技术人员所付出的艰辛努力。培养学生脚踏实地、实事求是的学习、工作作风。同时，在讲解过程中，注重学科新发展趋势（如气相沉积技术、等离子体表面加工技术）的介绍，使学生树立科技发展无止境、勇于创新的科学观。

（3）人生观目标：在传授课程知识过程中，使学生熟知表面处理技术在国民经济中不可替代的地位和作用；对比西方国家在重视科技创新，长期研发投入和技术积累基础上，所取得的一系列技术成果，引导学生把远大抱负落实到实际行动中，落实到中华民族伟大复兴的不懈奋斗中。使学生树立艰苦奋斗、甘于奉献、自觉投身于国家发展和建设的人生观。

（4）绿色环境观目标：在教学过程中，不但要讲解现代表面处理技术的先进性，还要阐述传统工艺技术所带来的环境问题；培养学生绿色化学和绿色加工理念，提升他们的社会责任感，为建立环境友好、资源节约型社会，实现人类社会可持续发展贡献力量。

6.8.3　思政元素融入教学知识点计划与安排

6.8.3.1　绪论（2学时）

（1）知识点：表面工程技术的特点与意义及其对工农业生产的价值。

（2）思政元素：爱国爱校爱专业——讲述发展表面工程技术的战略意义；讲述国内与西方国家生产技术差别，结合智能制造的需求趋势。

（3）融入路径：增强学生对应用化学专业的认同感和自信心，使学生积极学习、奋发向上；培养学生的时代责任感和紧迫感，引导学生学好专业知识、专业技能，志存高远，积极投身于我国表面处理行业，为我国新型制造业发展作出贡献；结合我院研究开发表面处理新技术，引导学生在表面处理工艺研究中发挥积极作用。

6.8.3.2　表面淬火和表面形变强化技术（2学时）

（1）知识点：表面淬火技术；我国古代的冶炼历史。

（2）思政元素：中华文明的历史传承。

（3）融入路径：从表面淬火技术引入中国古代的冶炼技术（如青铜器制造、越王勾践剑）。

6.8.3.3　热扩渗（2学时）

（1）知识点：热扩渗技术；高硬度金属的研究与制造。

（2）思政元素：军工材料的自主研发，增强自强自信理念。

（3）融入路径：株洲硬质合金厂利用热扩渗技术为航空发动机开发硬质合金材料。

6.8.3.4　热喷涂、喷焊与堆焊技术（3学时）

（1）知识点：热喷涂技术。

（2）思政元素：工程建设的可持续发展。

（3）融入路径：将热喷涂技术用于户外钢结构防护来延长其使用寿命，减少原材料消耗。

6.8.3.5　电刷镀技术（3学时）

（1）知识点：电刷镀技术的应用，对关键零配件的修复。

（2）思政元素：自力更生、艰苦奋斗。

（3）融入路径：沈阳某企业引进瑞典设备，因主轴承磨损产生偏差需更换，为节约外汇，采用电刷镀技术修复。

6.8.3.6　气相沉积技术（4学时）

（1）知识点：物理气相沉积。

（2）思政元素：工业生产领域推行节能环保，打造绿水青山。

（3）融入路径：物理气相沉积替代高污染的电镀工艺制备金属表面镀层，在电子元件制造中被广泛应用。

6.8.3.7　高能束表面改性技术（4学时）

（1）知识点：激光束表面改性技术；光刻技术在微电子产业的应用。

（2）思政元素：摆脱西方的技术封锁，科技兴国。

（3）融入路径：荷兰阿斯曼作为世界级的光刻机供应商，不对中国提供产品。中芯国际和上海微电子所等国内企业已经自主研发了28nm的光刻机。

6.8.3.8 表面微细加工技术（2学时）

（1）知识点：纳米工艺；纳米材料。

（2）思政元素：面向21世纪的技术革命是当代科技工作者的使命担当。

（3）融入路径：利用纳米技术制备金属陶瓷复合材料，具有耐高温、耐腐蚀、高硬度等特性，在国内已经应用到刀具、模具等。

6.8.3.9 其他表面工程技术（2学时）

（1）知识点：搪瓷涂覆技术。

（2）思政元素：服务于生产和生活同样重要，国计民生。

（3）融入路径：民用搪瓷产品和工业搪瓷产品，如搪瓷盆、碗；搪瓷反应釜、搪瓷内衬。

6.8.3.10 实验一 涂层耐蚀性试验（4学时）

（1）知识点：耐蚀性试验。

（2）思政元素：实事求是、理论联系实际的科学研究精神——诚信意识。

（3）融入路径：实验过程必须以严谨的科学态度、实事求是的精神对待，包括实验操作、数据的处理等方面；理论联系实际，引导学生思考如果该实验在工业化生产中又应怎样进行。

6.8.3.11 实验二 涂膜法制备片状二氧化钛粉末（4学时）

（1）知识点：耐蚀性试验。

（2）思政元素：精益求精、敢于创新——大国工匠精神。

（3）融入路径：在二氧化钛分散液的配制过程中，首先老师提供经典的配方方案，再鼓励学生设计新的配方方案，培养学生勇于创新的精神。

6.8.4 课程思政参考书目及网站

［1］曾晓雁.表面工程学[M].北京：机械工业出版社，2018.

［2］姜银方.现代表面工程技术[M].北京：化学工业出版社，2014.

［3］《学习强国》学习平台.

［4］刘光明.表面处理技术概论[M].北京：化学工业出版社，2011.

［5］沈赤.课程思政典型案例选编[M].杭州：浙江大学出版社，2020.

6.9 色谱分析课程思政教学指南

6.9.1 课程思政说明

"色谱分析"是应用化学专业的专业必修课（40学时）。在课程教学中，要把马克思主义立场观点方法的教育与科学精神的培养结合起来，提高学生正确认识问题、分析问题和解决问题的能力；要注重强化学生工程伦理教育，培养学生精益求精的大国工匠精神，激发学生以科技报国的家国情怀和使命担当。

6.9.2　课程思政目标

（1）通过介绍仪器分析和色谱分析发展史，特别引入我校分析方向的发展史，激发学生以科技报国的家国情怀和爱校、爱专业的热情，使学生投身专业学习、逐梦无悔青春。

（2）在理论和实验教学中，通过人文关怀和科学素养的培养，哲学思维和环保意识的合理融入，培养学生解决复杂工程问题的能力和不畏艰辛、勇于探索的科学精神，培养学生正确认识、分析和解决问题的能力。

（3）结合企业和社会实际案例，培养学生在化学化工、分析检测相关领域内持续学习、追求卓越的精神；结合典型人物案例，引导学生树立进取精神、担当意识，形成良好的职业素养和职业精神。

6.9.3　思政元素融入教学知识点计划与安排

6.9.3.1　理论教学（24学时）

6.9.3.1.1　绪论、基本理论（4学时）

（1）知识点：色谱法特点和分类；色谱分离基本原理；分配系数K，分配比K，保留值，相对保留值，保留指数，柱效能（n，H），分离度R；塔板理论，速率理论。

（2）思政元素：科学研究中蕴含的创新意识、客观严谨的科学态度和开拓进取的科研精神；正确的世界观和价值观。

（3）融入路径：茨维特植物色素分离实验；由三聚氰胺事件（毒奶粉事件）引入食品安全问题。

6.9.3.1.2　定性和定量分析（2学时）

（1）知识点：色谱定性、定量的方法并进行相应的计算。

（2）思政元素：提高学生的个人品德、社会公德以及职业道德。

（3）融入路径：引导学生认识到检测分析人员的社会责任感与使命感，教育学生以后在从事食品、药品的检测分析或环境监测的相关工作中，要热爱自己的职业，诚实工作、遵守承诺，坚守道德和法律的底线，做到科学、公平、公正。在课堂教学中教育学生要做一个有良知、讲正义的检测分析人员、尽职尽责地努力把住食品、药品、环境安全关。

6.9.3.1.3　气相色谱法（6学时）

（1）知识点：气相色谱仪的组成；常用检测器；GC固定相；GC分离操作条件的选择；程序升温；毛细管气相色谱法；裂解气相色谱。

（2）思政元素：社会主义生态文明、持续发展；现代仪器分析已高度综合，是知识创新和技术创新的前提和研究的主体内容之一。

（3）融入路径：采用色谱法、气质联用技术（GC-MS）对环境中氟氯烃类气体以及有机农药的测定；色谱—质谱联用技术是典型的两种以上仪器的联合使用，联用技术的开展有效克服了单种技术应用的局限性，实现了更快、更有效地分离和分析技术及方法。

6.9.3.1.4　高效液相色谱法（6学时）

（1）知识点：HPLC色谱法的特点；液相色谱仪的基本结构及基本概念；高效液相色谱的固定相和流动相；梯度洗脱；HPLC方法的分离原理；色谱方法的选择及应用。

（2）思政元素：开展爱国主义教育，传递民族自信心和自豪感；道德观及价值观教育。

（3）融入路径：由屠呦呦及青蒿素引入诺贝尔奖就在你身边，液相色谱仪测定青蒿素含量；2015年"3·15"打假活动视频＋网页新闻，以萝卜根粘草根冒充万元野山参引入中药材质量问题。

6.9.3.1.5　离子色谱法（2学时）

（1）知识点：离子色谱基本原理和特点；离子色谱仪结构；样品处理和分析、应用。

（2）思政元素：科学思想和创新意识。

（3）融入路径：教师应注重前后内容的连续性和延续性，引导学生意识到方法创新是分析仪器发展的源泉，看似越来越先进、越来越高端的仪器设备，很多时候都是在原有仪器设备的基础上稍加改进诞生的。离子色谱就是在液相色谱基础上发展起来的一种方法，是应用新工具、新方法，并以之解决新问题的典型实例。

6.9.3.1.6　薄层色谱（2学时）

（1）知识点：薄层色谱的原理和应用；薄层色谱实验方法；薄层色谱定性和定量方法。

（2）思政元素：分析测试在社会服务中的重要作用，提高学生们遵纪守法的意识。

（3）融入路径：2005年的苏丹红和孔雀石事件；2008年的三聚氰胺事件；2010年的地沟油事件；2011年的塑化剂事件。

6.9.3.1.7　毛细管电泳（2学时）

（1）知识点：毛细管电泳原理、分离和应用。

（2）思政元素：做科学研究，既需要有脚踏实地、锲而不舍的精神，又需要具备正确认识问题、分析问题和解决问题的能力。

（3）融入路径：电泳现象发现于1807年，直到1937年，阿尔内·蒂塞利乌斯将电泳技术运用于血清蛋白的分离，开创了现代电泳的研究；1967年，推进了电泳向毛细管电泳方向发展；随后，毛细管电泳技术被成功应用于人类基因组学计划。

6.9.3.2　实验教学（16学时）

6.9.3.2.1　气相色谱仪基本操作和使用方法（3学时）

（1）知识点：气相色谱仪基本构造和基本操作方法；毛细管柱基本性能评价指标测

定与计算；色谱工作站使用方法；纯物对照定性和归一化法定量。

（2）思政元素：细心操作、遇事冷静、认真分析、灵活运用。

（3）融入路径：运用实例强调安全的重要性，强调用电安全；强调用电、用气安全，禁止学生在实验室抽烟。

6.9.3.2.2　苯系物的气相色谱分析（3学时）

（1）知识点：气相色谱分离原理和外标定量方法；环境污染物中苯系物的分析方法。

（2）思政元素：经济发展带来的生态环境恶化和严重破坏越来越引起人们的关注。倡导绿色化学课堂，根植环保意识，培养学生守护家园的社会责任感。

（3）融入路径：在实验教学中如何使环保、绿色的理念体现在课堂上，根植于学生的头脑中是值得思考的问题之一；现代仪器分析方法相对传统的化学分析，试剂用量已大幅减少；应考虑实验方案中药品毒性和投加剂量及废液的集中回收。

6.9.3.2.3　苯、萘、菲的HPLC分析（3学时）

（1）知识点：反相色谱的优点及应用；面积归一法分析方法。

（2）思政元素：培养学生实事求是，一丝不苟的科学品质和良好的职业道德。

（3）融入路径：分析化学强调"量"的概念，要求学生实验最少重复三次，相对平均偏差要低于0.02%。如果实验数据不能达到要求，则需要重新实验直到符合要求。

6.9.3.2.4　咖啡因的HPLC分析和收集（3学时）

（1）知识点：Waters液相色谱操作方法；咖啡因的提取方法；复杂样品中各组分的收集和纯化方法。

（2）思政元素：质疑精神、探究与创新精神和团队协作精神。

（3）融入路径：以设计性实验为载体，激发敢于尝试的创新精神和勇于批判的质疑精神，样品前处理阶段，"基于水和乙醇都是极性溶剂的共性，何不尝试下它们的提取效果有什么不同？"除了采用文献检索的95%乙醇为溶剂提取法外，还尝试不同比例的乙醇水溶液提取法。

6.9.3.2.5　自来水中阴离子的分析（2学时）

（1）知识点：离子色谱仪分离原理、基本构造和基本操作方法；无机阴离子的定性定量方法。

（2）思政元素：通过试剂的使用量和废液的处置回收讲解，渗透环保意识，培养厉行节约、绿色环保的素质。

（3）融入路径：习近平总书记曾经指出"绿水青山就是金山银山"。在教学中，要不断向学生渗透环保意识，让学生了解拥有美好的环境是人民向往美好生活的一部分。在具体分析实验中，注意有毒有害试剂在使用后要科学规范处置。安全问题关系着千家万户。

6.9.3.2.6　薄层色谱分离鉴定有机化合物（2学时）

（1）知识点：薄层色谱法的基本原理；薄层色谱法的基本操作。

（2）思政元素：设计主要以克服困难、实事求是为价值导向，引导学生体会探索科研问题时的艰辛，分享他们成功的喜悦和失败的苦恼，关注他们的科学态度和价值取向，引导学生坚定不畏困难、解决问题的决心和实事求是的诚信原则。

（3）融入路径：本实验操作要求高，学生实验操作不规范，得到的数据准确度和精密度均不好。这种情况下，学生会有挫败感，产生沮丧和不耐烦的情绪。为了得到满意的实验结果，部分学生不愿意不断试错，却想着投机取巧，篡改数据。

6.9.4　课程思政参考书目及网站

［1］苏立强.色谱分析法[M].2版.重庆：重庆大学出版社，2017.

［2］张绍衡.色谱分析[M].重庆：重庆大学出版社，2004.

［3］卢佩章，戴朝政.色谱理论基础[M].北京：科学出版社，2016.

［4］商登喜.气相色谱仪的原理及应用[M].北京：高等教育出版社，2014.

［5］吴宁生，顾光华.高效液相色谱[M].合肥：中国科技大学出版社，2002.

［6］何金兰，扬克让，李小戈.仪器分析原理[M].北京：科学出版社，2012.

［7］《学习强国》学习平台.

［8］沈赤.课程思政典型案例选编[M].杭州：浙江大学出版社，2020.

6.10　电化学分析课程思政教学指南

6.10.1　课程思政说明

"电化学分析"是应用化学专业的专业必修课（40学时）。在课程教学中，要把马克思主义立场观点方法的教育与科学精神的培养结合起来，提高学生正确认识问题、分析问题和解决问题的能力；要注重强化学生工程伦理教育，培养学生精益求精的大国工匠精神，激发学生以科技报国的家国情怀和使命担当。

6.10.2　课程思政目标

（1）通过介绍仪器分析和电化学分析发展史，特别引入我校分析方向的发展史，激发学生以科技报国的家国情怀和爱校、爱专业的热情，使学生投身专业学习、逐梦无悔青春。

（2）在理论和实验教学中，通过人文关怀和科学素养的培养，哲学思维和环保意识的合理融入，培养学生解决复杂工程问题的能力和不畏艰辛、勇于探索的科学精神，培养学生正确认识、分析和解决问题的能力。

（3）结合企业和社会实际案例，培养学生在化学化工、分析检测相关领域内持续学习、追求卓越的精神；结合典型人物案例，引导学生树立进取精神、担当意识，形成良好的职业素养和职业伦理。

6.10.3　思政元素融入教学知识点计划与安排

6.10.3.1　理论教学（24学时）

6.10.3.1.1　基本理论（4学时）

（1）知识点：电化学分析法的分类及特点；电极的种类；电化学电池的构成及表示方法；电极电位；极化及过电位；Nernst公式；电化学及热力学计算；法拉第定律和电流效率。

（2）思政元素：化学电池在现代社会生活中发挥着重要的作用；人们对电池的充电速度、存电能力、安全性和环保性的要求越来越高。

（3）融入路径：通过阐述化学电池的重要性，引导学生学习并掌握"电池种类""电池工作原理"以及"电极材料"等知识要点；通过课堂教学，让学生充分认识到作为一个化学专业的学生，在享受化学电源所带来的便捷生活的同时，有必要多了解一些国内电池行业及相关产业的发展前景，提高利用科技力量服务社会的意识。

6.10.3.1.2　电导分析法（2学时）

（1）知识点：电导、电导率、摩尔电导率、极限摩尔电导率；离子独立运动定律及计算；电导的测量方法和相应的仪器；直接电导分析法和电导滴定法的原理和应用。

（2）思政元素：电分析化学在生命科学、环境保护、医疗卫生、航空航天等领域的应用与挑战。

（3）融入路径：了解包括电分析化学在内的仪器分析学习的意义及广泛应用，意识到分析化学人身上的责任感与使命感。

6.10.3.1.3　电位分析法（6学时）

（1）知识点：电位分析法的基本原理；电位分析法用的电极及电池种类；离子选择性电极的结构和响应机理，离子选择性电极的性能指标；直接电位分析法的定量分析方法和电位滴定法的原理和应用。

（2）思政元素：主要矛盾和次要矛盾的关系以及具体问题具体分析的观点。

（3）融入路径：在采用离子选择电极法测定水中含氟量的实验中，为什么要采用总离子强度缓冲液？而总离子强度缓冲液又包含哪些成分？起到什么样的作用？这些问题的解决都需要从电极电位的公式中的 K 值的判断和离子活度与浓度之间的关系上来分析；而总离子强度缓冲液的组成则涉及如何消除主要干扰，并充分考虑离子测定时的状态，以保证离子浓度测定的准确性。

6.10.3.1.4　电解分析法及库仑分析法（4学时）

（1）知识点：电解过程的基本原理及主要影响因素；控制电位电解分析的基本原理和特点；控制电流库仑分析的基本原理和特点；汞阴极电解分离法的原理及应用。

（2）思政元素：由主反应和副反应的关系，理解主要矛盾和次要矛盾的关系以及具体问题具体分析的观点。

（3）融入路径：通过讲解各种分析原理以及讲述各种分析方法和发展历程，来培养学生尊重事实、理性分析、客观推理的唯物主义精神。

6.10.3.1.5　极谱与伏安分析法（8学时）

（1）知识点：极谱分析法的基本原理和特点；尤考维奇方程式；影响扩散电流的因素；干扰电流及消除方法；极谱底液的组成及选择原则；极谱定量分析方法和应用；极谱波方程式和半波电位；极谱催化波、方波极谱和脉冲极谱；溶出伏安法；循环伏安法原理和应用。

（2）思政元素：内因和外因的关系在电分析化学的教学中有适当体现。用某种仪器分析方法对某物质进行检测时，其固有的方法缺陷是影响其检出限和灵敏度的最根本的原因，我们可以通过一定的手段提高但是并不能解决根本问题。

（3）融入路径：在极谱分析中，由于滴汞电极上充电电流的影响，会直接影响其灵敏度，只能测到 10^{-6} mol/L 的水平，这是由于充电电流的大小与该浓度的扩散电流的大小相近，所以会被充电电流掩盖；通过改变电压的施加方式，通过单扫描、脉冲、方波等改善其检出限，同时提高其分辨能力。

6.10.3.2　实验教学（16学时）

6.10.3.2.1　用 F^- 选择性电极测定水中氟（2学时）

（1）知识点：直接电位法的测定原理；氟离子选择性电极和酸度计使用方法。

（2）思政元素：细心操作，遇事冷静，认真分析，灵活运用。

（3）融入路径：运用实例强调安全的重要性，强调用电安全；强调用电、用气安全，禁止学生在实验室抽烟。

6.10.3.2.2　自动电位滴定法测定水中 Cl^- 和 I^- 的含量（2学时）

（1）知识点：自动电位滴定仪的测定原理及实验方法；Cl^- 和 I^- 的含量测定方法。

（2）思政元素：培养学生的发散思维和团队协作精神。分析实验中滴定终点的判断，除了前期课程中使用的指示剂外，还可有哪些方式？这些方式是如何实现的？它们与指示剂法有哪些区别和联系？它们所用的原理涉及哪些学科知识？

（3）融入路径：让学生自己动手，搭建测量仪器，在实验过程中体会学科交叉在科研中的应用，锻炼学生的发散性思维。而在搭建仪器的过程中，本专题设计由两人协同分工，合作完成，从而达到锻炼学生团队合作能力、沟通协调能力的效果。

6.10.3.2.3　电位滴定法测定弱酸离解常数（3学时）

（1）知识点：电位滴定的基本操作和滴定终点的计算方法；测定弱酸常数的原理和方法。

（2）思政元素：培养劳动素养、团队协作精神和节约意识。

（3）融入路径：数据的记录需要同学之间的协作，强调团队精神；溶液回收利用，培养节约意识；鼓励学生在实验过程中多思考多探索，具有怀疑和批判精神。

6.10.3.2.4 控制阴极电位电解法测定铜合金中的铜（3学时）

（1）知识点：恒电流电解法的理论知识；应用恒电流电解法测定铜或铜合金中铜的分析方法；使用金属元素电解分析仪或自行安装恒电流电解分析装置。

（2）思政元素：环保意识；克己守法的规则意识。

（3）融入路径："绿水青山就是金山银山"的内涵。

6.10.3.2.5 单扫描示波极谱法测定水中的微量镉（2学时）

（1）知识点：单扫描示波极谱法的基本原理和特点；JP—303极谱仪的基本操作方法。

（2）思政元素：遵守实验室的安全规则；实验室"三废"按标准回收和排放。

（3）融入路径：测定水中的微量镉实验，涉及电化学分析在水质监测中的实际应用，这是一个强化学生环保意识的重要契机；讲述美国拉夫运河污染事件。

6.10.3.2.6 极谱催化波测定痕量钼（2学时）

（1）知识点：平行催化波原理；过痕量钼的极谱催化波的测定方法。

（2）思政元素：培养学生实事求是、一丝不苟的科学品质和良好的职业道德。

（3）融入路径：分析化学强调"量"的概念，要求学生实验最少重复三次，相对平均偏差要低于0.02%。如果实验数据不能达到要求，需要重新实验直到符合要求。

6.10.3.2.7 亚铁氰化钾的循环伏安法分析（2学时）

（1）知识点：循环伏安法原理和应用。

（2）思政元素：环境保护要从点点滴滴做起，增强环境保护意识。

（3）融入路径：实验过程中产生的"三废"要按照规定合理处置或回收；实验过程中试剂要节约使用，减少"三废"的排放；实验过程要细心，减少由于操作错误造成的实验重复，从而减少试剂的使用。

6.10.4 课程思政参考书目及网站

［1］张绍衡. 电分析化学[M]. 重庆：重庆大学出版社，2012.

［2］朱明华. 仪器分析[M]. 3版. 北京：高等教育出版社，2014.

［3］叶宪曾，张新祥. 仪器分析教程[M]. 2版. 北京：北京大学出版社，2012.

［4］何金兰，杨克让，李小戈. 仪器分析原理[M]. 北京：科学出版社，2012.

［5］《学习强国》学习平台.

［6］沈赤. 课程思政典型案例选编[M]. 杭州：浙江大学出版社，2020.

6.11 光化学分析课程思政教学指南

6.11.1 课程思政说明

"光化学分析"是应用化学专业分析技术方向的专业必修课（64学时）。根据目前我国光化学分析法及光化学分析仪器发展的现状，本课程重点讲授紫外—可见吸收光谱法、原子吸收光谱法、发射光谱法、分子发光分析法等内容。在课程教学中，要把马克思主义立场观点方法的教育与科学精神的培养结合起来，提高学生正确认识问题、分析问题和解决问题的能力；要注重激发学生自发学习的动力、吃苦耐劳的精神，培养学生积极向上、不畏困难的探索精神，提高学生的社会责任意识、民族自信，激发学生以科技报国的家国情怀和使命担当。

6.11.2 课程思政目标

（1）在讲授光化学分析基础知识时，通过介绍国内外光化学分析仪器的发展情况以及我校应用化学专业分析技术方向的发展史，激发学生以科技报国的家国情怀和爱校、爱专业的热情，使学生投身专业学习、逐梦无悔青春。

（2）在理论知识教学中，通过融入马克思主义方法论和强化工程伦理教育，引导学生树立工程意识和大工程观，培养解决复杂工程问题的能力和不畏艰辛、勇于探索的科学精神；在实验教学中，培养学生正确认识、分析和解决问题的能力，提升学生的思辨力和创新力。

（3）结合工程实际案例，学会各类光化学分析测试的方法，培养学生在分析测试相关领域内持续学习，追求卓越的精神；结合典型人物案例，引导学生树立进取精神、担当意识，形成良好的职业素养和职业伦理。

6.11.3 思政元素融入教学知识点计划与安排

6.11.3.1 理论教学（32学时）

6.11.3.1.1 绪论（2学时）

（1）知识点：介绍课程的内容、各类方法的特点与作用。

（2）思政元素：爱国爱校爱专业——"为中华之崛起而读书"的爱国情怀；"大鹏一日同风起，扶摇直上九万里"的远大理想；"锲而不舍、敢为人先"的湖工精神。

（3）融入路径：介绍分析测试仪器行业现状，特别是国产仪器的研发应用情况，弘扬爱国主义情怀；了解分析测试仪器与国家经济建设、社会发展、人民生活需求之间的密切联系，激发学生专业学习的积极性。

6.11.3.1.2 光学分析法导论（4学时）

（1）知识点：辐射与电磁波谱；辐射的吸收与发射；原子光谱与分子光谱；光学分析法分类。

（2）思政元素：科学探索中的使命感、责任感；激发创造创新活力——确立"科技报国"的理想；"为建设中国特色社会主义伟大事业奋斗终身"的坚定信念。

（3）融入路径：引入恰当的科学小故事，体现出光化学仪器在科学研究中的重要地位；展示优秀的科学家案例，给学生树立学习的榜样，激发学生主动探索的科研精神；

讲述科学家们探索科研的过程，使学生深刻理解课程学习的重要意义。

6.11.3.1.3 紫外—可见吸收光谱法（8学时）

（1）知识点：概述；光吸收定律；显色反应及影响因素；分析仪器；光度分析法；光度测量误差；测量条件选择；差示分光光度法；方法的应用。

（2）思政元素：爱国主义精神、民族自豪感和社会责任感；科学探索中的使命感、责任感，激发创造创新活力——确立"科技报国"的理想，"为建设中国特色社会主义伟大事业奋斗终身"的坚定信念。

（3）融入路径：通过学习仪器的原理、构造等，对我国光度分析仪器的研究现状进行介绍，列举相关实例，培养爱国情怀，为民族复兴奉献自己；在解决问题过程中激发学生科学的思维方法，提升学生逻辑思辨能力；科学的思维方法和严谨的工作态度。

6.11.3.1.4 原子吸收光谱法（6学时）

（1）知识点：概述；基本原理；仪器装置；分析方法；实验技术；方法的应用。

（2）思政元素：大国工匠精神——精益求精、敢于创新；具有社会主义核心价值观——高度的社会责任感、有当代青年的爱国情怀和担当。

（3）融入路径：通过原子吸收光谱方法的提出，到分析仪器的出现及改进，引导学生思考和理解"精益、创新、敬业"的"大国工匠"精神和价值取向；通过近年来频发的食品安全、环境污染和生物安全等案例，探讨如何发现、预防和消除这些问题，让学生感受到所学知识对人民生活、国家发展和社会繁荣的巨大用途。

6.11.3.1.5 原子发射光谱法（8学时）

（1）知识点：概述；原子发射光谱法的基本原理；激发光源；样品导入方法；光谱分析仪器；光谱分析方法。

（2）思政元素：科学探索中的使命感、责任感；激发创造创新活力——确立"科技报国"的理想；"为建设中国特色社会主义伟大事业奋斗终身"的坚定信念，大国工匠精神——敬业、精益、专注、创新。

（3）融入路径：科学的思维方法和严谨的工作态度；让学生感受到中国人民的智慧、增强民族自豪感、引导学生思考和理解"精益、创新、敬业"的"大国工匠"精神和价值取向。

6.11.3.1.6 荧光光谱法（4学时）

（1）知识点：简介；荧光与磷光的产生机理；分析仪器结构；荧光光谱法的应用。

（2）思政元素：家国情怀；具有社会主义核心价值观——高度的社会责任感；有当代青年的爱国情怀和担当；爱专业。

（3）融入路径：新冠疫情来临之际，全国医务工作者奔赴武汉抗疫一线，体现了高度的社会责任感和勇于担当的精神；在党中央领导全国抗击新冠疫情的过程中，体现了社会主义制度的优势。

6.11.3.2　实验教学（32学时）

6.11.3.2.1　高锰酸钾—重铬酸钾混合液的分析（2学时）

（1）知识点：光度计结构与正确使用方法；多组分样品的分析方法。

（2）思政元素：安全意识、责任意识——实验安全规范的重要性。

（3）融入路径：实验过程严格遵守实验室的规章制度；在实验过程中，始终把实验安全、操作规范放在重要位置。

6.11.3.2.2　配合物的配合比测定（4学时）

（1）知识点：溶液配制方法；数据处理与曲线绘制方法；配合比的测定方法。

（2）思政元素：实事求是、理论联系实际的科学研究精神——诚信意识。

（3）融入路径：实验过程必须以严谨的科学态度、实事求是的精神对待，包括样品处理、仪器操作、结果分析等方面；理论联系实际，引导学生思考——如何鉴定未知有机物。

6.11.3.2.3　酸碱指示剂pKa的测定（2学时）

（1）知识点：溶液的配制方法；数据处理方法；甲基橙pKa值的测定。

（2）思政元素：家国情怀、精益求精、敢于创新——大国工匠精神。

（3）融入路径：鼓励学生设计新的方案，培养学生勇于创新的精神；引导学生思考和理解"精益、创新、敬业"的"大国工匠"精神和价值取向。

6.11.3.2.4　差示光度法测定不锈钢中的镍（4学时）

（1）知识点：高吸光度差示法；样品中镍的测定。

（2）思政元素：精益求精、敢于创新——大国工匠精神。

（3）融入路径：鼓励学生设计新的方案，培养学生勇于创新的精神；引导学生思考和理解"精益、创新、敬业"的"大国工匠"精神和价值取向。

6.11.3.2.5　表面活性剂紫外光度法计算分析（4学时）

（1）知识点：多组分样品的同时分析；计算分析法；化学计量学。

（2）思政元素：精益求精、敢于创新——大国工匠精神。

（3）融入路径：鼓励学生设计新的方案，培养学生勇于创新的精神；引导学生思考和理解"精益、创新、敬业"的"大国工匠"精神和价值取向。

6.11.3.2.6　原子吸收的条件选择及镁的测定（4学时）

（1）知识点：原子吸收仪器的结构；操作方法；标准曲线法；样品中镁的测定。

（2）思政元素：实事求是、理论联系实际的科学研究精神——诚信意识。

（3）融入路径：实验过程必须以严谨的科学态度、实事求是的精神对待，包括实验操作、数据的处理等方面；理论联系实际，引导学生思考该实验在实际生活中的应用。

6.11.3.2.7　标准加入法测定溶液中铜含量（2学时）

（1）知识点：标准加入法；样品中铜含量的测定。

（2）思政元素：可持续发展、保护环境——"金山银山不如绿水青山，绿水青山就是金山银山"。

（3）融入路径：举例说明环境污染对人类的危害；通过查阅国家标准网站，从制造源头探讨可持续发展理念和企业责任；从我国对环境保护的政策，看中国的大国担当。

6.11.3.2.8　发射光谱摄谱法定性及定量分析（6学时）

（1）知识点：发射光谱仪的结构、摄谱、译谱、光谱定性与定量分析。

（2）思政元素：安全意识、责任意识——实验安全规范的重要性；家国情怀、爱专业。

（3）融入路径：实验过程严格遵守实验室的规章制度；在实验过程中，始终把实验安全、操作规范放在重要位置。

6.11.3.2.9　火焰光度法测定水中的钾、钠（2学时）

（1）知识点：火焰光度计的结构与使用方法；样品中钾和钠的测定。

（2）思政元素：树立正确人生观、价值观、家国情怀、爱专业。

（3）融入路径：查阅相关文献、书籍，结合媒体报道，列举相关实例；培养爱国情怀，为民族复兴奉献自己。

6.11.3.2.10　荧光光度计的使用及蒽测定（2学时）

（1）知识点：荧光光谱仪的结构与使用方法；溶液中蒽含量的测定。

（2）思政元素：家国情怀、具有社会主义核心价值观——高度的社会责任感，有当代青年的爱国情怀和担当；爱专业。

（3）融入路径：新冠肺炎疫情来临之际，全国医务工作者奔赴武汉抗疫一线，体现了高度的社会责任感和勇于担当的精神；在党中央领导全国抗击新冠肺炎疫情的过程中，体现了中国的制度优势。

6.11.4　课程思政参考书目及网站

［1］夏之宁，等.光化学分析[M].重庆：重庆大学出版社，2004.

［2］杨红兵，等.仪器分析[M].2版.武汉：华中科技大学出版社，2014.

［3］叶宪曾，等.仪器分析教程[M].2版.北京：北京大学出版社，2007.

［4］《学习强国》学习平台.

［5］《人民日报》微信公众号.

［6］沈赤.课程思政经典案例选编[M].杭州：浙江大学出版社，2020.

6.12　工业分析课程思政教学指南

6.12.1　课程思政说明

"工业分析"是化学工程与工艺专业本科生必修课程之一（32学时）。本课程主要培养学生将各类专业理论知识用于质量与工艺控制，分析方法全部采用ISO标准进行，做到与企业零距离对接。在课程教学中，要把马克思主义立场观点方法的教育与科学精神的培养结合起来，提高学生正确认识问题、分析问题和解决问题的能力；要注重强化学生工程伦理教育，培养学生精益求精的大国工匠精神，激发学生以科技报国的家国情怀和使命担当。

6.12.2　课程思政目标

（1）在理论知识教学中，培养学生运用分析化学理论知识解决工业分析中的实际问题的能力；培养学生科学思维方法和创新能力；在实验教学中，培养学生成为能使用恰当检测手段，进行工业分析与控制的应用型人才。

（2）结合实际案例，培养学生在工业分析检测相关领域内持续学习，追求卓越的精神；培养学生科学严谨的工作态度、实事求是的工作作风和职业素质。结合典型人物案例，引导学生建立正确的人生观、价值观和道德观，唤醒学生追求卓越、科学报国的精神。

6.12.3　思政元素融入教学知识点计划与安排

6.12.3.1　绪论（2学时）

（1）知识点：研究对象和特点、结果的表示；发展展望。

（2）思政元素：职业素养、科学精神、工匠精神——培养科学精神和工匠精神，提升化工专业的职业素养。

（3）融入路径：工业分析的五大特点让学生认识到专业的职业素养；工业分析结果的表示让学生意识到科学的严谨性，要培养求真求实的科学精神。

6.12.3.2　试样的采集和制备（4学时）

（1）知识点：试样的采集；试样的制备。

（2）思政元素：职业素养、工匠精神、专业自信——培养职业素养和工匠精神，提升专业自信心。

（3）融入路径：试样采集中的基本术语、原则和方法；"优秀材化人"官微推送中优秀校友分享；试样制备中采用设备化提高工作精度、减轻劳动强度的自动化、智能化环节。

6.12.3.3　试样的分解（4学时）

（1）知识点：湿法分解、干法分解、其他分解。

（2）思政元素：安全生产；法治意识；职业素养——牢固树立安全生产意识、法律意识、环保意识，提升学生的职业素养。

（3）融入路径：以湿法分解中用王水来扩大应用能力但其过强的氧化能力对设备带来更大的挑战的案例，来说明安全生产的重要性；在所有方法都可以分解同一试样时，引导学生树立节能减排的环保意识。

6.12.3.4　水质分析（4学时）

（1）知识点：金属化合物的测定；非金属无机物的测定；有机化合物的测定。

（2）思政元素：法治意识、环保意识、民族自信——树立环保意识，提升专业自信。

（3）融入路径："绿水青山就是金山银山"生态文明思想；引导化学专业的学生，在今后的实验与工作中时刻保持环保意识，尽量减少污水的排放，追求绿色化学的意识；分析标准与时代的进步密不可分，科技的进步推动分析方法的更迭，使学生体会中国现代科技的迅速发展对社会进步的作用，增强民族自豪感、荣誉感，增强民族自信心。

6.12.3.5　煤质分析（3学时）

（1）知识点：煤的组成；煤中硫的测定；煤发热量的测定。

（2）思政元素：节能环保意识、科学精神、创新精神——树立节能环保意识、创新开拓的科学探索精神和勇担当、善创新的时代精神。

（3）融入路径：能源既不可能凭空产生也不可能凭空消失。节约是中华民族的美德，应付诸能源使用上。煤总有枯竭的一天，激励学生以化学化工可持续发展为主旨，加快发展绿色化学化工，形成节约资源和保护环境的理念；通过氧弹式热量计装置的设计与演绎，培养学生的科学探究和创新精神；煤中硫的分析是煤质分析的重要指标之一，可引导学生今后致力于新能源的开发等研究，发挥才智、发扬创新精神。

6.12.3.6　气体分析（3学时）

（1）知识点：混合气体的吸收顺序；爆炸燃烧法；气体分析的方法。

（2）思政元素：安全意识、职业素养——树立学生的安全意识，培养学生责任感和团结协作的职业素养。

（3）融入路径：展示化工厂的爆炸事故照片，培养学生的安全意识告诫学生在实验室、生产和生活中要注意安全；气体分析方法多样，在进行气体分析之前，必须弄清楚气体的性质与特点，再进行方法的选择，最后才是分析测试。引导学生在今后的人生道路上选择大于行动。

6.12.3.7　硅酸盐分析（4学时）

（1）知识点：硅酸盐的组成和种类；硅酸盐试验的分解；全分析结果的表示和计算。

（2）思政元素：服务意识、探索意识、科学精神——树立服务社会、勇于探索和求真求实的科学精神。

（3）融入路径：在讲解硅酸盐组成和种类时，可以提供一些有代表性的晶体结构或代表材料的结构示意图、组成差异，如不同类型晶体结构的差异、不同材料如水泥、玻璃、陶瓷、分子筛差异，以此来激发学生的探索意识与学习主动性，思考在硅酸盐的分析和材料开发上，如何进行创新等；通过合作探究，培养学生责任感和团结协作的职业素养；通过在讲述分析结果的审查和校正时，总量产生偏差的原因是不同的，引导学生认识到科学的严谨性，做到求真求实的科学精神。

6.12.3.8   钢铁分析（8学时）

（1）知识点：钢铁分类；钢铁中主要元素的存在形式及影响；磷的测定。

（2）思政元素：服务意识、辩证唯物精神——树立服务社会意识、认识事物采用辩证唯物精神。

（3）融入路径：举例某钢铁供应商以次充好，给下游企业提供非食品级钢材来生产食品用途的设备，以此鼓励学生学好专业知识和技能，在需要之时能主动发挥专业优势，提供专业支持，担当社会责任；凡事无绝对，钢铁中存在的各种其他元素，存在利的同时也会带来弊端，引导学生以矛盾分析法去理解知识点，去分析和解决问题。

6.12.4   课程思政参考书目及网站

［1］谢治明，易兵. 工业分析[M]. 北京：化学工业出版社，2009.

［2］张燮. 工业分析化学[M]. 北京：化学工业出版社，2013.

［3］陈智栋. 化工分析技术[M]. 北京：化学工业出版社，2013.

［4］《学习强国》学习平台.

6.13   现代测试技术课程思政教学指南

6.13.1   课程思政说明

"现代测试技术"是轻化、生物工程等学科及其相关学科的重要专业基础课之一（40学时），也是许多其他学科取得化学信息的科学研究手段。在课程教学中，要把马克思主义立场观点方法的教育与科学精神的培养结合起来，提高学生正确认识问题、分析问题和解决问题的能力。"现代测试技术"是进行科学研究及质量监控的重要手段，通过本课程的学习，使学生对本课程有较全面的认识。在教学过程中以典型社会事件和人物事迹为引领，培养具有社会主义核心价值观、爱国情怀、人文素养和创新精神的高层次人才。

6.13.2   课程思政目标

（1）将学科交叉融合的趋势走向、行业发展前景等内容纳入其中，激发学生的创新精神，培养学生创新意识。

（2）加强人文素质和情怀教育，引导他们认知自我、追求真理。培养学生正确认识、分析和解决问题的能力。

（3）结合企业和社会实际案例，培养学生在化学化工、分析检测相关领域内持续学习，追求卓越的精神，形成正确的世界观与人生观。

（4）结合课程教学，培养爱国主义意识，增强国家和民族自豪感。

6.13.3　思政元素融入教学知识点计划与安排

6.13.3.1　理论教学（24学时）

6.13.3.1.1　绪论（1学时）

（1）知识点：仪器分析方法的特点及应用。

（2）思政元素：理解分析测试在社会服务中的重要作用，提高学生们遵纪守法的意识。

（3）融入路径：食品安全事件；2005年的苏丹红和孔雀石事件；2008年的三聚氰胺事件；2010年的地沟油事件；2011年的塑化剂事件。

6.13.3.1.2　紫外光谱（3学时）

（1）知识点：紫外—可见吸收光谱法的应用。

（2）思政元素：引导学生认识到检测分析人员的社会责任感与使命感，教育学生以后在从事食品、药品的检测分析或环境监测的相关工作中，要热爱自己的职业；诚实工作、遵守承诺，坚守道德和法律的底线，做到科学、公平、公正；在课堂教学中教育学生要做一个有良知、讲正义的检测分析人员、尽职尽责地努力把住食品、药品、环境安全关。

（3）融入路径：三聚氰胺事件；假疫苗；广东练江污染等。

6.13.3.1.3　红外光谱（6学时）

（1）知识点：红外光谱仪及制样技术；红外谱图解析及应用。

（2）思政元素：培养大学生的创新能力。

（3）融入路径：注重前后内容的连续性和延续性，引导学生意识到方法创新是分析仪器发展的源泉，看似越来越先进、越来越高端的仪器设备，很多时候都是在原有仪器设备的基础上稍加改进诞生的。

6.13.3.1.4　原子吸收光谱（4学时）

（1）知识点：原子吸收光谱法的干扰及其抑制；灵敏度、检出限、测定条件的选择。

（2）思政元素：培养学生尊重事实、理性分析、客观推理的唯物主义精神。

（3）融入路径：由干扰及其抑制的影响因素，理解主要矛盾和次要矛盾的关系以及具体问题具体分析的观点。

6.13.3.1.5　气相色谱法（6学时）

（1）知识点：色谱基本理论；气相色谱仪的组成；气相色谱连用仪器和应用。

（2）思政元素：社会主义生态文明以可持续发展为依据，尊重自然、保护自然，注重生态环境建设，致力于提高生态环境质量，使现代经济社会发展建立在生态系统良性循环的基础之上；培养大学生的创新精神。

（3）融入路径：采用色谱法、气质联用技术（GC—MS）对环境中氟氯烃类气体以及有机农药的测定；色谱—质谱联用技术是典型的两种以上仪器的联合使用，联用技术的开展有效克服了单种技术应用的局限性，实现了更快、更有效地分离和分析技术及方法。

6.13.3.1.6　高效液相色谱法（4学时）

（1）知识点：HPLC色谱法的特点；液相色谱仪的基本结构及基本概念；HPLC色谱法的选择及应用。

（2）思政元素：开展爱国主义教育，传递民族自信心和自豪感；进行道德观及价值观教育和思考。

（3）融入路径：由屠呦呦及青蒿素引到诺贝尔奖就在你身边，液相色谱仪测定青蒿素含量；由2015年"315"打假活动视频+网页新闻、萝卜根粘草根冒充万元野山参引到中药材质量问题。

6.13.3.2　实验教学（16学时）

6.13.3.2.1　芳香族化合物的鉴定（2学时）

（1）知识点：学会测定吸收曲线的方法；掌握吸收池的正确使用方法；掌握有机物定性与定量分析的方法。

（2）思政元素：培养环保意识；在具体分析实验中，注意有毒有害试剂的使用后科学规范处置，安全问题关系着千家万户；培养厉行节约、绿色环保素质。

（3）融入路径：习近平总书记曾经指出"绿水青山就是金山银山"；通过试剂的使用量和废液的处置回收讲解、渗透环保意识，培养厉行节约、绿色环保素质。

6.13.3.2.2　红外光谱仪的使用及材料分析（2学时）

（1）知识点：红外吸收的理论知识；红外样品处理与制备的方法；红外光谱测定的方法；红外谱图分析与结构分析的方法。

（2）思政元素：要以克服困难、实事求是为价值观导向，引导学生体会探索科研问题时的艰辛，分享他们成功的喜悦和失败的苦恼，关注他们的科学态度和价值取向，引导学生坚定不畏困难、解决问题的决心和实事求是的诚信原则。

（3）融入路径：学生实验操作不规范，得到的数据准确度和精密度均不好，这种情况下，学生会有挫败感，产生沮丧和不耐烦的情绪。为了得到满意的实验结果，部分学生不愿意不断试错，却想着投机取巧，篡改数据。

6.13.3.2.3　原子吸收光谱法测自来水中镁（4学时）

（1）知识点：原子吸收分析原理和定量方法；学会仪器操作方法和样品处理方法。

（2）思政元素：细心操作，遇事冷静，认真分析，灵活运用。

（3）融入路径：运用实例强调安全的重要性；强调用电、用气安全，禁止学生在实验室抽烟。

6.13.3.2.4　苯系物的气相色谱分析（4学时）

（1）知识点：气相色谱分离原理和外标定量方法；学会环境污染物中苯系物的分析方法。

（2）思政元素：经济发展带来的生态环境恶化和严重破坏越来越引起人们的关注；

倡导绿色化学课堂，根植环保意识，培养学生守护家园的社会责任感。

（3）融入路径：在实验教学中如何使环保、绿色的理念体现在课堂中，根植于学生的头脑中是值得思考的问题之一，现代仪器分析方法相对传统的化学分析，试剂用量已大幅减少；考虑实验方案中药品毒性和投加剂量及废液的集中回收。

6.13.3.2.5　苯、萘、菲的HPLC分析（4学时）

（1）知识点：掌握反相色谱的优点及应用；学会面积归一法分析方法。

（2）思政元素：培养学生实事求是、一丝不苟的科学品质和良好的职业道德。

（3）融入路径：分析化学强调"量"的概念，要求学生实验最少重复三次，相对平均偏差要低于0.02%，如果实验数据达不到要求，需要重新实验直到符合要求。

6.13.4　课程思政参考书目及网站

［1］杨红兵，等.仪器分析[M].2版.武汉：华中科技大学出版社，2014.

［2］刘志广.仪器分析[M].北京：高等教育出版社，2017.

［3］叶宪曾，等.仪器分析教程[M].2版.北京：北京大学出版社，2017.

［4］何金兰，扬克让，李小戈.仪器分析原理[M].北京：科学出版社，2012.

［5］《学习强国》学习平台.

［6］沈赤.课程思政典型案例选编[M].杭州：浙江大学出版社，2020.

6.14　金属材料与热处理课程思政教学指南

6.14.1　课程思政说明

"金属材料与热处理"是一门技术基础课（28学时），是专业理论学习、掌握专业技能的基础。在课程教学中，要把马克思主义立场观点方法的教育与科学精神的培养结合起来，提高学生正确认识问题、分析问题和解决问题的能力；要注重强化学生工程伦理教育，培养学生精益求精的大国工匠精神，激发学生以科技报国的家国情怀和使命担当。

6.14.2　课程思政目标

（1）通过介绍金属材料学的发展史及其专业价值，激发学生以科技报国的家国情怀和爱校、爱专业的热情，使学生投身专业学习、逐梦无悔青春。

（2）在理论知识教学中，通过融入马克思主义方法论和强化工程伦理教育，引导学生树立工程意识和大工程观，培养解决复杂工程问题的能力和不畏艰辛、勇于探索的科学精神；在实验教学中，培养学生正确认识、分析和解决问题的能力，提升学生的思辨力和创新力。

（3）结合工程实际案例，培养学生在金属材料学相关领域内持续学习、追求卓越的精神；结合典型人物案例，引导学生树立进取精神、担当意识，形成良好的职业素养和职业伦理。

6.14.3　思政元素融入教学知识点计划与安排

6.14.3.1　绪论（2学时）

（1）知识点：金属材料的发展概况；了解金属材料在国民经济中的地位与作用。

（2）思政元素：结合中国元素，挖掘中国科学家对金属材料学发展的重大贡献，了解他们的科学研究历程，激励和鼓舞学生的家国情怀和社会责任感。

（3）融入路径：通过事例引导学生认识到职业道德要服从国家利益，个人价值的实现要建立在国家整体利益的基础之上，使学生树立"科学无国界，但科学家有祖国"的家国情怀。

6.14.3.2　钢的合金化原理（8学时）

（1）知识点：合金元素和铁的作用；合金元素对Fe-C相图的影响；合金钢中的相组成；合金元素在钢中的存在形式；合金钢中的相变；合金元素对钢强韧化的影响；合金元素对钢工艺性的影响。

（2）思政元素：学习探究物质相态变化的科学思维、科学方法以及科学精神，引导学生感知求真求实的科学精神和追求理想的科学品质。

（3）融入路径：引导学生感知求真求实的科学精神和追求理想的科学品质。

6.14.3.3　工程结构钢（2学时）

（1）知识点：工程结构钢的基本要求；低合金高强度结构钢的合金化；常用低合金高强度结构钢；微珠光体低合金高强度钢；低碳贝氏体和马氏体钢。

（2）思政元素：本章采用演绎法，将抽象复杂的问题转变为理想模型加校正的多快好省的处理问题方法；在课程教学中灵活应用演绎法，培养学生科学思维方式方法。

（3）融入路径：培养学生科学严谨的逻辑思维方式。

6.14.3.4　机械制造结构钢（8学时）

（1）知识点：机械制造结构钢的性能要求；调质钢；非调质机械结构钢；弹簧钢；滚动轴承钢；低碳马氏体钢；表面强化态钢；合金渗碳钢；氮化钢；低淬透性钢；高锰耐磨钢。

（2）思政元素：计算机技术在金属材料学中应用日益广泛，在充分学习金属材料学原理的基础上，掌握一种或多种计算软件可以有效提高材料设计的效率；结合应用计算机设计材料的实例，培养学生树立与时俱进、终身学习的理念。

（3）融入路径：培养学生树立持续学习的理念。

6.14.3.5　工模具钢（4学时）

（1）知识点：工具钢成分与性能特点；碳素钢及低合金工具钢；高速钢；冷作模具钢；热作模具钢。

（2）思政元素：在教学过程中，应充分调动了学生在学习过程中的探索性和主动性，激发学生的学习兴趣，培养学生的工程意识，提高学生分析和解决实际问题的创新能力。

（3）融入路径：在教学过程中，应充分调动学生在学习过程中的探索性和主动性，激发学生的学习兴趣，培养学生的工程意识，提高学生分析和解决实际问题的创新能力。

6.14.3.6　不锈钢（4学时）

（1）知识点：金属腐蚀类型；不锈钢的组织与分类；影响不锈钢组织和性能的因素；腐蚀介质对钢耐蚀性的影响；铁素体不锈钢；马氏体不锈钢；奥氏体不锈钢。

（2）思政元素：结合实际案例教学，培养学生节能减排及能源资源忧患意识，树立绿色化学理念。

（3）融入路径：以具体的数据说明我国目前的用能状况和用能水平，对环境的影响以及与发达国家之间的差距，让学生树立节约能源、合理用能的意识，提高作为一名工科学生的责任感和使命感。

6.14.4　课程思政参考书目及网站

[1] 戴启勋. 金属材料学 [M]. 北京：化学工业出版社，2011.
[2]《学习强国》学习平台.

6.15　化学电源工艺学课程思政教学指南

6.15.1　课程思政说明

"化学电源工艺学"是应用化学方向专业的专业必修课（24学时）。本课程的主要任务是讨论各类电化学电容器，掌握电化学电容器的工作原理、应用范围等。在课程教学中，要把马克思主义立场观点方法的教育与科学精神的培养结合起来，提高学生正确认识问题、分析问题和解决问题的能力；要注重强化学生工程伦理教育，培养学生精益求精的大国工匠精神，激发学生以科技报国的家国情怀和使命担当。以培养学生遵守标准规范的职业素养，创新、绿色、安全化工的理念，树立化工生产"安全至上，生态和谐"的意识。

6.15.2　课程思政目标

（1）在理论知识教学中，通过融入马克思主义方法论和强化工程伦理教育，引导学生树立工程意识和大工程观，培养解决复杂工程问题的能力和不畏艰辛、勇于探索的科学精神；在实验教学中，培养学生正确认识、分析和解决问题的能力，提升学生的思辨力和创新力。

（2）结合工程实际案例，培养学生遵守标准规范的职业素养，创新、绿色、安全化工的理念，树立化工生产"安全至上，生态和谐"的意识。

6.15.3 思政元素融入教学知识点计划与安排

6.15.3.1 化学电源概论（2学时）

（1）知识点：化学电源的发展历史、分类；化学电源的工作原理、化学电源的电性能。

（2）思政元素：培养学生养成安全意识，培养学生的科学精神和创新意识；育人主题——科学精神、工匠精神、价值主题；培养学生实事求是的工作作风和吃苦耐劳的精神；育人主题——科学精神、工匠精神、价值主题。

（3）融入路径：①引出课堂知识——案例分析。首先通过引入特斯拉新能源汽车爆炸案件，让学生分析发生该事故的根本原因，让学生自主讨论。结合目前国内新能源汽车的发展趋势，分析该事故对社会、对公司以及对个人带来的影响，和该事故对于我们的启示。通过提问的方式，吸引学生的注意力，培养学生分析问题的能力，培养学生爱岗敬业、遵守规章制度，严格按照技术规范进行操作，严禁超过工艺规程允许范围运行的意识。以如何进行强度设计，引出本章学习的必要性。②查阅相关文献、书籍，结合媒体报道，列举相关实例，培养爱国情怀，为民族复兴奉献自己。

6.15.3.2 电化学理论基础（4学时）

（1）知识点：电极电势；电化学步骤动力学；能斯特方程；液相传质过程动力学。

（2）思政元素：培养学生工程应用的能力和理论联系实际分析问题的能力。育人主题——环保意识、创新意识、科学精神、工匠精神、价值主题。

（3）融入路径：①引出课堂知识——案例分析。首先通过化学电源的真实图片，带领大家认识本门课程，介绍完本门课程主要内容后，通过图片内容，增强对化学电源的了解。问题：试分析如何选择电池？②从化学电源的应用和我国的生产现状，并向学生讲述目前国家电池材料的加工工艺和性能，激发学生爱国主义情怀和民族自豪感。③根据能斯特方程的应用范围，引申到当前生活中使用的电池充放电要求。育人主题：环保意识、科学精神。④引出课堂知识——问题分析。问题：举例说明你见过的电池电量波动的现象？通过问题的分析引入极化的概念，培养学生理论结合实际分析问题的能力。以电池的分类，引入实际案例，进一步加深对知识的理解程度，培养学生理论联系实际分析问题的能力。

6.15.3.3 锌锰电池（4学时）

（1）知识点：二氧化锰电极；锌电极。

（2）思政元素：培养学生养成责任意识，培养学生的科学精神。育人主题——科学精神、工匠精神、价值主题。

（3）融入路径：①引出课堂知识——案例分析。通过二氧化锰电池在日常生活中的应用，进一步拓展到电池技术在我们日常生活中的应用，不要乱丢弃废旧电池，培养学生的环保意识，引入电池工作原理的知识。②通过正极材料负极材料设计的讲解，让学生熟知学习知识并不仅仅是为了毕业，更主要是为了真正掌握知识，人在每一个场所下都是具有初心和使命的。我们学习的初心就是学有所用、学有所思、学有所值。希望每位同学都能不忘初心，牢记使命。在掌握基础知识的基础上，力求实现突破常规，寻求创新。

6.15.3.4 铅酸电池（4学时）

（1）知识点：铅酸电池的发展、结构；热力学基础。

（2）思政元素：通过铅酸电池理论的讲解，告诫学生要全面地分析问题，自然地达到思政育人的效果；思政育人目标——培养学生辩证思维；育人主题——科学精神，工匠精神，价值主题。

（3）融入路径：①引出课堂知识——案铅酸电池的应用案例分析，特别是在潜艇中的应用，激发学生的民族自豪感。另外也启示学生，要培养工匠精神。②通过讨论铅酸电池里面的环境影响因素，明确环境破坏的源头，培养学生的环保意识，讨论怎么样通过科技改变环境，培养学生大国工匠精神，以此激发学生注重培养敬业精神。

6.15.3.5 镉镍电池（4学时）

（1）知识点：镉镍电池的工作原理；镉镍电池正极材料、负极材料、电解液等的工作过程。

（2）思政元素：通过各类正极材料、负极材料的讲解，告诫学生要全面地分析问题，自然地达到思政育人的效果；思政育人目标——培养学生辩证思维；通过各类电极材料的讲解，让学生理解事物发展的必然规律。

（3）融入路径：结合国内正负极材料的相关作用，培养学生报效祖国的决心。

6.15.3.6 电池测试方法（6学时）

（1）知识点：电池检测参数；测试方法；检测过程。

（2）思政元素：通过电池检测方法的讲解，让学生全面分析问题，培训学生的安全意识。

（3）融入路径：结合电池的检测过程，培养学生严谨的工作作风和安全环保的意识。

6.15.4 课程思政参考书目及网站

［1］程新群.化学电源[M].北京：化学工业出版社，2018.

［2］《学习强国》学习平台.

［3］《化工707》微信公众号.

［4］沈赤.课程思政典型案例选编[M].杭州：浙江大学出版社，2020.

7 >> 高分子材料与工程专业课程

7.1 涂料工艺学课程思政教学指南

7.1.1 课程思政说明

"涂料工艺学"是高分子材料与工程专业方向选修课（32学时），它是研究涂料的制造原理、工艺配方设计与制造工艺及其性能的一门科学，也是高速发展的科学技术领域不可缺少的一门实用科学技术，在国民经济中占有不可忽视的地位。

本课程教学目的是使学生掌握国内外常用涂料的制造原理、基本制造工艺及其相关基础知识，根据涂料的基本组成和性质推断出各种涂料的主要品种和主要性能及其在涂装生产中的选择与应用。通过涂料制造工艺理念与专业课程思政教育的结合，寻找切入点，提炼思政要素，可构建新型涂料制造工艺课程体系，并有效提高毕业要求非技术指标的达成度。要注重强化学生工程技能教育，培养学生精益求精的大国工匠精神，激发学生以科技报国的家国情怀和使命担当。

7.1.2 课程思政目标

（1）在课程中推进专业知识、能力培养、职业道德和精神、安全环保意识等多方面的教育，结合思政教育培养学生爱国主义情怀和职业素养，养成良好的思维习惯和终身学习能力，具备创新意识和严谨的科学精神，树立安全和环保意识。

（2）将思政教育有机贯穿于涂料制造工艺学的课程教学中，将涂料工程技术理论教学中蕴含的职业道德素养教育、辩证思维教育、环保意识教育等思政元素，有机融入课程教学中，更好地发挥课程的育人功能。

7.1.3 思政元素融入教学知识点计划与安排

7.1.3.1 绪论（2学时）

（1）知识点：涂料的组成和作用；涂料产品的种类和命名；涂料工业的特点和发展趋势。

（2）思政元素：传承中国传统文化，正确的人生观和价值观。

（3）融入路径：在课堂教学中，通过对我国涂料企业飞速发展的介绍，使学生具有爱国主义情怀，认同社会主义核心价值观，坚定党领导人民建设社会主义现代化强国的信念。

7.1.3.2　涂膜形成、涂料中的有机化学与高分子化学（2学时）

（1）知识点：涂膜的形成及有关的基本性质；涂料中的有机化学与高分子化学与物理。

（2）思政元素：树立正确的"世界观、人生观、价值观"——老一辈化工科学家的人生履历。科学探索中的使命感、责任感，激发创造创新活力——确立"科技报国"的理想，"为建设中国特色社会主义伟大事业奋斗终身"的坚定信念。

（3）融入路径：在课堂教学过程中，选择性地切入我国涂料领域老一辈科学家的感人事迹、突出贡献或杰出成就等，在激发学生对所学知识点产生兴趣的同时，潜移默化地培养学生的家国情怀和爱国主义精神。查阅相关专利和文献，了解关于涂料有机化学和高分子化学与物理要点和难点；讨论凝胶与凝胶点的特点、重要性及应用；引导学生树立学习"涂料制造工艺学"这门课程的信心。

7.1.3.3　醇酸树脂与聚酯涂料（2学时）

（1）知识点：聚酯涂料用原料；聚酯涂料制造工艺。

（2）思政元素：制度优势——坚定四个自信，即"道路自信、理论自信、制度自信、文化自信"。

（3）融入路径：在醇酸树脂制造、聚酯涂料制备操作授课过程中，从过程研究方法出发，结合解决实际工程问题的过程和步骤，启发学生的思维，抓住过程解决问题的逻辑关系，达到教学要求的逻辑思辨能力的培养目标。

7.1.3.4　氨基树脂涂料（2学时）

（1）知识点：氨基树脂用原料、合成；氨基树脂涂料生产工艺。

（2）思政元素：以史观今，化学工程师的责任和使命担当——做到两个维护，即"坚决维护习近平总书记党中央的核心、全党的核心地位，坚决维护党中央权威和集中统一领导"。

（3）融入路径：在新工科建设背景下，以国家重大需求为基础调整教学内容，以新技术代替传统技术；以新技术改造传统技术；增加创新性、综合性、研究性内容的比重。

7.1.3.5　聚氨酯涂料（2学时）

（1）知识点：聚氨酯树脂用原材料及反应；聚氨酯树脂的制备及反应机理；聚氨酯涂料和聚脲涂料的制备工艺。

（2）思政元素：可持续发展，保护环境——"金山银山不如绿水青山，绿水青山就是金山银山"。

（3）融入路径：通过多课程内容重新编排，提高学生运用知识能力的课程内容的占比，突出以聚氨酯涂料和聚脲涂料制造的分析问题能力的提升，引导学生独立思考。培养学生解决工程实际问题的能力，全面培养学生的涂料制造工程能力。

7.1.3.6 非转化型的溶剂型涂料（2学时）

（1）知识点：介绍几种非转化型溶剂涂料特点及制造工艺。

（2）思政元素：创新开拓的科学探索精神和国家发展战略——全球视野、勇担当、善创新的时代精神。

（3）融入路径：对制备非转化型溶剂涂料体系，可以多方案对比，促使学生学会运用知识分析问题，实现知识到应用的连线，进而铺开，从课堂到工程，启发学生提出合理的涂料制备方案，培养学生用所学知识分析问题，理论与应用相联系的能力。

7.1.3.7 丙烯酸树脂涂料（2学时）

（1）知识点：介绍丙烯酸树脂的基本化学反应、原材料和聚合工艺；溶剂型丙烯酸树脂涂料的制造工艺。

（2）思政元素：现代科技在工业领域中的重要作用——未来科技在现代工业中的重要作用，高新科技在工业领域建设中的重要地位。

（3）融入路径：能够通过陈述发言和书面表达方式，就复杂工程问题与涂料同行及社会公众进行有效沟通和交流，通过小组课程PPT汇报体现涂料制造工艺复杂性。

7.1.3.8 环氧树脂涂料（2学时）

（1）知识点：介绍环氧树脂的特点及性质；环氧树脂涂料的固化化学；溶剂型环氧树脂涂料、环氧酯涂料、无溶剂环氧树脂涂料原料选择及制造工艺。

（2）思政元素：科学的思维方法和严谨的工作态度——基础学科在国家重大战略及关键领域的重要性，"九层之台，起于垒土"。

（3）融入路径：掌握自主学习的方法和拓展知识、提高能力的途径，具备为适应社会发展而自我提高的能力；思维方法的学习、训练、掌握和运用。

7.1.3.9 有机硅和有机氟树脂涂料（2学时）

（1）知识点：有机硅树脂涂料和有机氟树脂涂料的特点及制造工艺。

（2）思政元素：可持续发展的理念——爱护环境，保护生态环境。

（3）融入路径：新型涂料工程技术的蓬勃发展及其在工业中的应用前景，能进一步开拓学生们的视野。教学中，结合这些内容和案例进行讲解，能有效地培养学生的创新意识，培养学生认真、严谨的精神，提高学生的环保意识。

7.1.3.10 涂料用溶剂、颜料、助剂（2学时）

（1）知识点：涂料用溶剂、颜料和助剂的性能及选择。

（2）思政元素：坚定文化自信——树立正确的人生观、价值观。

（3）融入路径：树立正确人生观，坚定文化自信。

7.1.3.11 涂料用溶剂、颜料、助剂（2学时）

（1）知识点：色漆的配方和色漆的生产工艺。

（2）思政元素：大国工匠精神——敬业、精益、专注、创新。

（3）融入路径：培养学生敬业创新精神，为涂料行业培养大国工匠。

7.1.4 实验教学（16学时）

7.1.4.1 乳胶漆用乳液的制备（苯丙乳液的制备）（4学时）

（1）知识点：苯丙乳液的合成工艺和操作方法；乳液常规性能的检测方法。

（2）思政元素：安全意识、责任意识——"道路千万条，安全第一条，行车不规范，亲人两行泪"。

（3）融入路径：强调乳液合成重要单元操作过程；强调实验过程中注意自身安全的同时也要注意他人安全，防范风险发生；增强个人在科研工作中处理应对突发状况的能力。

7.1.4.2 色漆制造工艺实验（色漆生产设备操作的演示、色漆调配演示）（4学时）

（1）知识点：一般涂料色浆的制作工艺；涂料的分散设备；色浆质量的评价方法。

（2）思政元素：时代新人的劳动素养、团队协作精神和节约意识——社会主义建设者和接班人的综合素质和劳动技能。

（3）融入路径：色漆生产工艺实验课程中涉及的单元操作比较多，操作影响因素多，概念性强。在课堂上开展案例教学，改变"满堂灌"的教学模式，提倡"启发式"和"引导式"教学，让学生多思考、多练习，开展课堂讨论；在实验过程中培养学生耐心、细致的工作态度，良好的团队协作精神；不测数据时关闭设备电源，养成节约的良好习惯。

7.1.5 课程思政参考书目及网站

［1］闫福安.涂料合成树脂及应用[M].北京：化学工业出版社，2015.

［2］陈士杰，虞兆年，等.涂料工艺（增订本1-6分册）[M].北京：化学工业出版社，1996.

［3］洪啸吟，冯汉保.涂料化学[M].北京：科学出版社，1997.

［4］战凤昌，李悦良，等.专用涂料[M].北京：化学工业出版社，1988.

［5］耿耀宗.新型建筑涂料的生产与施工[M].石家庄：河北科学技术出版社，1996.

［6］李肇强.现代涂料的生产与应用[M].北京：化学工业出版社，1996.

7.2 高分子化学课程思政教学指南

7.2.1 课程思政说明

"高分子化学"是高分子材料与工程专业一门重要的专业基础课程（80学时），要把马克思主义立场观点方法的教育与科学精神的培养结合起来，提高学生正确认识问题、分析问题和解决问题的能力；要注重强化学生工程伦理教育，培养学生精益求精的大国工匠精神，激发学生以科技报国的家国情怀和使命担当。

7.2.2 课程思政目标

（1）通过介绍高分子化学的发展史，激发学生以科技报国的家国情怀和爱校、爱专业的热情，使学生投身专业学习、逐梦无悔青春。

（2）在理论知识教学中，通过融入马克思主义方法论和强化工程伦理教育，引导学生树立工程意识和大工程观，培养解决复杂工程问题的能力和不畏艰辛、勇于探索的科学精神；在实验教学中，培养学生正确认识、分析和解决问题的能力，提升学生的思辨力和创新力。

（3）"强国有我"的科技报国的家国情怀和使命担当，将教育与科学人文素养、创新能力等方面的培养结合起来，在强化学科知识核心内容和基本特点的基础上，科学地反映高分子化学学科对基础研究和前沿发展的新进展。提高学生正确认识问题、分析问题和解决问题的能力，使之成为德才兼备的接班人。

7.2.3　思政元素融入教学知识点计划与安排

7.2.3.1　绪论（4学时）

（1）知识点：高分子化合物有关基本概念和基础知识；高分子化学发展简史。

（2）思政元素：爱国、爱校、爱专业——"为中华之崛起而读书"的爱国情怀。

（3）融入路径：查阅相关文献、书籍，结合媒体报道，列举相关实例，培养爱国情怀，为民族复兴奉献自己；《论语》："工欲善其事，必先利其器。"

7.2.3.2　缩聚与逐步聚合反应（8学时）

（1）知识点：缩聚反应概念及分类；缩聚反应机理；缩聚反应动力学；缩聚反应实施方法及应用特征；缩聚反应应用实例。

（2）思政元素：科学思维；辩证唯物主义世界观。

（3）融入路径：通过理论联系实际的案例教学和要求学生课外查阅相关文献、书籍，以课堂教学和课外延伸相结合的方式融入。

7.2.3.3　自由基聚合（10学时）

（1）知识点：自由基聚合的单体和引发剂；自由基聚合机理；自由基聚合动力学；自由基聚合方法；自由基聚合应用实例。

（2）思政元素：安全生产、法治意识、职业素养——牢固树立安全生产意识、法律意识、环保意识，提升学生的职业素养。

（3）融入路径：通过理论公式的推导和讨论的方式，来说明安全生产的重要性。

7.2.3.4　自由基共聚合（6学时）

（1）知识点：二元共聚物分类及命名；二元共聚物组成方程及控制方法；单体与自由基活性影响因素及规律；Q-e组合方程。

（2）思政元素：团体合作意识、民族凝聚力——国家强大与发展的重要性。

（3）融入路径：在学习共聚原理及应用时融入思政。

7.2.3.5　聚合方法（4学时）

（1）知识点：本体聚合定义、特征及应用；溶液聚合定义、特征及应用；悬浮聚合定义、特征及应用；乳液聚合定义、特征、发展及应用。

（2）思政元素：科学精神、奋斗精神、创新精神、工匠精神——创新开拓的科学探索精神和全球视野、勇担当、善创新的时代精神。

（3）融入路径：从乳液聚合方法的发展及应用角度融入思政，当施陶丁格这位德国物理化学家首次提出长链大分子的观点时遭到了几乎整个科学界的讽刺和质疑，而施陶丁格通过近十年的研究坚持自己的观点，直到血红蛋白的分子量被测出。在事实面前，当初坚决反对过他的许多研究者也放下了个人成见，以严肃认真、实事求是的态度接受了高分子的概念。以此案例激励学生坚持科学理性，求真务实。

7.2.3.6　离子聚合（4学时）

（1）知识点：离子聚合的单体与引发剂；离子聚合机理；活性阴离子聚合特征及应用；离子聚合主要影响因素及规律；离子聚合方法。

（2）思政元素：科学态度；专业自信。

（3）融入路径：在学习阴阳离子聚合的机理、方法和动力学规律时融入思政，以科学思维方法和严谨的科学态度，启迪学生进行科学创新、创业，增进专业自信。

7.2.3.7　配位聚合（4学时）

（1）知识点：配位聚合定义、特征及应用；配位聚合引发剂发展历程；配位聚合理论简述。

（2）思政元素：严谨、奉献、高尚的职业道德情操。

（3）融入路径：学生了解配位聚合理论发展经历过百年还没有一个定论的科学事实时融入思政。

7.2.3.8　聚合物化学转变反应（8学时）

（1）知识点：聚合物化学反应定义、分类及特征；聚合物相似转变应用实例；交联反应、扩链反应、接枝共聚反应机理及应用；高分子化合物降解反应及老化机理。

（2）思政元素：正确的价值观，注重人类与环境的可持续发展。

（3）融入路径：在让学生了解配位聚合理论发展过百年还没有一个定论的科学事实时融入思政，让学生学习事物认识是不断发展和不断反复的，要勇于挑战未知，胜不骄、败不馁，不断学习和进步。

7.2.4　实验教学（32学时）

7.2.4.1　实验一　苯乙烯的乳液聚合（5学时）

（1）知识点：聚合反应实验装置的搭建；乳液聚合配方组成；乳液聚合实验步骤及条件控制；乳液聚合实验数据处理。

（2）思政元素：安全意识、责任意识和强化基本技能意识。

（3）融入路径：在介绍实验要点和示范聚合反应实验装置搭建时融入安全、责任意识。

7.2.4.2 实验二 苯乙烯—马来酸酐溶液共聚（4学时）

（1）知识点：聚乙烯醇制备反应原理；聚乙烯醇的多重用途。

（2）思政元素：专业自信；团队合作。

（3）融入路径：在介绍马来酸酐不能均聚却能与苯乙烯共聚的特殊反应机理时，培养学生"天生我材必有用"的自信心及"合作共赢"的团队合作意识。

7.2.4.3 实验三 聚乙烯醇的制备（6学时）

（1）知识点：聚乙烯醇制备反应原理；聚乙烯醇的多重用途。

（2）思政元素：工匠精神。

（3）融入路径：在强调实验步骤注意事项时融入思政，培养学生严谨细致的"工匠精神"和科学务实的做事态度。

7.2.4.4 实验四 甲基丙烯酸甲酯的悬浮聚合（5学时）

（1）知识点：悬浮聚合配方组成及应用。

（2）思政元素：百折不挠。

（3）融入路径：在解释该实验为什么容易失败时，培养学生"不怕失败，勇于再来"的百折不挠、愈挫弥坚的优秀品质。

7.2.4.5 实验五 吸水性树脂的制备（6学时）

（1）知识点：吸水性树脂的定义及配方；吸水性树脂的特征及应用。

（2）思政元素：家国情怀；团队意识。

（3）融入路径：在比较水溶性树脂和吸水性树脂结构与性能差异时，培养学生热爱集体、热爱国家的"家国情怀"和"团队合作意识"。

7.2.4.6 实验六 环氧树脂的制备与性能（6学时）

（1）知识点：环氧树脂的反应原理；环氧树脂的固化特征。

（2）思政元素：踏实作风。

（3）融入路径：在介绍环氧树脂作为通用树脂，品种有一千多种，用途十分广泛时融入思政，培养学生"甘于平凡不甘于平庸"的务实作风。

7.2.5 课程思政参考书目及网站

［1］焦书科.高分子化学习题及指导[M].北京：化学工业出版社，2004.

［2］唐黎明，林新.高分子化学[M].北京：清华大学出版社，2009.

［3］《学习强国》学习平台.

［4］《人民日报》微信公众号.

［5］沈赤.课程思政典型案例选编[M].杭州：浙江大学出版社，2020.

7.3 高分子物理课程思政教学指南

7.3.1 课程思政说明

"高分子物理"是高分子材料与工程专业的学科基础必修课程（72学时）。在课程教学中，把马克思主义立场观点方法的教育与科学精神结合起来，提高学生正确认识问题、分析问题和解决问题的能力；注重民族精神、时代精神的培养，培养学生勇于实践、精益求精的工匠精神；注重节能环保方面的教育，培养学生科学发展观和绿色生态技术观。

7.3.2 课程思政目标

（1）培养学生爱国主义情操：通过介绍高分子科学发展历史，结合我国近现代史来解释科技发展落后的原因，并介绍中国众多高分子领域专家的光辉事迹以及他们为学科和国家发展作出的贡献，增强学生的民族自信心和自豪感，激发学生以科技报国的家国情怀和爱校、爱专业的热情。

（2）培养学生绿色可持续发展观：高分子材料已经深入人们生活的方方面面，渗透了国民经济的各个领域，但高分子材料的广泛应用带来了一系列问题，如加剧了石油资源枯竭、造成了白色污染等。在课程教学中，引导学生一起讨论，寻找解决问题的方法，加深学生对科学发展观的理解，帮助学生树立可持续发展的理念。

（3）培养学生科学品质和工匠精神：我国高分子的研究始于20世纪50年代初，80年代初形成了自己的学科体系。国内一批高分子研究的先驱者在不同领域开展了相关研究。在这个充满艰辛的发展过程涌现出了一批著名的高分子科学家。在课程教学中，通过讲述科学牛人背后的故事，学习他们艰苦朴素、志存高远、精益求精、临危受命的科学精神和家国情怀，培养学生的科学精神品质和大国工匠精神。

7.3.3 思政元素融入教学知识点计划与安排

7.3.3.1 理论教学（48学时）

7.3.3.1.1 绪论（2学时）

（1）知识点：高分子科学的发展历史：蒙昧期、萌芽期、争鸣期、发展期；高分子科学领域诺贝尔奖获得者介绍；我校高分子材料与工程专业的发展历史。

（2）思政元素：爱国主义情操，为祖国的繁荣、富强、独立而献身的精神——中国的高分子化学家的光辉事迹；爱校爱专业，"锲而不舍、敢为人先"的湖工精神。

（3）融入路径：①讲授高分子科学的发展历史启发学生，高分子科学已经产生了诸多的理论和方法，却很少看到中国人的贡献。结合中华人民共和国成立前的屈辱历史，解释我国科技发展落后于世界的原因。②介绍中国的高分子化学家的光辉事迹以及他们对学科和国家发展所作出的贡献，增强学生的民族自信心和自豪感，激发爱国热情。例如，何秉林院士1956年毅然回国后领导我国离子交换树脂的研究和开发，为我国核能事业发展和原子弹成功爆炸作出了重大贡献。强调学生要重视基础科学研究，创新研究思维，在将来创造世界级成果，为国家赢得荣誉。③简单介绍我校高分子材料与工程专业的发展历史。践行"锲而不舍、敢为人先"的湖工精神，介绍教研室全体教师的研究方向，以杰出校友代表激励学生爱专业、爱学校。激励学生建立自己的职业规划和目标，培养自己各方面素质与能力。

7.3.3.1.2　高分子的链结构（6学时）

（1）知识点：共聚物的序列结构；嵌段共聚物；ABS树脂的性能分析。

（2）思政元素：合作与团队精神。

（3）融入路径：讨论ABS树脂中丙烯腈、丁二烯、苯乙烯分别赋予了ABS树脂什么性能。通过共聚，使高分子材料获得了优异性能，引导学生单打独斗不如携手共进，在学习生活和以后的工作中，要学会与人合作，要有团队精神，要有集体意识。

7.3.3.1.3　聚合物的凝聚态结构（8学时）

（1）知识点：按液晶基元所在位置，高分子液晶可分为主链液晶和侧链液晶。

（2）思政元素：精益求精的科学精神。

（3）融入路径：讲解侧链液晶时，引入其中一种结构为甲壳型液晶，其类似于一些甲壳虫爬在树上，故称为"甲壳型液晶"，引入甲壳型液晶的创始人——周其凤院士，介绍周其凤院士在甲壳型液晶方面的贡献，培养学生的科学精神。

7.3.3.1.4　高分子溶液（6学时）

（1）知识点：溶剂的选择原则——高分子溶剂使用的安全性。

（2）思政元素：可持续科学发展观和绿色生态发展观——"绿水青山就是金山银山"。

（3）融入路径：讲解溶剂有的挥发性大，有的毒性大，危害身体健康；有的制品不能回收和降解，造成对环境的二次污染等；强调溶剂使用原则是要保证使用者的安全，不危害环境；"绿水青山就是金山银山"，引导学生思考人与自然环境的和谐共处，科研开发要基于可持续科学发展观和绿色生态观，不能"涸泽而渔"，加强学生的社会责任感。

7.3.3.1.5　分子量、分子量分布（4学时）

（1）知识点：测定聚合物的平均分子量和分子量分布具有十分重要的意义，黏度法测聚合物分子量。

（2）思政元素：树立正确的人生观、世界观和价值观，珍惜生命。

（3）融入路径：①讲述分子量测定的意义时，引入美国化学家华莱士·卡罗瑟斯于1935年提出Carothers方程对缩合聚合中相对分子质量计算和控制具有重要意义。②卡罗瑟斯，美国化学家，不仅推导出了Carothers方程，成功将其应用于体形缩聚中凝胶点的预测和线性缩聚中聚合度的计算，也是尼龙66的发明者。然而，卡罗瑟斯却在年仅41岁时因长期抑郁而自杀，其原因可能是他处在一个研发压力很大的工作状况下，却缺乏积极乐观的人生态度。③以卡罗瑟斯的人生悲剧启迪教育学生，在学习生活中，要辩证地看待外界的压力，树立正确的人生观、世界观和价值观，珍惜生命。同时只有拥有健康的身体和健全的人格，才能更好地为人类作贡献。④坚持科学理性，不畏权威，求真务实——讲述德国物理化学家施陶丁格在真理面前对权威的大胆质疑和对真理的勇于维护的故事，当施陶丁格这位德国物理化学家首先提出长链大分子的观点时遭到了几乎整个科学界的讽刺和质疑，而施陶丁格通过近十年的研究坚持自己的观点，直到血红蛋白的分子量被测出。在事实面前，当初坚决反对过他的许多研究者也放下了个人成见，以严肃认真、实事求是的态度接受了高分子的概念。以此事例激励学生坚持科学理性，求真务实。

7.3.3.1.6　聚合物的分子运动与转变（6学时）

（1）知识点：聚合物分子运动的特点；高分子的分子运动的温度依赖性。

（2）思政元素：环境适应性——适应变革，改变自己。

（3）融入路径：①讲述高分子的分子运动随温度升高经历玻璃态、高弹态和黏流态，不同温度下形变不同，运动主体从键长键角改变为链段和长链整体。②由此融入社会主义核心价值观和爱国爱校的教育元素，引导学生思考"我要做一个什么样的人？"在科学技术高速发展及社会不断进步、国家快速发展、少数关键技术受遏制的大环境下，作为有社会责任心、有担当、有专业技术能力的人才，面对前所未有的挑战与困境，没有前人经验可借鉴，需要适应变革。只有改变自己，勇于承担，才能有所作为，为国家和社会的发展贡献自己的力量。

7.3.3.1.7　橡胶弹性（4学时）

（1）知识点：特定性能的聚酰胺热塑性弹性体可以通过调整软、硬段的化学结构和组成来实现。室温下形成一种微相分离的凝聚态结构。在医疗器件、电器元件、机械部件、高档运动鞋材、服装等领域获得了广泛的应用。

（2）思政元素：社会责任感和使命感——战"疫"历程，高分子材料的不可替代的巨大作用。

（3）融入路径：讲述热塑性弹性体的微相分离结构使其具有透气性，可应用于隔离服（要求透气性），回顾这场惊心动魄的战"疫"历程，可以发现有机高分子材料在其中发挥了巨大作用，以此培养学生的专业自豪感，调动对本课程学习的积极性；另外，相关医用高分子材料的大量使用必然产生大量的废弃物，这些材料的回收和再利用是个棘手的问题，通过这些问题的分析，进一步激发学生的学习热情，培养学生的责任感和使命感。

7.3.3.1.8　聚合物的黏弹性（4学时）

（1）知识点：高聚物蠕变性能反映了材料的尺寸稳定性和长期负载能力——以尼龙为例的抗蠕变性能分析。

（2）思政元素：道路自信、理论自信、制度自信的教育——"这种裤子曾红遍中国，却震惊了日本"的故事和中国的化工企业的发展速度。

（3）融入路径：①以20世纪70、80年代风靡一时的尼龙衫越穿越长为例，讲述线性聚合物抗蠕变性能差，引入"共青团中央"微信公众号2019年6月26日发表的《这种裤子曾红遍中国，却震惊了日本》的文章，讲述在20世纪70年代末，中国乡村将从日本进口的尿素化肥的尼龙袋做成裤子，以满足穿衣需求的事迹，讲述1977年我国组建了仪征化纤，1984年全线打通第一条聚酯生产线，至90年代真正解决了老百姓穿衣难的问题的发展历程，让学生明白当前琳琅满目、物美价廉的衣服，与高分子产业密切相关，建立高分子工业在国计民生的重要性认识。②尼龙66是美国杜邦公司1935年开发的世界上第一种合成纤维。可以让学生思考，国际上著名的化工类企业都有哪些呢？有中国的化工企业吗？从2000年和2017年世界500强企业前十名数据我们可以得出两个结论：一是中国的化工企业在世界的地位显著提升，在世界影响力大幅度提升，成为世界知名品牌；二是中国的化工企业的发展速度让世界震惊。③由数据引入中国共产党坚强的领导，中国特色社会主义的优越性体现，从而对学生进行道路自信、理论自信、制度自信的教育。

7.3.3.1.9　聚合物的屈服与断裂（4学时）

（1）知识点：同一个力学松弛现象，既可在较高的温度下、较短的时间内观察到，也可以在较低的温度下、较长时间内观察到。因此，升高温度与延长时间对分子运动是等效的，对聚合物的黏弹行为也是等效的。

（2）思政元素：科学发展观——切身体会化学这把"双刃剑"，形成责任关怀，深入理解化学工业与社会发展之间的相互制约关系，树立并落实"科学发展观"。

（3）融入路径：①讲述时间等效与叠加的内涵，联想到高分子材料可能在300多摄氏度就分解了，但常温是难降解高分子材料的。引导学生设计环境友好型、可降解型高分子材料。②陈学思院士团队立足吉林省的玉米产业，开展了可降解聚乳酸和聚己内酯研究，既有效服务了国民经济，又为解决白色污染提供了一条可行的路线，体现了"科学进步"与"社会发展"之间的和谐与统一。③讲解可降解塑料袋聚对苯二甲酸–己二酸–丁二醇酯（PBAT）的可降解原理，让学生深刻理解国家在这一方面的相关法律法规，认识作为高分子材料专业学生的责任感，懂得"绿水青山就是金山银山"的道理，树立环保意识和社会责任感。

7.3.3.1.10　聚合物流变性与电学性能、热学性能和光学性能（4学时）

（1）知识点：功能高分子材料——光敏高分子材料的应用；功能高分子材料——导电高分子材料的应用。

（2）思政元素：科技报国的家国情怀和使命担当——当前中国面临的"卡脖子"问题。培养学生善于发现、勤于思考的品质——诺贝尔奖获得者白川英树的故事。

（3）融入路径：①讲解我国的新材料产业体系已经基本形成，并且发展势头良好。据统计，有10%左右的新材料领域处于国际领先水平，例如超高分子量聚乙烯纤维、T700和T800级碳纤维。②但同时也要意识到，和世界发达国家相比，依然存在较大差距。例如，半导体集成电路生产过程中所用的紫外光刻和纳米压印技术中，光刻胶是其中的重要关键技术，也是国外对中国禁用的半导体关键技术之一（限制华为芯片进口）。激励学生树立创新意识，积极投身科技创新研究，激发学生以科技报国的家国情怀和使命担当。③介绍导电高分子材料先驱、诺贝尔奖获得者白川英树的故事。由于学生操作失误，在有机高分子材料聚乙炔的聚合反应体系中加入了大量的催化剂，导致反应体系表面出现了具有金属光泽的薄膜。这一特殊的现象引起了白川英树的注意，成功获得了导电聚乙炔材料，打破了人们对"塑料不能导电"的固有认知。通过对高分子材料发展历程中有趣的"偶然"事件的讲解，学生可以更深刻地理解高分子材料的发展历史，并培养他们对科研的兴趣以及善于发现和勤于思考的品质。

7.3.3.2 实验教学（24学时）

7.3.3.2.1 偏光显微镜法观测聚合物球晶形态（4学时）

（1）知识点：利用熔点仪的加热台来熔融聚丙烯样品，熔体流动速率测定仪的加热设备，温度高达200多摄氏度。观察聚丙烯的缓慢降温与快速降温的球晶形态与大小。

（2）思政元素：安全意识、责任意识、创新精神——口罩生产产能制约因素。

（3）融入路径：①强调用加热台制备聚丙烯薄膜样品时，注意安全，避免烫伤。②强调实验过程中注意自身安全的同时也要注意他人安全，防范风险发生；增强个人在实际工作中应对突发状况的能力。③通过观察聚丙烯薄膜淬火和退火结晶形态可知快速降温聚丙烯也是可以结晶的，聚丙烯的结晶性能很好。④联想到口罩，其起主要阻隔作用的熔喷布就是高熔指的聚丙烯（PP），通过熔喷生产工艺制备而成。制约熔喷布产能的因素除了机器设备之外，就是高熔指熔喷PP材料严重不足。因此，如何提高产能，获得高质量的熔喷PP显得尤为关键，而这背后需要高分子材料研究人员争分夺秒地进行大量的科研研发工作。⑤通过对时事政治的分析和介绍，突出高分子材料创新的重要性，培养学生的创新精神。

7.3.3.2.2 高分子材料熔体速率的测定（4学时）

（1）知识点：熔体流动速率测定仪设备介绍。

（2）思政元素：时代新人的劳动素养、团队协作精神和节约意识——社会主义建设者和接班人的综合素质和劳动技能。

（3）融入路径：讲解实验步骤中，加注样品时为了能比较安全快捷地加料，需要两人合作，否则可能造成加料杆碰倒加料斗，造成样品浪费；在实验过程中培养学生耐心、细致的工作态度，良好的团队协作精神；不测数据时关闭设备电源，养成节约的良好习惯。

7.3.3.2.3 黏度法测定聚合物的黏均分子量（4学时）

（1）知识点：乌式黏度计的使用及特性黏数与黏均分子量的计算。

（2）思政元素：实事求是，科学严谨的"工匠精神"和科学精神。

（3）融入路径：实验数理时，使用外推法来计算特性黏数，实验数据能否外推至一个点取决于实验过程的每一个环节，培养学生缜密严谨的科学态度和"精益求精"的工匠精神。

7.3.3.2.4　高聚物电阻系数的测定（4学时）

（1）知识点：自主操作仪器设备。

（2）思政元素：安全卫生纪律——严格遵守技术操作规程和安全卫生规程。

（3）融入路径：讲解仪器设备的使用方法，强调遵守乌氏黏度计的操作规程，对学生进行安全卫生纪律教育。

7.3.3.2.5　聚合物的定性鉴别、聚合物材料的维卡软化点的测定和高分子材料拉伸与冲击强度实验（10学时）

（1）知识点：自主操作仪器设备。

（2）思政元素：安全卫生纪律——严格遵守技术操作规程和安全卫生规程。

（3）融入路径：讲解仪器设备的使用方法，强调遵守乌氏黏度计的操作规程，对学生进行安全卫生纪律教育。

7.3.4　课程思政参考书目及网站

［1］华幼卿，金日光，等.高分子物理[M].5版.北京：化学工业出版社，2019.

［2］何曼君，等.高分子物理[M].3版.上海：复旦大学出版社，2007.

［3］《学习强国》学习平台.

［4］《人民日报》微信公众号.

［5］沈赤.课程思政经典案例选编[M].杭州：浙江大学出版社，2020.

7.4　材料科学基础课程思政教学指南

7.4.1　课程思政说明

"材料科学基础"是高分子材料与工程专业的学科基础课（48学时）。在课程教学中，要把马克思主义立场观点方法的教育与科学精神的培养结合起来，提高学生正确认识问题、分析问题和解决问题的能力；结合工程实际案例，培养学生遵守标准规范的职业素养，建立创新、绿色、安全化工的理念，树立化工生产"安全至上，生态和谐"的意识。

7.4.2　课程思政目标

（1）通过介绍材料科学发展史以及我国材料发展成果，激发学生以科技报国的家国情怀和爱校、爱专业的热情。

（2）通过融入马克思主义方法论和强化工程伦理教育，引导学生树立工程意识和大工程观，培养解决复杂工程问题的能力和不畏艰辛、勇于探索的科学精神；培养学生正确认识、分析和解决问题的能力，提升学生的思辨力和创新力。

（3）结合理论知识和概念的掌握对学生的思想政治教育予以注重，使学生通过学习不仅掌握理论知识内容，而且可以建立正确的人生观和科学素养，培养德育协调发展的专业人才。只有双管齐下地对学生进行知识和世界观、人生观的教育，才能使学生逐步成长为德智发展相协调的专业技术人才，加强分析化学中人文素质及思政教育，则更有利于德智的协调教育。

7.4.3 思政元素融入教学知识点计划与安排

7.4.3.1 绪论（2学时）

（1）知识点：中国材料和当代先进技术。

（2）思政元素：理论自信和文化自信。

（3）融入路径：讲解人类的发展史就是材料的发展史，具体讲解中国古代金属材料冶炼、铸造、加工技术水平辉煌的历史，加强学生对专业、中华民族悠久历史和文明的理解，增强文化自信；讲解材料发展"卡脖子"的关键技术难题，国际紧张的材料竞争环境，"中国制造2025"的具体内容，提高学生学习专业的紧迫感、责任感和使命感。

7.4.3.2 原子的结构与结合键（2学时）

（1）知识点：原子结构。

（2）思政元素：工匠精神。

（3）融入路径：课外拓展工匠精神系列教育纪录片——中央电视台大型纪录片《大国工匠》——大技贵精的学习。在高倍显微镜下手工精磨刀具，即使$5\,\mu m$的公差也要"执拗"返工的李峰；心有精诚，手有精艺，顾秋亮仅凭一双手捏捻搓摸，便可精准感知细如发丝的钢板的厚度。

7.4.3.3 晶体结构（6学时）

（1）知识点：金属晶体结构；金属间化合物。

（2）思政元素：民族自尊心和爱国荣誉感；科研强国；爱国主义和工匠精神。

（3）融入路径：①以FAST工程反射面单元背架结构材料为铝合金，去讲解铝的结构为面心立方晶格，滑移系多，发生滑移的可能性越大，金属的塑性便越好，所以加工能力越好；铝的表面容易生成致密Al_2O_3氧化膜，中断了铝材与空气的接触。这呼应了结构是功能的内在基础、功能是结构的外在表现这一哲学理论。当学生了解到FAST突破工程极限的庞大口径是人类在射电望远镜建造领域的一次划时代的突破，再通过与西方国家的望远镜做比较，其灵敏度与综合性能均提高10倍，深刻激发了学生的民族自尊心和爱国荣誉感。②讲解我国在TiAl金属间化合物的研究和应用方面突破的实例。TiAl金属间化合物具有高熔点、轻比重的特点，其脆性禁锢了其在航天航空领域的应用。我国科学家通过刻苦钻研，采用掺Nb的方法，实现了TiAl金属间化合物的强韧性，从而实现其在神舟飞船上的应用。③院士人物介绍：著名晶体学家奠基人之一郭可信院士的典型事迹。1985年郭可信和他的研究组发现五重旋转对称和Ti–V–Ni二十面体准晶，在国际学术界产生重要影响并获得高度评价，被称为"中国相"，并于1987年获得国家自然科学一等奖。

7.4.3.4　晶体缺陷（6学时）

（1）知识点：晶体缺陷；晶界。

（2）思政元素：对科研的钻研精神和面对问题迎难而上的勇气与精神；唯物辩证法三大规律之对立统一。

（3）融入路径：①讲解我国晶体结构缺陷研究先驱——冯瑞院士在金属和氧化物晶体中缺陷的组态和起源上的研究对非线性光学晶体微结构化的贡献实例，培养学生对科研的钻研精神和面对问题迎难而上的勇气与精神。②分析晶界的作用，尤其是晶界在不同温度下展现的性能特点，挖掘出唯物辩证法三大规律之对立统一，指出客观存在都是矛盾的统一体，而且事物内部矛盾是事物发展变化的源泉和动力。

7.4.3.5　位错基础知识（4学时）

（1）知识点：位错间的相互作用。

（2）思政元素：过程决定结果。

（3）融入路径：介绍位错的不同作用导致的不同结果，引发学生讨论和思考过程与结果的关系。

7.4.3.6　材料的变形（6学时）

（1）知识点：塑性变形。

（2）思政元素：奋斗精神铸就青春底色，以知识见识淬炼真本领。

（3）融入路径：由材料强韧化化对其性能的显著影响，引申至中华文明能够成为四大文明之一并被延续至今，最重要的原因就是中华民族的勤奋和初心，让学生更加系统地了解中国传统文化的博大精深，激发学生以奋斗精神铸就青春底色，以知识见识淬炼真本领。

7.4.3.7　回复与再结晶（2学时）

（1）知识点：回复与再结晶概述；相图。

（2）思政元素：创新精神和工匠精神；爱国主义和科学素养的培养。

（3）融入路径：①通过对院士丁文江的科技论文的讲解，介绍我国材料两院院士丁文江对镁合金材料的精密成型研究，把镁和稀土结合，开展体系研究并形成了中国特色；视频讲解长期工作在工程技术第一线的院士王一德，为我国轧钢技术的发展作出重大贡献，激发学生奋斗是生命的主旋律，鼓励学生要坐得住板凳，拿得起铁锤，写得了文章，全方位发展。②启发学生要能根据相图选择合适的热处理工艺，让学生在今后的热处理工艺中要考虑到社会、健康、安全、法律与环境等因素；讲述相图界的"霍金"金展鹏院士，金院士留学期间勤于钻研，首创了三元电子扩散偶——电子探针微区成分分析方法，这种方法把传统材料科学与现代信息学结合起来，成功地将之前德国科学家必须用

52个试样才能测定出三元相图整个等温截面简化为仅用一个试样即可以测出。这种方法就是轰动了国际相图界的"金氏相图测定法"。

7.4.3.8 二元相图（8学时）

（1）知识点：铁碳合金。

（2）思政元素：爱国敬业。

（3）融入路径：介绍师昌绪院士是中国高温合金开拓者之一，发展了中国第一个铁基高温合金，领导开发了我国第一代空心气冷铸造镍基高温合金涡轮叶片。从思想政治角度来看，师院士也是中国材料科学与工程领域中功绩卓著、德高望重的一代宗师及学术领导人，他曾冲破美国政府的重重阻力回到祖国大地。通过引入名师名事，利用材料科学家爱国敬业的事例激励学生深层次理解工程技术人员爱岗敬业与我国国情、综合国力和实现中国梦之间的辩证关系，激发学生的职业荣誉感和奋斗精神。

7.4.3.9 材料的凝固（6学时）

（1）知识点：固溶体的凝固；铸锭组织。

（2）思政元素：科学精神；爱国热情；社会主义制度的优越性。

（3）融入路径：通过启发式教学引导学生掌握凝固原理在特种铸造及新型材料开发过程中的应用，进一步掌握基本知识的同时，融入学无止境的科学精神，结合国家重大工程项目（如三峡大坝发电机组的铸钢件、核电站大型铸钢件、大型船用曲轴铸件等），融入勇于攻克科学难题的思政教育，并激发学生的爱国热情与社会主义制度的优越性。

7.4.3.10 固态扩散（4学时）

（1）知识点：扩散机制；渗碳扩散。

（2）思政元素：善于思考，勇于创新的科学精神；职业道德和敢于质疑的勇气。

（3）融入路径：①结合扩散微观机制，两种物质相互扩散，当扩散元素的含量超过基体金属的溶解度时，则随着扩散的进行会在金属表面形成中间相，其本质就是量变导致质变，激发学生树立一以贯之、久久为功的学习态度，使学生勇于思考、勇于创新。②在讲解渗碳工艺时，分析渗碳过程的化学变化和时间的关系，溶入的碳量和材料力学性能和组织的变化过程，让学生理解量变到质变的本质，如何降低温度缩短时间，讲解节能的手段和意义，培养学生的工程思维，形成绿色发展的理念；李鹤林院士对苏联规定的钻头强韧性指标和渗碳钢含量提出质疑。提出了延长钻头使用寿命的新材料和新工艺，在实验上，先解决渗碳工艺问题，再将代用材料做不同处理，通过全面分析苏联规定的工艺规范和性能指标，建立一套新的、适合我国情况的实验方法和性能指标。

7.4.4 课程思政参考书目及网站

［1］石德柯.材料科学基础[M].北京：机械工业出版社，2012.

［2］郑子樵.材料科学基础[M].长沙：中南大学出版社，2013.

［3］《学习强国》学习平台.

［4］《青年湖南》微信公众号.

［5］《人民日报》微信公众号.

7.5 高分子材料成型加工原理课程思政教学指南

7.5.1 课程思政说明

"高分子材料成型加工原理"是高分子材料与工程专业一门重要的专业主干课程（64学时）。要把马克思主义立场观点方法的教育与科学精神的培养结合起来，提高学生正确认识问题、分析问题和解决问题的能力；要注重强化学生工程伦理教育，培养学生精益求精的大国工匠精神，激发学生以科技报国的家国情怀和使命担当。

7.5.2 课程思政目标

（1）通过介绍高分子材料成型加工的发展史，激发学生以科技报国的家国情怀和爱校、爱专业的热情，使学生投身专业学习、逐梦无悔青春。

（2）在理论知识教学中，通过融入马克思主义方法论和强化工程伦理教育，引导学生树立工程意识和大工程观，培养解决复杂工程问题的能力和不畏艰辛、勇于探索的科学精神；在实验教学中，培养学生正确认识、分析和解决问题的能力，提升学生的思辨力和创新力。

（3）结合工程实际案例，培养学生在高分子材料相关领域内持续学习，追求卓越的精神；结合典型人物案例，引导学生树立进取精神、担当意识，形成良好的职业素养和职业伦理。

7.5.3 思政元素融入教学知识点计划与安排

7.5.3.1 绪论（2学时）

（1）知识点：高分子材料制造及成型加工的基本过程；高分子材料工程特征；高聚物特性与成型加工关系；高分子材料的发展简史。

（2）思政元素：爱国主义情怀。

（3）融入路径：介绍材料在人类历史中的重要地位时，结合我国的青铜器、四大发明、陶瓷等对世界文明的贡献，发扬民族自豪感，提倡爱国主义和社会责任感。

7.5.3.2 高分子材料学（6学时）

（1）知识点：影响高分子材料加工与使用性能的主要化学因素及规律；影响高分子材料加工与使用性能的主要物理因素及规律。

（2）思政元素：辩证唯物主义世界观和科学思维方法；工匠精神。

（3）融入路径：在讲与材料结构相关的化学知识时，重点强调材料结构与化学本质的内在联系，使学生学会从原子和分子水平的观点来思考，培养综合统筹思维、辩证唯物主义世界观和科学思维方法；在讲材料结构的相关理论时，穿插介绍相关科学家的事例，发扬工匠精神。

7.5.3.3 添加剂（10学时）

（1）知识点：稳定剂、增塑剂、交联体系、填充剂等重要添加剂的分类、常用品种、作用原理及应用注意事项。

（2）思政元素：责任担当；团队意识。

（3）融入路径：在讲解添加剂的协同效应和一剂多能现象时，启发学生勇于担当、团结合作的团队意识。

7.5.3.4 高分子材料配方设计（4学时）

（1）知识点：高分子材料配方体系的组成与表示方法；配方设计的基本原则与基本步骤；配方示例。

（2）思政元素：辩证唯物主义世界观和科学思维方法；生态意识。

（3）融入路径：通过学习配方设计的基本方法与步骤时融入科学思维方法；强调"限塑令"帮助学生理解科学发展观的理念，帮助学生树立可持续的生态环保意识，增加学生法治观念。

7.5.3.5 压制成型（4学时）

（1）知识点：压制成型概述；压制成型工艺原理；热固性塑料压制成型设备及工艺控制；橡胶模压成型生产过程及工艺控制；复合材料的压制成型的分类、配方组成及应用特点。

（2）思政元素：科学精神。

（3）融入路径：在学习压制成型原理及发展时，培养学生创新思维方法和能力。

7.5.3.6 挤出成型（4学时）

（1）知识点：挤出设备的基本结构与工作原理；挤出成型工艺原理；塑料管材挤出工艺；橡胶压出工艺；纤维纺丝工艺。

（2）思政元素：科学态度。

（3）融入路径：在比较学习三大材料挤出原理及工艺时融入思政元素，培养学生科学思维方法和严谨的科学态度。

7.5.3.7 注射成型（4学时）

（1）知识点：注射机的结构及作用；注射成型原理；热塑性塑料注射成型工艺过程及工艺条件；常见注射产品缺陷及解决方案；注射新技术及发展趋势。

（2）思政元素：科技报国。

（3）融入路径：在让学生了解注射成型新技术的发展过程融入思政元素，培养学生科学探索中的使命感、责任感，激发创造创新活力，树立"技术报国、科技报国"的人生理想。

7.5.3.8 压延成型（4学时）

（1）知识点：压延成型设备；压延成型工艺原理；热塑性塑料的压延工艺；橡胶的压延工艺；压延产品质量控制。

（2）思政元素：人生观。

（3）融入路径：在讲解古老的压延方法长盛不衰的事实时融入思政，培养学生客观、自信、乐观的人生观。

7.5.3.9 二次成型（6学时）

（1）知识点：二次成型原理及特征；中空吹塑成型定义、分类及应用；拉幅薄膜成型定义、分类及应用；热成型定义、分类及应用。

（2）思政元素：爱国情怀。

（3）融入路径：培养学生敬重革命先辈，珍惜眼前的幸福生活，同时还要继续艰苦奋斗使国家进一步繁荣昌盛的爱国情怀。

7.5.3.10 其他成型方法（4学时）

（1）知识点：铸塑成型分类、特征及应用；泡沫材料成型方法、原理及应用；冷压烧结成型定义、特征及应用；冻胶纺丝定义、特征及应用。

（2）思政元素：交流合作、创新思维。

（3）融入路径：通过让学生了解高分子材料的很多成型方法最早是从金属成型借鉴过来的事实时融入思政元素，启迪学生交流合作与创新思维的重要性。

7.5.4 实验教学（16学时）

7.5.4.1 塑料注塑实验（4学时）

（1）知识点：注塑机的基本结构、工作原理、工作周期和主要工艺条件及参数。

（2）思政元素：勇于创新，精益求精。

（3）融入路径：在介绍我国注塑设备的发展历程时融入思政，培养学生敢于创新、精益求精的职业观。

7.5.4.2 塑料、橡胶拉伸实验（4学时）

（1）知识点：橡胶、塑料拉伸性能；拉伸实验操作及数据分析。

（2）思政元素：正确的职业观。

（3）融入路径：在强调实验注意事项时引入以前学长做实验不认真细致弄坏设备造成损失进行案例教育；要求学生自学软件处理实验数据融入终身学习观，培养学生严谨细致的实验作风和终身学习、不断进取的职业观。

7.5.4.3 橡胶无转子硫化实验（5学时）

（1）知识点：混炼配方、混炼实验操作；无转子硫化工作原理；硫化三要素及硫化曲线数据分析。

（2）思政元素：自主学习新知识、新技术的积极进取的人生观。

（3）融入路径：要求学生自学软件处理实验数据融入终身学习、不断进取的价值观。

7.5.4.4　塑料压片实验（3学时）

（1）知识点：塑料压制原理及工艺；压制实验操作步骤；压制产品表面质量分析。

（2）思政元素：辩证观。

（3）融入路径：在要求学生对自己压制产品进行表面质量分析时融入思政元素，培养学生辩证思维观和自我反省的意识。

7.5.5　课程思政参考书目及网站

[1] 周达飞. 材料概论：第二编 [M]. 北京：化学工业出版社，2009.

[2] 赵素合. 聚合物加工工程 [M]. 北京：轻工业出版社，2006.

[3]《学习强国》学习平台.

[4]《人民日报》微信公众号.

[5] 沈赤. 课程思政典型案例选编 [M]. 杭州：浙江大学出版社，2020.

7.6　高分子材料成型加工设备课程思政教学指南

7.6.1　课程思政说明

"高分子材料成型加工设备"是高分子材料与工程专业一门重要的专业主干课程（48学时），要把马克思主义立场观点方法的教育与科学精神的培养结合起来，提高学生正确认识问题、分析问题和解决问题的能力；要注重培养学生精益求精的大国工匠精神。

7.6.2　课程思政目标

（1）本课程以介绍自然科学和工程实践知识为主，与传统的思想政治教育课程属于不同专业类别。因此，应通过深入分析课程内容与中国特色社会主义核心价值观之间的联系，寻找思政教学的切入点与结合点，从顶层设计角度研究高分子材料成型加工设备课程与思政教育的关系。在课程中要注意挖掘其人文精神和科学精神，如通过引入知名爱国人物、化工建设者在化工生产中发挥积极作用的案例，重点强化广大青年学子的爱国主义、工程伦理、工匠精神、职业素养、创新意识、法律法规意识和生态文明教育等。

（2）将职业素养教育贯穿整个课程，作为未来的化学工程师，在提升自己职业技能的同时，也必须遵守职业操守，具有职业道德。敬业是中华民族的传统美德和社会主义核心价值观的外在直接体现。职业素养是公民从业的基本素质，是大学生成才的基础，也是不可或缺的职业道德。适时介绍全球因人为失误导致的化工厂爆炸悲剧，分析产生的原因，认识到大多数事故并非化工不安全，而是人为因素造成，进而提醒同学们在以后的工作中一定要具有基本的职业操守和专业素养，同时也传播通过技术发展改善人类生存环境的人文精神。

（3）最后，在课堂教学中注重渗透社会主义法律法规意识教育，强调青年学子在将来的工作中，应该遵守规范法规，工作态度端正严谨，懂得维护自己的权利，履行应尽的义务。诚信也是中华民族的传统美德，是公民基本的道德规范，是大学生必须具备的基本道德素质，也是大学生树立理想信念的基础。使学生树立诚实守信的理念，将实事求是贯穿于课程教学的每一个环节，科学容不得半点虚假，如在考试前进行考风考纪教育，杜绝学生考试作弊。

7.6.3 思政元素融入教学知识点计划与安排

7.6.3.1 绪论（2学时）

（1）知识点：高分子材料制造及成型加工的基本过程；高分子材料常见加工方法及主要设备；高分子材料加工设备的发展简史。

（2）思政元素：培养学生的责任感和历史使命感；讲好"学什么"和"怎么学""为什么学"和"有什么用"，设法建立学生为人民服务的思想。

（3）融入路径：在介绍高分子材料加工设备发展简史时结合现代报道，列举国内外相关实例，培养爱国情怀，为民族复兴奉献自己。

7.6.3.2 熔纺化纤设备（26学时）

（1）知识点：化纤设备分类；熔体纺丝工艺方法及流程；干燥原理、设备及干燥工艺；熔体纺丝设备结构组成、工作原理及工艺控制；长丝卷绕机基本结构、工作原理及卷绕工艺条件；长丝后加工设备种类、基本结构、工艺条件；短纤维后加工工艺方法、流程及主要加工设备。

（2）思政元素：辩证唯物主义世界观和科学思维方法；绿色环保、可持续发展的理念——熔体纺丝工艺方法的研发和生产符合绿色发展理念；大国工匠精神——敬业、精益、专注、创新。

（3）融入路径：通过理论联系实际的案例教学和要求学生课外查阅相关文献、书籍，课堂教学和课外延伸相结合的方式融入。

7.6.3.3 重要的塑料加工设备（8学时）

（1）知识点：压制成型、挤出成型、注射成型和压延成型四大成型方法所对应的加工设备的基本结构、工作原理及工艺控制。

（2）思政元素：学习观。

（3）融入路径：在了解开炼机和密炼机的悠久使用历史时，启发学生意识到持续学习、终身学习的必要性和重要性。

7.6.3.4 重要的橡胶加工设备（4学时）

（1）知识点：开炼机的基本结构、工作原理及工艺控制；密炼机的基本结构、工作原理及工艺控制。

（2）思政元素：专业自信。

（3）融入路径：在了解开炼机和密炼机的悠久使用历史时，启迪学生明白修炼内功，自身强大的重要性。

7.6.4　课程思政参考书目及网站

［1］李允成，徐心华.涤纶长丝生产[M].北京：中国纺织出版社，1995.

［2］陈世煌.塑料成型机械[M].北京：化学工业出版社，2006.

［3］《学习强国》学习平台.

［4］《人民日报》微信公众号.

［5］沈赤.课程思政典型案例选编[M].杭州：浙江大学出版社，2020.

7.7　高分子材料近代测试技术课程思政教学指南

7.7.1　课程思政说明

"高分子材料近代测试技术"是高分子、生物工程等学科及其相关学科的重要专业基础课之一（40学时），也是许多其他学科取得化学信息的科学研究手段。

通过本课程学习，使学生系统地学习现代分析测试技术的基本理论、基本知识和基本技能，并具备运用所学分析仪器与测试技术的知识，解决实际生产工艺和科学研究中的具体分析问题的初步能力。熟悉常用的分析仪器的结构，掌握各种仪器分析方法的理论原理、各类分析测试仪器的操作技术和使用方法；熟悉常用的分析仪器的特点，具有正确选择分析仪器和测试方法的能力；能结合实际生产和科学研究中的具体分析问题，完成对实际样品的分析测试任务。通过本课程学习，使学生具备持续学习的能力和运用专业知识解决实际问题的能力。使学生坚定理想信念，增强社会主义核心价值观，发扬中华优秀文化，提高职业素养，树立生态文明的思想，践行以人为本的科学发展观。

课程综合性强，具有理论与实践相结合的特点，该课程是培养学生工程意识和思维的重要阵地，是提升学生专业热爱度的关键环节，是加深学生对材料测试手段专业认识、开拓思维、选择人生职业的重要导航和指引。材料行业是国民经济发展的支柱行业，关系国计民生，关乎生命、生态、健康。因此，做好课程思政，培养出德才兼备的化工专业人才尤为重要。

7.7.2　课程思政目标

（1）通过介绍仪器分析和色谱分析发展史，特别引入我校分析方向的发展史，激发学生以科技报国的家国情怀和爱校、爱专业的热情。

（2）通过人文关怀和科学素养的培养，哲学思维和环保意识的合理融入，培养学生解决复杂工程问题的能力和不畏艰辛、勇于探索的科学精神，培养学生正确认识、分析和解决问题的能力。

（3）结合企业和社会实际案例，培养学生在化学化工、分析检测相关领域内持续学习、追求卓越的精神；结合典型人物案例，引导学生树立进取精神、担当意识，形成良好的职业素养和职业伦理。

7.7.3 思政元素融入教学知识点计划与安排

7.7.3.1 绪论（1学时）

（1）知识点：仪器分析方法的分类及发展趋势。

（2）思政元素：理解分析测试在社会服务中的重要作用，提高学生们遵纪守法的意识。

（3）融入路径：食品安全事件如2005年的苏丹红和孔雀石事件，2008年的三聚氰胺事件，2010年的地沟油事件，2011年的塑化剂事件。

7.7.3.2 紫外光谱（3学时）

（1）知识点：紫外—可见吸收光谱基础；紫外—可见吸收光谱法的应用。

（2）思政元素：社会责任感与使命感。

（3）融入路径：在课堂教学过程中要注意提高学生的个人品德、社会公德以及职业道德，为学生今后走上工作岗位更好地胜任本职工作打下基础。在具体教学过程中，教师可以运用案例进行启发式教学，如可以引用三聚氰胺、假疫苗、广东练江污染等事件作为反面教材，将社会主义核心价值观中的"爱国、敬业、诚信、友善"贯穿到教学过程中，教育学生以后在从事食品、药品的检测分析或环境监测的相关工作中，要热爱自己的职业，诚实工作、遵守承诺，坚守道德和法律的底线，做到科学、公平、公正。在课堂教学中教育学生要做一个有良知、讲正义的检测分析人员，尽职尽责地努力把住食品、药品、环境安全关。

7.7.3.3 红外光谱（6学时）

（1）知识点：红外光谱法的基本原理；红外谱图解析及应用。

（2）思政元素：创新是民族进步的灵魂。

（3）融入路径：引导学生意识到方法创新是分析仪器发展的源泉，看似越来越先进、越来越高端的仪器设备，很多时候都是在原有仪器设备的基础上稍加改进诞生的。离子色谱就是在液相色谱基础上发展起来的一种方法。

7.7.3.4 原子吸收光谱法的基本原理（6学时）

（1）知识点：原子吸收光谱法的基本原型。

（2）思政元素：培养学生辩证唯物主义世界观和科学思维方法。

（3）融入路径：创新是民族进步的灵魂，是国家发展的主要推力，培养大学生的创新能力是现代教育的出发点，也是现代素质教育的基本要求。本课程实用性非常强，对学生创新能力的培养起着重要的作用。学科的发展历程，本身就是科学思想和创新意识应用于新工具、新方法并以之解决新问题的典型实例。

7.7.3.5　气相色谱法（6学时）

（1）知识点：色谱基本理论；气相色谱仪的组成；常用检测器。

（2）思政元素：创新精神。

（3）融入路径：采用色谱法、气质联用技术（GC–MS）对环境中氟氯烃类气体以及有机农药的测定；色谱–质谱联用技术是典型的两种以上仪器的联合使用，联用技术的开展有效克服了单种技术应用的局限性，实现了更快、更有效地分离和分析技术及方法。现代仪器分析已高度综合电、光、计算机、材料科学、物理、化学、生物学等先进技术，它既是知识创新和技术创新的前提，也是创新研究的主体内容之一。

7.7.3.6　高效液相色谱法（4学时）

（1）知识点：HPLC色谱法的特点；液相色谱仪的基本结构及基本概念。

（2）思政元素：爱国情怀；价值观。

（3）融入路径：由屠呦呦及青蒿素引出诺贝尔奖就在你身边，液相色谱仪测定青蒿素含量；开展爱国主义教育，传递民族自信心和自豪感；以2015年"3·15"打假活动视频和网页新闻、萝卜根粘草根冒充万元野山参的事例引出中药材质量问题，进行道德观及价值观教育、观点思考。

7.7.4　实验教学（16学时）

7.7.4.1　芳香族化合物的鉴定（2学时）

（1）知识点：测定吸收曲线的方法；吸收池的正确使用方法；有机物定性与定量分析的方法。

（2）思政元素：环保意识。

（3）融入路径：习近平总书记曾经指出"绿水青山就是金山银山"。在教学中，通过试剂的使用量和废液的处置回收讲解，培养厉行节约、绿色环保的素质。不断向学生渗透环保意识，让学生了解拥有美好的环境是人民向往美好生活的一部分。在具体分析实验中，注意有毒有害试剂在使用后应科学规范地处置，安全问题关系着千家万户。

7.7.4.2　红外光谱仪的使用及材料分析（2学时）

（1）知识点：红外吸收的理论知识；红外样品处理与制备的方法；红外光谱测定的方法；红外谱图分析与结构分析的方法。

（2）思政元素：不畏艰难；诚实守信。

（3）融入路径：学生实验操作不规范，得到的数据准确度和精密度均不好。这种情况下，学生会有挫败感，产生沮丧和不耐烦的情绪。为了得到满意的实验结果，部分学生不愿意不断试错，却想着投机取巧，篡改数据。要以克服困难、实事求是为价值观导向，引导学生体会探索科研问题时的艰辛，分享他们成功的喜悦和失败的苦恼，关注他们的科学态度和价值取向，引导学生坚定不畏困难、解决问题的决心和实事求是的诚信原则。

7.7.4.3 原子吸收光谱法测自来水中镁（4学时）

（1）知识点：原子吸收分析原理和定量方法；仪器操作方法和样品处理方法。

（2）思政元素：安全意识。

（3）融入路径：运用实例强调安全的重要性；强调用电、用气安全，禁止学生在实验室抽烟。

7.7.4.4 苯系物的气相色谱分析（4学时）

（1）知识点：气相色谱分离原理和外标定量方法；环境污染物中苯系物的分析方法。

（2）思政元素：环保意识；社会责任感。

（3）融入路径：在实验教学中如何使环保、绿色的理念体现在课堂中，根植于学生的头脑中是值得思考的问题之一。现代仪器分析方法相对传统的化学分析，试剂用量已大幅减少。考虑实验方案中药品毒性和投加剂量及废液的集中回收，培养学生守护家园的社会责任感。

7.7.4.5 苯、萘、菲的 HPLC 分析（4学时）

（1）知识点：掌握反相色谱的优点及应用；学会面积归一法分析方法。

（2）思政元素：实事求是，科学态度。

（3）融入路径：分析化学强调"量"的概念，要求学生实验最少重复三次，相对平均偏差要低于0.02%。如果实验数据达不到要求，需要重新实验直到符合要求，培养学生实事求是、一丝不苟的科学品质和良好的职业道德。

7.7.5 课程思政参考书目及网站

［1］周达飞.材料概论：第二编[M].北京：化学工业出版社，2009.

［2］赵素合.聚合物加工工程[M].北京：轻工业出版社，2006.

［3］《学习强国》学习平台.

［4］《人民日报》微信公众号.

［5］沈赤.课程思政典型案例选编[M].杭州：浙江大学出版社，2020.

7.8 高聚物合成工艺学课程思政教学指南

7.8.1 课程思政说明

"高聚物合成工艺学"是高分子材料与工程专业一门重要的专业必修课程（24学时），主要了解高分子合成工业的发展简史，掌握几种重要的高分子化合物的生产过程和合成工艺原理及合成方法。在教学过程中着重培养学生的爱国主义精神，提高学生正确认识问题、分析问题和解决问题的能力；注重强化学生工程伦理教育，培养学生精益求精的大国工匠精神，激发学生以科技报国的家国情怀和使命担当，坚守"绿水青山就是金山银山"的环保理念和意识。

7.8.2　课程思政目标

（1）通过介绍高聚物合成工业的发展史，各种高聚物合成工艺原理及其工艺条件的控制与优化，使学生掌握重要的高聚物的合成原理及其合成工艺、结构与性能及用途；了解高分子材料对人类文明和社会进步作出的巨大贡献，激发学生以科技报国的家国情怀和爱校、爱专业的热情，使学生投身专业学习、逐梦无悔青春。

（2）在理论知识教学中，通过融入马克思主义方法论和强化工程伦理教育，引导学生树立工程意识和大工程观，培养勇于探索的科学精神。结合工程实际和生活实例，培养学生在高分子合成材料的相关领域内持续学习、追求卓越的精神；结合典型的案例，引导学生树立创新精神、担当意识，把创新创业精神融入贯穿整个教学过程中；结合本课程的特点，特别强调和注重培养学生资源再回收利用的环保意识。

7.8.3　思政元素融入教学知识点计划与安排

7.8.3.1　绪论（2学时）

（1）知识点：高分子材料的发展简史；高分子合成工业的工艺安全管理以及对环境、健康和安全的影响。

（2）思政元素：爱国情怀；"天然""绿色""环保"理念。

（3）融入路径：查阅相关文献、书籍，结合现代报道，列举相关实例，培养爱国情怀，为民族复兴奉献自己；结合现代人们日常的生活习惯和社会发展对高分子材料的需求日益增多，废弃高分子材料的回收利用显得尤为重要，引导和告诫学生从小事做起、从自我做起，减少高分子材料的废弃，提高其回收利用率。

7.8.3.2　高分子化合物的生产过程（2学时）

（1）知识点：高分子化合物的生产过程所包括的六大工序；回收过程。

（2）思政元素：责任担当；环保、节能理念。

（3）融入路径：查阅相关文献、书籍，结合现代报道，列举相关实例，培养爱国情怀，为民族复兴奉献自己；在学习回收工序时，培养学生的环保意识和资源再利用，以节能减耗实现可持续发展。

7.8.3.3　生产单体的原料路线（2学时）

（1）知识点：煤炭原料路线。

（2）思政元素：可持续发展的理念。

（3）融入路径：利用网络资源的统计数据展示和说明可持续发展的重要性。

7.8.3.4　通用塑料（8学时）

（1）知识点：LDPE气相本体聚合。

（2）思政元素：节能环保、低碳高效。

（3）融入路径：通过LDPE聚合方法的发展历程的学习，引导学生敢于探索、勇于创新的品格，提倡节能环保、低碳高效的环保意识。

7.8.3.5 工程塑料（8学时）

（1）知识点：工程塑料的合成工艺。

（2）思政元素：发展观。

（3）融入路径：各种树脂合成路线的工艺优化都是在不断朝着绿色环保可持续发展的方向进步。

7.8.3.6 水溶性聚合物（2学时）

（1）知识点：吸水性树脂的制备及其结构与性能。

（2）思政元素：对立和统一。

（3）融入路径：高分子工业的发展和进步推动社会的进步、美化人类的生活，同时也有一定的危害。

7.8.3.7 合成纤维的PET纤维（2学时）

（1）知识点：合成纤维的PET纤维的性能、应用、改性。

（2）思政元素：民族自信心和民族自豪感。

（3）融入路径：我国的纺织品工业在世界范围内起着举足轻重的作用，面向21世纪的技术革命是当代科技工作者的使命担当。

7.8.3.8 合成橡胶（2学时）

（1）知识点：合成橡胶的发展简史。

（2）思政元素：爱国情怀；可持续发展。

（3）融入路径：结合合成橡胶的发展简史，列举实例，融入思政，培养学生爱国情怀、努力学习、报效祖国。

7.8.3.9 高性能聚合物与特种聚合物（2学时）

（1）知识点：高性能聚合物聚酰亚胺。

（2）思政元素：爱国情怀。

（3）融入路径：利用文献资料和数据分析帮助学生学习分析高性能聚合物研究方面的成就和差距，培养和引导学生的爱国情怀，促使学生努力学习，报效祖国。

7.8.3.10 生物基高聚物与生物降解高聚物（2学时）

（1）知识点：生物基聚合物和生物降解聚合物。

（2）思政元素：可持续科学发展观和绿色生态技术观。

（3）融入路径：查阅文献资料了解和掌握可生物降解聚合物的发展动向，培养学生的环保意识和可持续发展理念。

7.8.4　课程思政参考书目及网站

［1］赵进，赵德仁.高聚物合成工艺学[M].北京：化学工业出版社，2020.

［2］赵德仁.高聚物合成工艺学[M].北京：化学工业出版社，2006.

［3］《学习强国》学习平台.

［4］《人民日报》微信公众号.

［5］沈赤.课程思政典型案例选编[M].杭州：浙江大学出版社，2020.

［6］中国知网.

［7］科学网.

7.9　聚合反应工程课程思政教学指南

7.9.1　课程思政说明

“聚合反应工程”是高分子材料与工程专业一门重要的专业主干课程（32学时），要把马克思主义立场观点方法的教育与科学精神的培养结合起来，提高学生正确认识问题、分析问题和解决问题的能力；要注重强化学生工程伦理教育，培养学生精益求精的大国工匠精神，激发学生以科技报国的家国情怀和使命担当。通过我国反应工程发展史及现状，激发学生实事求是以及为化工事业献身的精神，凝练与提升学生的安全意识与环保意识。培养学生以辩证唯物主义的思想方法分析并解决工程问题；通过课程讲授、复习及辅导作业等教学环节，引导学生将所学到的知识和技能转化为内在德行和素养，激发其为国家学习、为民族学习的热情和动力，帮助其在创造社会价值过程中明确自身价值和社会定位。鼓励学生在专业知识学习之余，养成勤锻炼、有情趣、爱劳动的生活取向，发挥高校的学科研究优势、社会网络资源，激活学生的创造活力，将学生培养成品德高尚、专业过硬、体魄强健、热爱劳动的新时代社会主义接班人。

7.9.2　课程思政目标

（1）通过介绍聚合反应工程基础的发展史，激发学生以科技报国的家国情怀和爱校、爱专业的热情，使学生投身专业学习。

（2）培养学生以辩证唯物主义的思想方法分析并解决工程问题；在实验教学中，培养学生正确认识、分析和解决问题的能力，提升学生的思辨力和创新力。

（3）通过课程讲授、复习及辅导作业等教学环节，引导学生将所学到的知识和技能转化为内在德行和素养，激发其为国家学习、为民族学习的热情和动力，帮助其在创造社会价值过程中明确自身价值和社会定位。

（4）鼓励学生在专业知识学习之余，养成勤锻炼、有情趣、爱劳动的生活取向，发挥高校的学科研究优势、社会网络资源，激发学生的创造活力，将学生培养成品德高尚、专业过硬、体魄强健、热爱劳动的新时代社会主义接班人。

7.9.3 思政元素融入教学知识点计划与安排

7.9.3.1 绪论（2学时）

（1）知识点：聚合反应工程基础的主要内容；聚合反应工程发展的历史及现状。

（2）思政元素：可持续科学发展观和绿色生态技术观；文化自信、工匠精神，学无止境、不断探索。

（3）融入路径：让学生掌握有关高分子的基本概念，并建立它们之间的联系，初步了解聚合物材料的结构与性能之间的关系，并对高分子材料的发展史进行简介，通过周其凤等人的事例，鼓励学生养成坚持科学理性、不畏权威、求真务实的科学精神。

7.9.3.2 反应动力学基础（8学时）

（1）知识点：化学反应和反应器分类；均相反应动力学；理想反应器的设计；理想混合反应器的热稳定性；连续流动反应器的停留时间分布；流动模型；停留时间分布与化学反应。

（2）思政元素：辩证唯物主义世界观和科学思维方法；安全教育。

（3）融入路径：通过理论联系实际的案例教学和要求学生课外查阅相关文献、书籍，课堂教学和课外延伸相结合的方式融入科学思维。通过江苏响水化工厂的爆炸事故照片，介绍事故原因和严重后果，培养学生的安全意识，告诫学生在实验室、生产和生活中要注意安全。

7.9.3.3 聚合反应工程分析（2学时）

（1）知识点：聚合反应速度的工程分析；聚合物的聚合度及聚合度分布表示法；连锁聚合反应的平均聚合度及聚合度分布；黏度对聚合反应的影响；均相自由基共聚（理解）；缩聚反应（理解）；非均相聚合反应；流动与混合对聚合度分布的影响。

（2）思政元素：发展观；职业道德。

（3）融入路径：在对四大高分子材料成型加工方法对应设备的进一步学习和了解时融入；用发展的眼光看待事物的本质；启发学生意识到持续学习、终身学习的必要性和重要性。利用文献调研报告考查学生，树立实事求是的科学精神及正确的职业道德观，理解非理性流动的特性，掌握停留分布时间的应用。

7.9.3.4 化工流变学基础（2学时）

（1）知识点：非牛顿流体；非牛顿流体的流变特性；非牛顿流体在圆管中层流流动的分析；非牛顿流体在圆管中的湍流流动；非牛顿流体流变性的测量。

（2）思政元素：科学精神。

（3）融入路径：在了解开炼机和密炼机的悠久的使用历史时，启迪学生明白修炼内功、自身强大的重要性。

7.9.3.5 搅拌聚合釜内流体的流动与混合（6学时）

（1）知识点：搅拌釜内流体的流动状况；搅拌器的构形与选择；搅拌功率的计算；搅拌器的流动特性及转速的确定；搅拌器的混合特性；搅拌釜中的分散过程。

（2）思政元素：科学创新精神。

（3）融入路径：以案例分析讲解传热系数的计算；结合反应动力学方程的推导，培养学生的逻辑思维能力与科学创新精神。

7.9.3.6 搅拌聚合釜中的传热与传质（4学时）

（1）知识点：聚合过程的传热问题；搅拌聚合釜的几种传热方式；搅拌聚合釜的传热计算；搅拌釜内的传质过程；聚合反应釜的安全操作。

（2）思政元素：培养学生将理论知识和实际应用相联系，分析和解决问题的能力。

（3）融入路径：将高分子化学与工程问题结合起来，培养学生通过案例展示实际工业和生活应用。

7.9.4　课程思政参考书目及网站

[1] 李允成，徐心华. 涤纶长丝生产[M]. 北京：中国纺织出版社，1995.

[2] 陈世煌. 塑料成型机械[M]. 北京：化学工业出版社，2006.

[3]《学习强国》学习平台.

[4]《人民日报》微信公众号.

[5] 沈赤. 课程思政典型案例选编[M]. 杭州：浙江大学出版社，2020.

7.10　聚合物改性方法课程思政教学指南

7.10.1　课程思政说明

"聚合物改性方法"是高分子材料与工程专业一门重要的专业选修课程（32学时），高分子材料与人们的生活生产活动密切相关，在人类历史的发展进程中，高分子材料对人类社会作出的贡献是其他任何材料都无法比拟的。在教学过程中，结合课程的特点巧妙地引入思政元素以提高学生对本专业学习的学习兴趣，培养学生的专业素养、加强学生工程伦理教育，培养学生刻苦钻研和精益求精的工匠精神，激发学生以科技报国的家国情怀和使命担当。

7.10.2　课程思政目标

（1）通过本课程的学习，加强对学生世界观、人生观、价值观的培养和教育，传承和创新中华优秀传统文化，积极引导当代大学生树立正确的国家观、民族观、文化观，从而为社会培养德智体美劳全面发展的社会主义接班人。

（2）在理论知识教学中，根据本课程的特点，结合高分子材料与人们日常生活、生产活动、国防、军工等领域的广泛应用，培养学生的学习兴趣，激发学生爱国、爱家、爱生活的热情，培养学生解决复杂工程问题的能力和不畏艰辛、勇于探索的科学精神。

7.10.3 思政元素融入教学知识点计划与安排

7.10.3.1 绪论（2学时）

（1）知识点：聚合物改性的发展简史；改性的方法。

（2）思政元素：爱国情怀和乐于奉献的精神；一切从实际出发的辩证观。

（3）融入路径：通过聚合物改性的发展简史的学习，引入1920年施陶丁格致力于"大分子"化合物的研究到"高分子科学"的确立以及高分子材料为人类文明所作出的巨大贡献的实例，激发学生"强国有我，请党放心"的爱国情怀。掌握聚合物改性的几种主要方法和基本原理，理解一切从实际出发的辩证观。

7.10.3.2 共混改性的基本原理（8学时）

（1）知识点：高分子合金；共混组分的相容性与相容化。

（2）思政元素：正确人生观、价值观、协同合作的精神；团结合作的精神。

（3）融入路径：查阅相关文献、书籍，结合媒体报道，列举相关案例，培养爱国情怀，为民族复兴奉献自己与协同合作的精神。介绍共混组分相容性对共混物性能的影响时可联系团队成员协同合作过程，利用各成员的优势互补达到完成任务的目的，培养学生团结合作的精神。

7.10.3.3 聚合物共混的应用（8学时）

（1）知识点：工程塑料尼龙的共混改性；氟橡胶的共混改性。

（2）思政元素：爱国情怀；对立与统一；理论联系实际。

（3）融入路径：介绍尼龙的共混改性内容时通过提问的方式引导学生对尼龙首次用作工程塑料的应用进行回顾，介绍工程塑料尼龙在第二次世界大战中的作用和用途及其发展历程，激发学生"为中华之崛起而读书"的爱国情怀。根据案例分析说明对立与统一、理论必须联系实际。

7.10.3.4 填充改性及纤维增强复合材料（4学时）

（1）知识点：填充剂的种类；增强纤维的种类；填充体系的性能及填充改性机理；纤维增强复合材料简介。

（2）思政元素：勇于尝试和敢于创新的品格；学习强国。

（3）融入路径：通过填充体系的性能与填充剂的种类和性能之间的关系的学习，导入日本专利技术利用玻璃微珠改性涂料并用于船舶的防腐涂层工艺中的案例，帮助学生理解优势互补，并引导学生勇于尝试和敢于创新的品格。通过学习纤维增强复合材料在航天航空领域中的广泛应用激发学生好好学习报效祖国的决心。

7.10.3.5　化学改性（4学时）

（1）知识点：接枝共聚改性。

（2）思政元素：用发展的眼光看待事物的本质。

（3）融入路径：任何事物不是一成不变的，人们可以利用必要的方法和手段去修饰和完善。

7.10.3.6　实验

（1）知识点：PVA、PAA互穿聚合物网络的制备及其性能测试。

（2）思政元素：理论与实践相统一。

（3）融入路径：高分子工业的发展和进步是在不断地实践与理论提炼中进步与发展的。

7.10.4　课程思政参考书目及网站

［1］王国全，王秀芬．聚合物改性方法 [M].北京：中国轻工业出版社，2020.

［2］王荣国，武卫莉，谷万里．复合材料概论[M].哈尔滨：哈尔滨工业大学出版社，2008.

［3］《学习强国》学习平台.

［4］《人民日报》微信公众号.

［5］沈赤.课程思政典型案例选编[M].杭州：浙江大学出版社，2020.

8 >> 材料化学专业课程

8.1 材料科学基础课程思政教学指南

8.1.1 课程思政说明

"材料科学基础"是材料化学专业的学科基础课（48学时）。在课程教学中，要把马克思主义立场观点方法的教育与科学精神的培养结合起来，提高学生正确认识问题、分析问题和解决问题的能力；要注重强化学生工程伦理教育，培养学生精益求精的大国工匠精神，激发学生以科技报国的家国情怀和使命担当。

8.1.2 课程思政目标

（1）通过介绍材料科学发展史以及我国材料发展成果，激发学生以科技报国的家国情怀和爱校、爱专业的热情，使学生投身专业学习、逐梦无悔青春。

（2）通过融入马克思主义方法论和强化工程伦理教育，引导学生树立工程意识和大工程观，培养解决复杂工程问题的能力和不畏艰辛、勇于探索的科学精神；培养学生正确认识、分析和解决问题的能力，提升学生的思辨力和创新力。

（3）结合工程实际案例，培养学生在材料相关领域内持续学习、追求卓越的精神；结合典型人物案例，引导学生树立进取精神、担当意识，形成良好的职业素养和职业伦理。

8.1.3 思政元素融入教学知识点计划与安排

8.1.3.1 绪论（2学时）

（1）知识点：材料分类；材料组成—结构—性质—工艺过程之间的关系；中国材料和当代先进技术。

（2）思政元素：民族自信、文化自信、专业自信——坚定爱国、爱校、爱专业。

（3）融入路径：讲解人类的发展史就是材料的发展史，具体讲解中国古代金属材料冶炼、铸造、加工技术水平辉煌的历史，加强学生对专业、中华民族悠久历史和文明的理解，增强文化自信；讲解材料发展"卡脖子"的关键技术难题，国际紧张的材料竞争环境，"中国制造2025"的具体内容，提高学生学习专业的紧迫感、责任感和使命感。

8.1.3.2 原子的结构与结合键（2学时）

（1）知识点：原子结构；原子间的结合键。

（2）思政元素：创新精神、职业素养、工匠精神——树立"制造报国、科技报国、创新报国"的理想。

（3）融入路径：课外拓展安排工匠精神系列教育纪录片中央电视台大型纪录片《大国工匠》——大技贵精的学习。在高倍显微镜下手工精磨刀具，即使5 μm的公差也要"执拗"返工的李峰；心有精诚、手有精艺，顾秋亮仅凭一双手捏捻搓摸，便可精准感知细如发丝的钢板厚度；李刚闭上眼睛只凭借双手也能在方寸之间插接百条线路，其研发制造的盾构机核心部件液位传感器打破了国外企业的百年垄断，性能跃居世界第一。

8.1.3.3 晶体结构（6学时）

（1）知识点：晶体学基础；纯金属的晶体结构；合金相的晶体结构。

（2）思政元素：民族自信、科技报国、工匠精神——民族自尊心和爱国荣誉感、科研强国、爱国主义和工匠精神。

（3）融入路径：①让学生了解到FAST突破工程极限的庞大口径是人类在射电望远镜建造领域的一次划时代的突破，再通过与西方国家的望远镜做比较，其灵敏度与综合性能均提高10倍，深刻激发了学生的民族自尊心和爱国荣誉感。②讲解我国在TiAl金属间化合物的研究和应用方面突破的实例。TiAl金属间化合物具有高熔点、轻比重的特点，其脆性禁锢了其在航天航空领域的应用。我国科学家通过刻苦钻研，采用掺Nb的方法，实现了TiAl金属间化合物的强韧性提高，从而实现其在神舟飞船上的应用。③介绍著名晶体学家奠基人之一郭可信院士的典型事迹。1985年郭可信和他的研究组发现五重旋转对称和Ti–V–Ni二十面体准晶，在国际学术界产生重要影响并获得高度评价，被称为"中国相"，并于1987年获得国家自然科学一等奖。

8.1.3.4 晶体缺陷（6学时）

（1）知识点：点缺陷、位错、面缺陷。

（2）思政元素：刻苦钻研、对立统一——培养学生对科研的钻研精神和面对问题迎难而上的勇气与精神，挖掘唯物辩证法三大规律之对立统一。

（3）融入路径：讲解我国晶体结构缺陷研究先驱——冯瑞院士在金属和氧化物晶体中缺陷的组态和起源上的研究对非线性光学晶体微结构化的贡献实例，培养学生对科研的钻研精神和面对问题迎难而上的勇气与精神；分析晶界的作用，尤其是晶界在不同温度下展现的性能特点，挖掘出唯物辩证法三大规律之对立统一，指出客观存在都是矛盾的统一体，而且事物内部矛盾是事物发展变化的源泉和动力。

8.1.3.5 位错基础知识（4学时）

（1）知识点：位错的运动及所受的力、位错间的相互作用、位错与表面的相互作用、位错的形成与增殖。

（2）思政元素：中庸思想——过犹不及。

（3）融入路径：通过介绍位错对材料力学性能的影响阐述过犹不及的自然规律，引发学生讨论和思考。

8.1.3.6　材料的变形（6学时）

（1）知识点：弹性变形、塑性变形、多晶体塑性变形、固溶体合金的变形、多相合金塑性变形、加工硬化、屈服现象及应变时效、塑性变形中材料组织与性能的变化。

（2）思政元素：奋斗精神——奋斗精神铸就青春底色，以知识见识淬炼真本领。

（3）融入路径：由材料强韧化对其性能的显著影响，联想中华文明能够成为四大文明之一并被延续至今，最重要的原因就是中华儿女的勤奋和初心，让学生更加系统地了解中国传统文化的博大精深，激发学生以奋斗精神铸就青春底色，以知识见识淬炼真本领。

8.1.3.7　二元相图（10学时）

（1）知识点：相图基础知识；相图的热力学基础；二元相图；铁碳相图。

（2）思政元素：民族自信、爱国敬业、科学素养——激励学生深层次地理解科技人员爱国敬业以及我国国情、综合国力和实现中国梦之间的辩证关系，激发学生的职业荣誉感和奋斗精神。

（3）融入路径：①启发学生要能根据相图选择合适的热处理工艺，让学生在今后的热处理工艺中要考虑社会、健康、安全、法律与环境等因素。②讲解相图界的"霍金"金展鹏院士，金院士留学期间勤于钻研，首创了三元电子扩散偶——电子探针微区成分分析方法，即轰动国际相图界的"金氏相图测定法"。③介绍师昌绪院士是中国高温合金开拓者之一，发展了中国第一个铁基高温合金，领导开发了我国第一代空心气冷铸造镍基高温合金涡轮叶片。从思想政治角度来看，师院士也是中国材料科学与工程领域中功绩卓著、德高望重的一代宗师及学术领导人，他曾冲破了美国政府的重重阻力回到祖国大地。

8.1.3.8　材料的凝固（6学时）

（1）知识点：材料凝固的基本规律；凝固时的形核；晶体的长大；固溶体的凝固；共晶体的凝固；铸锭组织。

（2）思政元素：文化自信、工匠精神、家国情怀——使学生树立文化自信和工匠精神，学无止境的科学精神和探索探索，激发学生的爱国热情和社会主义制度的优越感。

（3）融入路径：①结合殷商时代的后母戊鼎和明代永乐大钟的铸造过程，拓宽学生的思维与眼界，发展其内心对传统文化的正确认知，使其树立文化自信和工匠精神。②以时间为轴，从"青铜器"到"半导体"，从"冷兵器"到"战斗机"，无一不需要凝固科学与凝固技术。授课过程层层递进，从简单的砂型铸造到先进的特种铸造，融入学无止境、不断探索的精神。③通过启发式教学引导学生掌握凝固原理在特种铸造及新型材料开发过程中的应用，进一步掌握基本知识的同时，融入学无止境的科学精神，结合国家重大工程项目（如三峡大坝发电机组的铸钢件、核电站大型铸钢件、大型船用曲轴铸件等），融入勇于攻克科学难题的思政教育，并激发学生的爱国热情与社会主义制度的优越感。

8.1.3.9 固态扩散（4学时）

（1）知识点：扩散现象；扩散定律；扩散机理和微观理论；柯肯达尔效应和达肯方法。

（2）思政元素：量变导致质变、职业素养——激发学生勇于思考、勇于创新和敢于质疑的勇气。

（3）融入路径：①结合扩散微观机制，两种物质相互扩散，当扩散元素的含量超过基体金属的溶解度时，则随着扩散的进行会在金属表面形成中间相，其本质就是量变导致质变，激发学生树立一以贯之、久久为功的学习态度，使学生勇于思考、勇于创新。②分析渗碳过程的化学变化和时间的关系，让学生理解量变到质变的本质，如何降低温度缩短时间，讲解节能的手段和意义，培养学生的工程思维，形成绿色发展的理念。③李鹤林院士对苏联规定的钻头强韧性指标和渗碳钢含量提出质疑，提出了延长钻头使用寿命的新材料和新工艺，在实验上，先解决渗碳工艺问题，再将代用材料做不同处理，通过全面分析苏联规定的工艺规范和性能指标，建立一套新的、适合我国情况的实验方法和性能指标。

8.1.4 课程思政参考书目及网站

［1］石德柯.材料科学基础[M].北京：机械工业出版社，2012.

［2］郑子樵.材料科学基础[M].长沙：中南大学出版社，2013.

［3］《学习强国》学习平台.

8.2 材料化学课程思政教学指南

8.2.1 课程思政说明

"材料化学"是材料化学专业的学科基础必修课（48学时）。材料化学一直是化学的一个有机组成部分，是与材料制备、加工、服役和分析过程有关的化学。材料化学具有内容广泛、多学科或交叉学科的突出性质，作为化学研究和新材料技术的一个关键领域正在世界范围内获得越来越广泛的重视。在课程教学中，要把马克思主义哲学观点、现代社会主义核心价值观与材料科学精神的培养结合起来，提高学生正确认识材料化学的相关问题、客观分析问题和解决问题的能力；要注重强化学生材料化学基础应用理论教育，培养学生刻苦钻研、努力创新的精神，激发学生以科技报国的家国情怀和使命担当。

8.2.2 课程思政目标

（1）通过介绍材料化学的发展史、我国材料化学的发展史以及我校材料化学专业发展方向，激发学生以科技报国的家国情怀和爱校、爱专业的热情，使学生投身专业学习、逐梦无悔青春。

（2）在理论知识教学中，通过融入马克思主义方法论和强化工程伦理教育，引导学生树立工程意识和大工程观，培养学生解决复杂工程问题的能力和不畏艰辛、勇于探索的科学精神；在实验教学中，培养学生正确认识、分析和解决问题的能力，提升学生的思辨力和创新力。

（3）结合材料应用的实际案例，培养学生在材料化学相关领域内持续学习、追求卓越的精神；结合材料化学发展过程中的典型人物案例，引导学生树立进取精神、担当意识，形成良好的职业素养和职业伦理。

8.2.3　思政元素融入教学知识点计划与安排

8.2.3.1　绪论（2学时）

（1）知识点：材料化学的发展史；我国材料化学的发展史；我校材料化学专业的发展前景；材料的分类；材料化学在各个领域的应用。

（2）思政元素：社会主义核心价值观——"爱国是一个人立德之源、立功之本""实现中华民族伟大复兴的中国梦"的爱国情怀和远大理想；"锲而不舍、敢为人先"的湖工精神。

（3）融入路径：观看我国研发的万米载人潜水器奋斗者号在马里亚纳海沟成功下潜突破1万米达到10058米，创造了中国载人深潜的新纪录的相关视频，引出材料化学的应用领域；分析国内材料化学行业现状，讨论国内先进材料对市场份额的影响，弘扬爱国主义情怀；了解我校材料化学专业的发展前景，激发学生专业学习的积极性。

8.2.3.2　材料的结构（10学时）

（1）知识点：材料微观结构基础，包括元素性质、原子间的键合、晶体学基本概念等；各类材料的结构特征。

（2）思政元素：马克思主义哲学——以辩证的思维看待问题，提高学生辨识能力和责任意识。

（3）融入路径：观看哥伦比亚航天飞机失事的视频，分析其失事的原因——航天飞机外部燃料箱表面泡沫材料安装过程中存在的缺陷，是造成整起事故的祸首，引出材料结构和性能之间的关系，提高学生辨识能力和责任意识；观看我国钢铁材料的发展过程，学习钢铁材料中结构和性能的关系，讲述中国高铁材料研发者——鞍钢集团钢铁研究院郭晓宏教授级高工的工匠故事，培养学生树立正确的人生观、价值观。

8.2.3.3　材料的性能（6学时）

（1）知识点：材料的化学性能、力学性能、热性能、电性能、磁性能和光学性能。

（2）思政元素：实践中检验和发展真理，激发创造创新活力。

（3）融入路径：①科技前沿介绍，2015年上海交通大学钱冬、贾金锋教授领导的研究团队与清华大学徐勇教授合作，通过将锡原子平铺在半导体碲化铋表面上，成功制备出了由锡原子构成的厚度小于0.4nm的锡烯薄膜。通过这些科技前沿的引入可以激发学生的学习兴趣，提升学生学习效果的同时又能渗透科技强国的教育思想。②讨论超导材料领域的大国间竞争，介绍新材料、新工艺在航空航天技术中的重要性和超导材料的特点及应用。③引导学生树立破解超导领域"卡脖子"难题的信心。

8.2.3.4　材料的制备（10学时）

（1）知识点：金属材料的制备；陶瓷工艺；高分子材料的制备；晶体生长技术；气相沉积法；溶胶凝胶法；液相沉积法；固相反应；插层法和反插层法；自蔓延高温合成法；自组装技术。

（2）思政元素：马克思主义哲学的世界观和方法论；质变量变的规律；物质的客观存在；崇尚工匠精神；提高民族自豪感。

（3）融入路径：①原料是自然界客观存在的物质，如二氧化钛原料中的四氯化钛、钛酸四丁酯等都是客观存在的。同一种制备方法可以制备出多种不同材料，在原理上都有一定的规律可循，可以指导新材料的开发。引领学生以量变到质变的视角去看待材料的制备过程，即对于原料而言是一个从有到无的过程，对于产物则是一个从无到有的过程，两者都是一个逐渐变化的过程，即量变到质变的过程。②从电池材料生产过程中的"碳达峰"到"碳中和"，看中国的大国担当。③结合授课内容介绍传统古法陶瓷生产，并配合视频，激发学生的专业自豪感和民族自豪感，同时引出对传统文化的重视、保护、传承的迫切性。④以视频的形式介绍福耀玻璃集团董事长曹德旺，以其传奇的创业经历激励学生，培养学生踏实勤奋、吃苦耐劳、精益求精、实践创新的工匠精神。

8.2.3.5　电子与微电子材料（8学时）

（1）知识点：导电材料；介电材料；半导体材料；微电子材料和芯片。

（2）思政元素：坚定学生信念的爱国情怀、启迪学生思维的科学精神、激发学生兴趣的创新意识、培养学生文化自信和陶冶学生情怀的人文精神。

（3）融入路径：近年来以美国为首的西方国家制裁我国高新技术相关领域的发展，诸如"中兴事件""华为备胎计划"等一系列中美间在高新科技制高点中的摩擦，引发了国民对"中国芯"的热切期盼，激发了青年学子的斗志，坚定学生信念的爱国情怀；观看芯片的制程视频，了解我国芯片生产的现状以及与世界先进水平的差距，启迪学生的科学精神、激发学生的创新意识。

8.2.3.6　复合材料（6学时）

（1）知识点：复合材料的概述；复合材料的命名和分类；复合材料的基体材料；复合材料的增强相；复合材料主要性能和制造。

（2）思政元素：始终坚持从实际出发，理论结合实践，实事求是——基础学科在国家重大战略及关键领域的重要性，"九层之台，起于垒土"。

（3）融入路径：①观看我国高速公路，高铁等基础建设的发展相关视频，从混凝土引出复合材料的概念，加强对复合材料基体材料增强相之间的理解。②介绍复合材料在民用大飞机上的应用及我国在相关领域上的发展现状，与当前世界发展水平的差距，通过这一教学过程，激励新一代青年学生学习材料专业知识的热情和动力，激发学生的家国使命感和爱国主义情怀，使学生立下空天报国，努力学习科学文化知识，有朝一日有本领接力航空梦，助力我国早日实现"中国梦"。③在解决问题过程中激发学生科学的思维方法，提升学生逻辑思辨能力。

8.2.3.7　纳米材料（6学时）

（1）知识点：纳米材料的种类；纳米材料的特性；纳米材料的制备；纳米材料的应用。

（2）思政元素：创新精神；培养学生注意科学素养。

（3）融入路径：①自然界中有很多生物体利用纳米结构从而获得一些独特的性能，在讲授生物体的独特性能和纳米结构之间构效关系时，帮助学生认识到向自然学习的新理念，同时，培养学生对纳米材料学习的兴趣和热情。②在介绍"超塑性"这一知识点过程中，结合我国著名材料科学家卢柯院士研究组关于超塑性纳米晶铜材料的研究成果，鼓励学生不因循守旧，要敢于向权威挑战，培养学生的创新精神。③介绍碳纳米管诞生背景，指明在研究过程中，科学家要注意实验细节。化学气相沉积在可控制备和宏量制备方面采取措施，这些研究持续了三十多年，让学生理解科研是循序渐进的过程，年轻人要耐得住寂寞，要经受诱惑，将自己的人生价值和民族复兴结合在一起。

8.2.4　课程思政参考书目及网站

［1］曾兆华，杨建文.材料化学[M].北京：化学工业出版社，2016.

［2］周志华，等.材料化学[M].北京：化学工业出版社，2006.

［3］《学习强国》学习平台.

［4］《人民日报》微信公众号.

［5］沈赤.课程思政典型案例选编[M].杭州：浙江大学出版社，2020.

［6］"中华人民共和国国家互联网信息办公室"官网.

8.3　材料物理课程思政教学指南

8.3.1　课程思政说明

"材料物理"是材料化学专业的学科基础课（48学时）。在课程教学中，要把马克思主义立场观点方法的教育与科学精神的培养结合起来，提高学生正确认识问题、分析问题和解决问题的能力；要注重强化学生工程伦理教育，培养学生精益求精的大国工匠精神，激发学生以科技报国的家国情怀和使命担当。

8.3.2　课程思政目标

（1）通过介绍材料物理发展史以及我国材料物理发展史，激发学生以科技报国的家国情怀和爱校、爱专业的热情，使学生投身专业学习、逐梦无悔青春。

（2）在理论知识教学中，通过融入马克思主义方法论和强化工程伦理教育，引导学生树立工程意识和大工程观，培养解决复杂工程问题的能力和不畏艰辛、勇于探索的科学精神，培养学生正确认识、分析和解决问题的能力，提升学生的思辨力和创新力。

（3）结合工程实际案例，培养学生在材料物理相关领域内持续学习、追求卓越的精神；结合典型人物案例，引导学生树立进取精神、担当意识，形成良好的职业素养和职业伦理。

8.3.3 思政元素融入教学知识点计划与安排

8.3.3.1 绪论（2学时）

（1）知识点：材料的物理性能在我国国防和军事方面的应用；材料物理性能的研发过程。

（2）思政元素：科学探索中的使命感、责任感、爱国情怀——培养学生技术报国、科技报国的理想，为建设中国特色社会主义伟大事业奋斗终身的坚定信念。

（3）融入路径：理论联系实际，讲解材料的物理性能应用在信息、航空航天等高精尖技术领域的发展；观看张立同院士和黄伯云院士获国家科技进步一等奖的颁奖视频。

8.3.3.2 材料的晶态结构（6学时）

（1）知识点：晶体学基础；金属材料的结构；陶瓷材料的结构；低维材料的结构。

（2）思政元素：内因决定外因——"现象与本质"的哲学规律，辩证统一的唯物主义思想。

（3）融入路径：通过讲解人类对晶体知识的认知来印证"现象与本质"的哲学规律，其经历了一个"由感性到理性、由宏观到微观、由现象到本质"的过程；解说晶体结构对晶体外形、性能的影响，培养学生注重内部修养的意识。

8.3.3.3 晶体缺陷（6学时）

（1）知识点：点缺陷；位错；面缺陷。

（2）思政元素：辩证统一——事物具有两面性，"月满则亏、水满则溢，人满则骄"。

（3）融入路径：以位错密度对材料力学性能的影响来说明事物的两面性，位错密度小会降低材料的强度，位错密度大会增加材料的强度。

8.3.3.4 材料的固态相变（6学时）

（1）知识点：固态相变的概念及分类；多晶型性转变；共析转变；马氏体转变；贝氏体转变；玻璃态转变和非晶态合金。

（2）思政元素：工匠精神、社会主义核心价值观——培养民族自豪感、开拓创新的科学探索精神和勇担当、善创新的时代精神。

（3）融入路径：联系棠溪宝剑的传人铸剑的艰辛过程，引出马氏体转变的研究必要性，增强学生的民族自豪感，培养学生的工匠精神和社会主义核心价值观；结合马氏体的发现典故，讲解马氏体的定义、组织特点和材料强化的一些方法，揭示唯物辩证法的第二规律——质量互变，即事物的发展从量变开始，质变是量变的终结。

8.3.3.5　材料的固态扩散（4学时）

（1）知识点：扩散动力学；扩散机制；上坡扩散；影响扩散的因素。

（2）思政元素：职业素养、创新精神——培养学生的职业道德和敢于质疑的勇气。

（3）融入路径：介绍李鹤林院士在他的本科论文期间对苏联规定的钻头强韧性指标和渗碳钢含量提出质疑，他提出了延长钻头使用寿命的新材料和新工艺。在实验上，先解决渗碳工艺问题，再将代用材料做不同处理，通过全面分析苏联规定的工艺规范和性能指标，建立一套新的、适合我国情况的实验方法和性能指标。

8.3.3.6　材料的电子理论（4学时）

（1）知识点：波函数和薛定谔方程、经典统计和量子统计、自由电子假设、能带理论

（2）思政元素：求真务实精神——培养学生科学的思维方法和严谨的工作态度。

（3）融入路径：通过介绍电子理论的发展过程说明科学在不断发展，科学家们在不断探索、不断追求真理。

8.3.3.7　材料的电学性能（6学时）

（1）知识点：金属导体的导电性；半导体的导电性；离子晶体的导电性；超导电性；热电效应；材料的介电性能。

（2）思政元素：科学探索中的使命感、责任感、家国情怀、创新精神——激发学生对相关物理性能知识深入探索学习的热情和信心，做到学以致用，在培养创新能力的同时培养学生的专业知识学习成就感及相应的科学素养；激发学生的爱国热情和学习动力，从而培养出学生的自主学习意识。

（3）融入路径：①结合美国断供中兴和华为事件，介绍我国半导体材料的行业发展背景和历程，讲述现阶段我国在这一领域取得的成果以及在5G方面的应用，激发学生的学习兴趣和动力，进一步增强学生的爱国热情和民族自尊心。②介绍锂离子电池领域的著名科学家约翰·班宁斯特·古迪纳夫（John B. Goodenough）教授，作为2019年被授予诺贝尔化学奖的"二战"老兵，他传奇而又励志的一生激励着当代青年人应该不断奋斗进取，培养学生独立思考和科学研究的基本素养。③介绍中国超导研究先驱赵忠尧院士在艰难的环境中默默坚守，逐渐将冷板凳坐热，最终发现了世界领先的高温超导材料，推动我国的基础研究。

8.3.3.8　材料的磁学性能（4学时）

（1）知识点：材料磁性能的表征参量和材料磁化的分类；孤立原子的磁矩；抗磁性和顺磁性；铁磁性；强磁材料。

（2）思政元素：文化自信——坚定文化自信、增强学生的民族自豪感。

（3）融入路径：讲述中国古代四大发明之一指南针的故事，充分展示中华民族的伟大聪明才智和在人类文明史上取得的不朽成就。

8.3.3.9　材料的热学性能（2学时）

（1）知识点：材料的热容；材料的热传导；材料的热膨胀；材料的热稳定性。

（2）思政元素：唯物主义思想——事物是发展变化的。

（3）融入路径：在讲授热容理论时，从经典热容理论到爱因斯坦量子热容理论再发展到德拜热容理论，经历了漫长的发展过程，符合"事物是变化发展的"哲学原理，从而加强学生对热容理论的理解和记忆。

8.3.3.10　材料的力学性能（6学时）

（1）知识点：材料的力学性能指标；材料的变形；材料的断裂；材料的疲劳。

（2）思政元素：标准意识、规则意识、法律意识——引导学生在求学和工作过程中培养严谨的实事求是精神。

（3）融入路径：介绍在进行学术和科学研究的过程中，严谨和认真的态度是获得真实实验结果的必要保障，在实验数据中因为"马虎"而导致的错误实验信息，将会直接导致实验失败，甚至在生产或生活中造成巨大的财产乃至生命的损失，比如桥梁、房屋的倒塌案例。

8.3.3.11　材料的光学性能（2学时）

（1）知识点：光与材料的作用；材料的发光和激光；光学材料。

（2）思政元素：科学探索——培养和激励学生不断钻研、精益求精的工匠精神，同时增强学生的民族自豪感。

（3）融入路径：介绍华裔科学家诺贝尔物理学奖获得者高锟是如何面对困难坚持不懈，最终在有关光在纤维中的传输以用于光学通信方面获得突出成就的励志故事。

8.3.4　课程思政参考书目及网站

［1］李志林.材料物理[M].北京：化学工业出版社，2014.

［2］杨尚林，等.材料物理导论[M].哈尔滨：哈尔滨工业大学出版社，2012.

［3］《学习强国》学习平台.

8.4　电化学原理课程思政教学指南

8.4.1　课程思政说明

"电化学原理"是材料化学专业的专业基础必修课（56学时）。主要讲述电化学热力学、电极–溶液界面的结构与性质、电极极化、液相传质步骤动力学、电子转移步骤动力学、化学电源等内容。在课程教学中，把习近平新时代中国特色社会主义思想融入科技报国的理想信念，提升学生认识问题、分析问题和解决问题的能力，引领学生树立正确的世界观、人生观和价值观，使之成为德才兼备的新时代中国特色社会主义事业建设者和接班人。

8.4.2 课程思政目标

（1）在理论知识教学中，介绍我国电化学领域的院士、科学家及其对学科、祖国建设的贡献，激发学生以科技报国的家国情怀；授予学生"由简入繁、由繁化简"等学习科研方法；培养学生积极进取、不畏挫折的精神，提升学生的思维方法和创新能力。

（2）在实验教学中，结合电化学学科实际案例，培养学生勇于探索、追求卓越的精神，塑造学生实事求是、团结协作、敢于担当的美好品格，形成脚踏实地、诚实肯干、开拓进取的职业道德。

8.4.3 思政元素融入教学知识点计划与安排

8.4.3.1 绪论（2学时）

（1）知识点：两类导体；原电池回路与电解池回路；电化学科学的研究对象及应用。

（2）思政元素：电化学领域锲而不舍的追梦人——院士、科学家及其成就。

（3）融入路径：了解我国成为世界上第二个攻克氢燃料电池瓶颈技术的国家；了解我国蛟龙号载人深潜器下潜7020米，位列世界第二，弘扬爱国主义情怀，激发学生专业学习积极性；了解电化学领域中国院士查全性、田昭武、汪尔康、曹楚南、吴浩青等的故事。

8.4.3.2 电化学热力学（6学时）

（1）知识点：相间电位产生的原因；原电池与电解池；平衡电位与稳定电位；可逆电极的种类与辨别方法。

（2）思政元素：科学无国界，科学家有祖国，做德才兼备的新时代中国特色社会主义事业建设者和接班人。

（3）融入路径：查阅相关专利和文献，了解关于电化学热力学的要点和难点；讨论电化学领域的大国间竞争，介绍新材料、新工艺的重要性及应用；引导学生树立正确的人生观、世界观和价值观。

8.4.3.3 电极-溶液界面的结构与性质（6学时）

（1）知识点：电毛细曲线；微分电容曲线；零电荷电位；无机阴离子、无机阳离子、有机分子的吸附规律；充电曲线法；循环伏安法。

（2）思政元素：坚决维护习近平总书记党中央的核心、全党的核心地位，坚决维护党中央权威和集中统一领导，为实现中华民族的复兴贡献自己的力量。

（3）融入路径：对比分析电毛细曲线和微分电容曲线两种理想极化电极-溶液界面结构核心研究方法，对比分析充电曲线法和循环伏安法两种非理想极化电极-溶液界面结构核心研究方法。培养严谨的科学精神和不断努力的"三牛"精神。

8.4.3.4 电极极化（6学时）

（1）知识点：电极极化现象；极化曲线的测量方法、原理与应用；电解池与原电池的极化规律。

（2）思政元素：领悟"物极必反"的哲学原理。

（3）融入路径：以2008年冰灾时湖南大面积停电为例，讲解恶劣天气产生的原因及其对国民经济的影响，犹如电化学领域的极化现象。

8.4.3.5　液相传质步骤动力学（8学时）

（1）知识点：液相传质的三种方式；稳态扩散动力学规律；平面电极上的非稳态扩散。

（2）思政元素：合抱之木，生于毫末——基础学科在国家重大战略及关键领域的重要性。

（3）融入路径：讨论液相传质过程中三种传质方式的特点；从菲克第一定律、菲克第二定律等基本定律的讲解，到基础学科的学习在个人职业发展中的重要性和在国家重大战略和关键领域中所起的重要作用，提升学生逻辑思辨能力。

8.4.3.6　电子转移传质步骤动力学（8学时）

（1）知识点：电子转移步骤的三个基本动力学参数；稳态电化学极化的规律；混合极化动力学规律；双电层结构对电化学反应速度的影响。

（2）思政元素："由简入繁、由繁化简"的科研思路；崇尚工匠精神；提高民族自豪感。

（3）融入路径：同一电极上可发生不同的电极反应，同一电极反应可发生在不同的电极上，但反应速度千差万别，引领学生不断钻研，求真务实；查阅资料分析石墨家族的发展历史，石墨烯是构建零维足球烯、一维碳纳米管和三维石墨的基本单元，并由此产生两个诺贝尔奖，激发学生找准切入点，刻苦钻研，勇攀科学高峰；电子转移步骤动力学的研究方式采取的是"由简入繁、由繁化简"，教授学生此类科学研究方法。

8.4.3.7　化学电源（4学时）

（1）知识点：电池的种类及结构；电池的性能；电池反应动力学。

（2）思政元素：民之从事，常以几成而败之；慎终如始，则无败事——执着钻研探索之于成功的重要性。

（3）融入路径：介绍比亚迪创始人王传福在电池、汽车领域的创业故事，在长期从事技术工作中兢兢业业的孺子牛精神，执着钻研的老黄牛精神和不断探索的拓荒牛精神。

8.4.3.8　实验一　极化曲线的测定及应用（4学时）

（1）知识点：极化曲线的测量原理。

（2）思政元素：安全意识、责任意识。

（3）融入路径：强调实验过程中注意自身与他人安全，防范风险发生，增强个人在科研工作中处理应对突发状况的能力；强调在实验完成离开实验室之前，需断开所有使用过的电源，增强安全意识。

8.4.3.9　实验二　控制电位法测定析氢超电位（4学时）

（1）知识点：极化曲线的测定方法及应用分析。

（2）思政元素：爱惜公共财产，保护环境人人有责。

（3）融入路径：在实验过程中严格按照规范操作实验仪器设备，爱惜公共财产；实验完成后，将使用过的溶液作为废液分类倒入废液桶中，保护好水体环境。

8.4.3.10　实验三　循环伏安法测定铁氰化钾的电极反应过程（4学时）

（1）知识点：循环伏安法的测量原理。

（2）思政元素：实事求是、一丝不苟的科学研究精神，勤俭节约的生活习惯。

（3）融入路径：详细讲解实验核心步骤，电极的认真处理与溶液的纯度是获得理想实验数据的关键；在实验过程中提醒学生溶液配制量能浸泡电极即可，培养学生节约使用试剂的习惯。

8.4.3.11　实验四　镍在碱性溶液中的循环伏安曲线测定（4学时）

（1）知识点：循环伏安曲线的测定方法及应用分析。

（2）思政元素：诚信为本、立德修身——待人以诚信，人不欺我；对事以诚信，事无不成。

（3）融入路径：要求学生自己设计实验思路，强调自主设计的重要性，遇到困难时的解决办法；强调实验操作、记录应该自己完成及学习生活中的诚信等。

8.4.4　课程思政参考书目及网站

［1］李荻.电化学原理[M].北京：北京航空航天大学出版社，2018.

［2］杨辉.应用电化学[M].北京：科学出版社，2015.

［3］《学习强国》学习平台.

［4］《人民日报》微信公众号.

［5］沈赤.课程思政典型案例选编[M].杭州：浙江大学出版社，2020.

8.5　无机非金属材料课程思政教学指南

8.5.1　课程思政说明

"无机非金属材料"是材料化学专业的学科基础课（40学时）。在课程教学中，要把马克思主义立场观点方法的教育与科学精神的培养结合起来，提高学生正确认识问题、分析问题和解决问题的能力；要注重强化学生工程伦理教育，培养学生精益求精的大国工匠精神，激发学生以科技报国的家国情怀和使命担当。

8.5.2　课程思政目标

（1）通过介绍无机非金属材料发展史以及我国无机非金属材料发展成果，激发学生以科技报国的家国情怀和爱校、爱专业的热情，使学生投身专业学习、逐梦无悔青春。

（2）通过融入马克思主义方法论和强化工程伦理教育，引导学生树立正确的世界观、人生观、价值观，践行社会主义核心价值观，增强"四个自信"，具有民族自豪感和爱国情怀、责任担当和国家使命感；培养学生正确认识、分析和解决问题的能力，提升学生的思辨力和创新力。

（3）结合工程实际案例，培养学生在无机非金属材料相关领域内持续学习，追求创新、合作分享的科学态度和学思并重、锐意进取的科学精神；结合典型人物案例，引导学生树立坚持不懈、追求卓越的品格和仁义之心，形成良好的职业素养和职业伦理。

8.5.3 思政元素融入教学知识点计划与安排

8.5.3.1 绪论（2学时）

（1）知识点：无机非金属材料的概念及发展；典型无机非金属材料；新型无机非金属材料。

（2）思政元素：家国情怀、文化自信、专业自信——培养学生民族自豪感、爱国情怀、责任担当、专业认同感、奋斗精神、创新精神和求知欲，增强"四个自信"，树立学术志向、科学精神和科学态度。

（3）融入路径：①通过解读港珠澳大桥及背后的核心人物，引出其所用工程材料——水泥—混凝土，以及水泥—混凝土方面的科技、企业、品牌，外加习近平总书记的高度评价，以激发学生的民族自豪感、爱国情怀、责任担当、专业认同感、奋斗精神、创新精神和求知欲，增强"四个自信"，树立学术志向、科学精神和科学态度。②结合当前相关发达国家在半导体行业对中国技术限制，企图通过高新技术卡住我国半导体芯片行业发展的"卡脖子"这一时代背景，通过重点介绍在无机非金属材料领域中国哪些方面被"卡脖子"，使学生树立危机意识和大局意识。同时，通过讨论华为在5G等相关技术上自力更生打破封锁这一案例，引导学生学习华为居安思危、自力更生、奋勇拼搏的精神。③引用著名科学家爱因斯坦曾经说过的话，让学生认识到教学的目的是在传授知识的同时，培养学生独立思考和独立创新能力。

8.5.3.2 无机非金属材料的结构基础（8学时）

（1）知识点：结合键；晶体结构；非晶态结构；表面结构；硅酸盐熔体。

（2）思政元素：创新精神、职业素养、工匠精神——培养学生创新精神和持之以恒的拼搏精神；治学严谨、实事求是的精神。

（3）融入路径：①新材料的发明和科学家追求真理的创新精神和持之以恒的拼搏精神密不可分。以单层石墨烯的首次制备为例，科学家打破普遍认为单层石墨烯由于表面能过大而不能单独存在这一固有思想，以一种简单胶带剥离法成功获得第一片单层石墨烯，并获得诺贝尔物理学奖。②通过介绍新型无机非金属材料——碳纳米管的发现，是NEC实验室的物理学家饭岛澄男使用高分辨率分析电镜从电弧法生产的碳纤维中意外发现的，引导学生尊重知识、尊重科学，正确处理实验现象，培养学生治学严谨、实事求是的精神。

8.5.3.3　无机非金属材料的性能（6学时）

（1）知识点：热学性能；力学性能；其他物理和化学性能。

（2）思政元素：家国情怀、创新精神——培养学生社会责任感与使命，激发学生学习热情。

（3）融入路径：通过列举无机非金属材料在国民生活、经济、航空航天、高科技等领域的应用，说明科技的发展和社会的进步往往受到材料的制约。材料的更新与发展标志着人类的文明与进步，新型材料的发展程度标志着一个国家的科技水平。通过社会及科学技术的发展对新型材料的要求，培养学生的社会责任感。激发学生学习材料学、投身材料学的热情，鼓励学生为祖国材料事业的发展作出自己应有的贡献。

8.5.3.4　陶瓷（6学时）

（1）知识点：陶瓷材料的分类和制备工艺；陶瓷的组织结构与性能；传统陶瓷材料；新型陶瓷。

（2）思政元素：节能环保——培养学生树立可持续发展、保护环境的意识。

（3）融入路径：从不同烧成工艺、烧成设备、烧成方法等的对比，引出节能降耗的重要意义。指出应该加快节能环保技术的进步，积极推进以节能为主要目标的新设备、新工艺、新技术，提升我国陶瓷产业国际竞争力和影响。

8.5.3.5　玻璃（6学时）

（1）知识点：玻璃的概念和通性；玻璃的形成；玻璃的结构理论；常见玻璃简介。

（2）思政元素：专业自信、民族自信、吃苦耐劳、工匠精神——培养学生专业责任感、民族自豪感和责任感、使命感，吃苦耐劳、踏实勤奋、精益求精的工匠精神。

（3）融入路径：结合玻璃材料在近现代科技发展进程中的重要作用，讲述我国近代科技发展的挫折与艰辛，增强对我国玻璃工业发展的责任感、自豪感和使命感教育；介绍福耀玻璃集团董事长曹德旺，以其甘于吃苦、奋斗实干的职业经历激励学生，培养学生吃苦耐劳、踏实勤奋、精益求精的工匠精神；讲述我国"洛阳浮法"技术的诞生、发展历史以及超薄电子浮法玻璃的重大技术突破，讲述我国汽车玻璃在全球的地位和影响力。

8.5.3.6　水泥（6学时）

（1）知识点：硅酸盐水泥概述；硅酸盐水泥熟料矿物的结构特征；硅酸盐水泥的水化与硬化。

（2）思政元素：专业自信、民族自信、吃苦耐劳、工匠精神、安全生产、法治意识、职业素养——培养学生专业自豪感和社会责任感，培养科学精神和传承与创新精神，树立环保意识，诚信做人、诚信做事、求真务实、精益求精。

（3）融入路径：①通过介绍对资源产生巨大消耗的水泥产业，在环保层面如何用更少的资源消耗和环境代价，满足社会经济建设需求才是水泥行业未来发展的真正价值所在。因此学生要能勇于承担社会责任，推动技术进步，促进水泥行业健康发展，实现水泥的行业价值，成为担当民族复兴大任的时代新人。②以水泥工业龙头企业——安徽海螺水泥的发展规模、首创项目、核心竞争力、国际化程度、国际地位和声誉，增强学生的专业自豪感和社会责任感，培养科学精神和传承与创新精神，树立环保意识。③通过引入废物造成的环境破坏现状、国家战略政策、水泥工业利废、企业转型等素材，激发学生的生态环保意识和专业自豪感，增强责任担当和使命感，培养辩证思维（事物具有两面性）思变能力和创新精神，使学生确立"绿水青山就是金山银山"的经济可持续发展观。④水泥的性能决定着整个建筑物的使用寿命，作为工程师要充分了解水泥的性能和使用场所，提醒同学们在今后的工作中，一定要严把工程质量，不能偷工减料、以次充好，树立"百年大计，质量为本"的思想。

8.5.3.7　耐火材料（4学时）

（1）知识点：耐火材料的分类；耐火材料的组成；耐火材料的宏观组织结构和性能；定形耐火材料；不定形耐火材料。

（2）思政元素：节能环保——培养学生创造精神和奋斗精神。

（3）融入路径：从耐火材料的生产、使用以及废旧耐火材料再生等方面介绍耐火材料对节能环保的重要作用和意义，培养学生创造精神和奋斗精神。

8.5.3.8　无机非金属基复合材料（2学时）

（1）知识点：复合理论；纤维增强无机非金属基复合材料；颗粒增强无机非金属基复合材料。

（2）思政元素：家国情怀、民族自信——培养学生民族自豪感和使命感。

（3）融入路径：介绍黄伯云院士研发的碳碳复合材料在我国航天飞机上的应用。

8.5.4　课程思政参考书目及网站

［1］卢安贤. 无机非金属材料导论[M]. 4版. 长沙：中南大学出版社，2015.

［2］杜景红. 无机非金属材料学[M]. 北京：冶金工业出版社，2016.

［3］戴金辉. 无机非金属材料工学[M]. 哈尔滨：哈尔滨工业大学出版社，2012.

［4］《学习强国》学习平台.

8.6　材料现代分析测试方法课程思政教学指南

8.6.1　课程思政说明

"材料现代分析测试方法"是材料化学专业的专业限选课（48学时）。在课程教学中，要把马克思主义立场观点方法的教育与科学精神的培养结合起来，提高学生选择合适的材料分析测试方法以及构建材料制备、表征及性能关系的科学研究能力。在进行知识传授、能力培养、人格养成的基础上增加价值引领目标，寓道于教、寓德于教、寓教于乐，让融入的思政元素成为学生求学、做人、做事的动力源泉。

8.6.2　课程思政目标

（1）将学科交叉融合的趋势走向、行业发展前景等内容纳入其中，激发学生的创新精神，培养学生创新意识。

（2）加强人文素质和情怀教育，引导学生认知自我，追求真理。培养学生正确认识、分析和解决问题的能力。

（3）结合企业和社会实际案例，培养学生在材料分析测试、化学化工等相关领域内持续学习、追求卓越的精神，形成正确的世界观与人生观。

（4）结合课程教学，培养学生爱国主义意识，增强国家和民族自豪感。

8.6.3　思政元素融入教学知识点计划与安排

8.6.3.1　绪论（2学时）

（1）知识点：材料现代分析测试方法的特点及应用。

（2）思政元素：包装材料污染食品的问题分析。

（3）融入路径：理解材料分析测试在社会服务中的重要作用，提高学生们遵纪守法的意识，以及安全防范意识。

8.6.3.2　X射线衍射分析（6学时）

（1）知识点：X射线衍射基本概念；晶体空间点阵；X射线分析原理；多晶体物相分析；X射线法最新进展及应用。

（2）思政元素：培养学生科学思维、科学方法以及科学精神，引导学生感知求真求实的科学精神和追求理想的科学品质。

（3）融入路径：讲述伦琴如何在艰苦环境下获得第一张X射线的图像，劳厄等发现X射线在晶体中的衍射现象以及英国物理学家布拉格父子提出了布拉格方程，开创了X射线晶体结构分析的历史。讲述X射线衍射分析技术在晶体结构分析、材料研究、病变观察等领域的研究，对科学技术发展产生的深远影响，激发学生开拓创新的科学探索精神。

8.6.3.3　紫外—可见光谱（2学时）

（1）知识点：紫外—可见吸收光谱的概念、原理、影响因素及应用领域。

（2）思政元素：马克思主义物质、运动观点；现象和本质的观点。

（3）融入路径：紫外—可见光与物质发生作用，产生吸收光谱是现象，本质是物质具有可以吸收紫外—可见光的基团；透过现象看本质、全面地看现象、联系观点看现象，告诉同学们读吸收光谱图时，还应思考分子结构的电子能级跃迁。

8.6.3.4　荧光光谱（2学时）

（1）知识点：分子的激发与弛豫；荧光的激发和发射光谱；无机化合物与有机化合物的荧光光谱分析。

（2）思政元素：技术可持续发展以及变革的重要性；感知求真求实的科学精神。

（3）融入路径：查阅资料分析中国发光二极管等荧光材料发展对我国经济的影响，这是与荧光光谱技术的变革紧密相关的；从科学技术如何推动社会生产力的发展，让学生感知中国研发人员的开拓的科学探索精神，激发学生的爱国热情。

8.6.3.5 红外吸收光谱（4学时）

（1）知识点：红外吸收光谱的概念、产生的原理；双原子的振动和转动；振动光谱的解释和应用；各类有机化合物的红外吸收光谱。

（2）思政元素：工具的发展及应用；高新科技在经济建设中的重要地位。

（3）融入路径：介绍矿井瓦斯检测装置中耦合红外吸收光谱技术，实现对矿井瓦斯的集中监控，有效避免发生二次矿难。我们要掌握先进的生产工具，举例说明先进生产工具为人类社会带来的好处。

8.6.3.6 激光拉曼光谱法（4学时）

（1）知识点：激光拉曼光谱的概念、产生的原理、选择定则和拉曼退偏振比；激光拉曼光谱与红外光谱比较、实验技术及在材料领域中的应用。

（2）思政元素：绿色人生；远离毒品，拒绝毒品，从青少年做起。

（3）融入路径：讲述拉曼光谱技术对复杂的毒品样本的检测优势；在解决问题过程中激发学生科学的思维方法，提升学生逻辑思辨能力。

8.6.3.7 热分析技术（6学时）

（1）知识点：热分析概论；热重分析与微商热重法；差热分析；差示扫描量热分析；热分析技术在材料研究中的应用。

（2）思政元素：现代工具运用的重要性；在教学过程中，应充分调动学生在学习过程中的探索性和主动性，激发学生的学习兴趣。

（3）融入路径：介绍利用热分析技术分析工业上铝合金的晶粒细化程度以及评价合金的凝固过程的热力学特征，以指导工业生产；培养学生善于利用现代工具解决问题的能力。

8.6.3.8 扫描电子显微镜（4学时）

（1）知识点：电子与物质的相互作用；扫描电子显微镜结构和成像原理；场发射扫描电子显微镜与电子探针显微镜；扫描电子显微镜制样方法。

（2）思政元素：马克思主义全面的观点，把握事物存在和发展的联系，把握事物对立统一的辩证关系。

（3）融入路径：电子与物质的相互作用产生多种信号，电镜利用多种信号表征材料的内容更加丰富、更全面，培养学生应从多角度、全面地分析问题的能力；从专业角度举例说明通过扫描电镜的形貌分析，初步判断电池正极材料循环和倍率性能衰减的影响因素，激发学生的学习兴趣。

8.6.3.9 透射电子显微镜（4学时）

（1）知识点：电子波与电磁透镜；透射电镜的结构及成像原理；透射电镜制样方法。

（2）思政元素：培养时代新人的劳动素养、团队协作精神和艰苦奋斗精神。

（3）融入路径：介绍中国透射电子显微镜发展的历程，无数科学家在艰苦环境下制造出分辨率为3.4Å，60万倍的DX-4电镜，对科学技术发展产生深远的影响，激发学生开拓创新的科学探索精神。

8.6.3.10 扫描探针显微镜（4学时）

（1）知识点：扫描探针显微镜，即扫描隧道和原子力显微镜的特点，工作原理、工作方式以及应用。

（2）思政元素：教师应注重前后内容的连续性和延续性，引导学生意识到方法创新是材料分析测试仪器发展的源泉，看似越来越先进、越来越高端的仪器设备，很多时候都是在原有仪器设备的基础上稍加改进诞生的，原子力显微镜就是在扫描探针基础上发展起来的。

（3）融入路径：培养大学生的创新能力是现代教育的出发点，也是现代素质教育的基本要求。学科的发展历程，本身就是科学思想和创新意识应用于新工具、新方法，并以之解决新问题的典型实例。

8.6.3.11 实验一 材料吸收光谱测试（4学时）

（1）知识点：吸收光谱产生的原理；溶液配制；紫外可见光谱设备介绍。

（2）思政元素：安全大于天，实验操作应具有安全意识、责任意识；对实验现象及结果应具有实事求是、理论联系实际的科学研究精神；通过试剂的使用量和废液的处置回收讲解，渗透环保意识，培养厉行节约、绿色环保素质。

（3）融入路径：强调应在通风橱里取出浓盐酸进行低浓度溶液配制，以免盐酸挥发损伤眼睛；强调实验过程中注意自身安全的同时也要注意他人安全，防范风险发生，增强个人在科研工作中处理应对突发状况的能力；鼓励学生在实验过程中多思考多探索，具有怀疑和批判精神；在教学中，不断向学生渗透环保意识，让学生了解拥有美好的环境是人民向往美好生活的一部分。在具体分析实验中，注意有毒有害试剂的使用后应科学规范处置。

8.6.3.12 实验二 原子力显微镜测试材料的形貌（4学时）

（1）知识点：原子力显微镜测试原理；原子力显微镜设备介绍；实验操作注意事项。

（2）思政元素：细心操作、遇事冷静、认真分析、灵活运用。

（3）融入路径：运用实例强调安全的重要性，强调用电安全，禁止学生在实验室抽烟。

8.6.4 课程思政参考书目及网站

［1］张锐.现代材料分析方法[M].北京：化学工业出版社，2018.

［2］陶文宏.现代材料测试技术[M].北京：化学工业出版社，2014.

［3］《学习强国》学习平台.

［4］《人民日报》微信公众号.

［5］沈赤. 课程思政典型案例选编[M]. 杭州：浙江大学出版社，2020.

8.7 材料合成与制备工艺课程思政教学指南

8.7.1 课程思政说明

"材料合成与制备工艺"是材料化学专业的学科基础课（48学时）。先修课程有"无机化学""物理化学""材料科学基础"和"材料化学"等。在课程教学中，要把马克思主义立场观点方法的教育与科学精神的培养结合起来，提高学生正确认识问题、分析问题和解决问题的能力；要注重强化学生工程伦理教育，培养学生精益求精的大国工匠精神，激发学生以科技报国的家国情怀和使命担当。

8.7.2 课程思政目标

（1）通过介绍材料科学发展史以及我国材料合成与制备工艺发展史，激发学生以科技报国的家国情怀和爱校、爱专业的热情，使学生投身专业学习、逐梦无悔青春。

（2）在理论知识教学中，通过融入马克思主义方法论和强化工程伦理教育，引导学生树立工程意识和大工程观，培养学生解决复杂工程问题的能力和不畏艰辛、勇于探索的科学精神，培养学生正确认识、分析和解决问题的能力，提升学生的思辨力和创新力。

（3）结合工程实际案例，培养学生在材料合成与制备相关领域内持续学习、追求卓越的精神；结合典型人物案例，引导学生树立进取精神、担当意识，形成良好的职业素养和职业伦理。

8.7.3 思政元素融入教学知识点计划与安排

8.7.3.1 单晶材料的制备（6学时）

（1）知识点：固相—固相平衡的晶体生长；液相—固相平衡的晶体生长；气相—固相平衡的晶体生长。

（2）思政元素：晶体材料在我国社会主义建设、国防和军事方面的应用；结构决定性质，性质决定应用。

（3）融入路径：①爱国情怀和国家自豪感——"为中华之崛起而读书"的爱国情怀；"大鹏一日同风起，扶摇直上九万里"的远大理想。②理论联系生活实际，讲解材料的物理性能应用在信息、航空航天等高精尖技术领域的发展。中国突破发动机单晶叶片核心技术，打破垄断。2015年3月18日，经过一年多的刻苦攻关，中航工业南方在航空发动机复杂型腔单晶叶片核心技术上获得重大进展，已通过装机前评审，一举突破某系列航空发动机无自主研制单晶叶片的被动局面。

8.7.3.2 非晶态材料的制备（6学时）

（1）知识点：非晶态材料的制备。

（2）思政元素："矛盾"的哲学观点，辩证统一的唯物主义思想。

（3）融入路径：人类对非晶态材料的认知很好地印证了"现象与本质"的哲学规律，其经历了一个"由感性到理性、由宏观到微观、由现象到本质"的过程；培养学生注重内部修养的意识，由量变到质变不断提升的辩证规律。

8.7.3.3 薄膜的制备（10学时）

（1）知识点：薄膜的制备。

（2）思政元素：辩证统一——事物具有两面性，"尺有所短寸有所长"。

（3）融入路径：器件的微小型化不仅可以保持器件原有的功能并使之更加强化，而且随着器件的尺寸减小并接近于电子或其他粒子量子化运动的微观尺度，薄膜材料或其器件将显示出许多全新的物理现象。

8.7.3.4 功能陶瓷的合成与制备（4学时）

（1）知识点：功能陶瓷的合成与制备。

（2）思政元素：民族自豪感、工匠精神和社会主义核心价值观。

（3）融入路径：结合我国陶瓷技术的悠久历史，联系现代我国已制成长达100m的Bi超导卷型材料，增强学生的民族自豪感，培养学生的工匠精神和社会主义核心价值观。

8.7.3.5 结构陶瓷的制备（4学时）

（1）知识点：结构陶瓷的制备。

（2）思政元素：职业拼搏的勇气和乐于奉献的精神。

（3）融入路径：随着航空技术的发展，气体涡轮机燃烧室中燃气的温度要求越来越高，并更紧密地依赖于高温材料的研究开发，而结构陶瓷及其陶瓷基复合材料具有耐高温、耐磨损、耐腐蚀、质量轻等优异性能，是最具有希望代替金属材料用于热端部件的候选材料。

8.7.3.6 功能高分子材料制备（2学时）

（1）知识点：功能高分子材料制备。

（2）思政元素："九层之台，起于垒土"。

（3）融入路径：①科学的思维方法和严谨的工作态度——基础学科在国家重大战略及关键领域的重要性，"九层之台，起于垒土"。②在进行科学研究的过程中，严谨和认真的态度是获得真实实验结果的必要保障，在实验数据中因为"马虎"而导致的错误实验信息，将会直接导致实验失败，甚至在生产或生活中造成巨大的财产乃至生命的损失，比如桥梁、房屋的倒塌案例。因此，引导学生在求学过程中培养严谨的实事求是精神也是不可或缺的。

8.7.4 课程思政参考书目及网站

［1］曹茂盛. 材料合成与制备方法 [M]. 哈尔滨：哈尔滨工业大学出版社，2018.

［2］徐崇全. 材料合成与制备 [M]. 北京：国防工业出版社，2010.

［3］《学习强国》学习平台.

8.8 粉体工程与设备课程思政教学指南

8.8.1 课程思政说明

"粉体工程与设备"是材料化学专业的专业任选课（40学时）。在课程教学中，课程思政的提出与实施，不仅符合新时期高校思想政治工作的需要，也是"三全育人"理念的有效举措之一。本课程探索在传授专业知识的同时将思政教育融入日常教学过程中，充分发挥课程育人功能，在传授专业知识和技能的同时，培养学生不断追求真理，勇于探索未知领域的精神，提高学生的辩证思维、科学思维、创新思维能力，提高思想道德水平，进行正确的价值取向引导，培养学生精益求精的大国工匠精神，激发学生努力提升我国制造业水平的家国情怀和使命担当。在课程思政过程中，时刻牢记党中央对当前大学生思想教育的指导方针，以习近平总书记的一系列讲话为指导原则，以社会主义核心价值观为主线，认真解答"为谁培养人"的问题。

8.8.2 课程思政目标

（1）通过介绍我国粉体工程及相关设备的发展史，激发学生以科技报国的家国情怀和爱校、爱专业的热情，使学生投身专业学习、逐梦无悔青春。

（2）牢固树立学生的专业意识，让学生明白所学专业需要掌握的基础知识和技能以及毕业后的职业方向。

（3）在理论知识教学中，通过融入马克思主义方法论和强化工程伦理教育，引导学生树立工程意识和大工程观，培养解决复杂工程问题的能力和不畏艰辛、勇于探索的科学精神。

（4）结合专业实际案例，培养学生在新能源行业内持续学习，追求卓越的精神；结合典型人物案例，引导学生树立进取精神、担当意识，形成良好的职业素养和职业伦理。

8.8.3 思政元素融入教学知识点计划与安排

8.8.3.1 概述（2学时）

（1）知识点：回顾粉体工程学科的发展历史。

（2）思政元素：中国在世界科技史上的地位。

（3）融入路径：对比其他自然学科，"中国制造2025"的实现需要装备业的支持，集合本专业（材料化学）；本专业的发展同样离不开装备业的支持，牢固树立专业意识（专业就是自己的眼睛）。

8.8.3.2 粉体粒度分析及测量（2学时）

（1）知识点：粒度的定义、表征；粒度的测量方法和仪器。

（2）思政元素：方法论——微观，宏观。

（3）融入路径：粉体的宏观性质（总体）受微观（个体）的影响，引申到个人对集体的影响；细节决定成败，人类对微观的探究是永无止境的。

8.8.3.3 粉体填充与堆积特性、粉体的湿润与表面改性（2学时）

（1）知识点：粉体的填充和堆积；粉体与液体的相互作用。

（2）思政元素：个人与集体；团结产生力量。

（3）融入路径：由颗粒最密堆积导入只有团结才能得到最强大的集体；全体中国人民应该紧密团结在党中央的周围。

8.8.3.4 粉碎（磨）过程及设备（12学时）

（1）知识点：粉碎（磨）的基本概念；粉碎的表征；材料的粉碎机理；粉碎工艺的选择；各种粉碎机械的原理和工艺参数。

（2）思政元素：矛盾的普遍性、方法论；设备的开发思路；设备的国产化。

（3）融入路径：从粉体的特性（强度、硬度、韧性）引入矛盾原理，我们不可能找到所有性能都最佳的材料，而是各种性能的综合；从破碎工艺的选择引入方法论，我们应该根据实际情况和目的选择解决问题的方法；观看各种设备的演示动画，分析设备的开发思路以及工艺参数选择。

8.8.3.5 粉碎机械力化学（4学时）

（1）知识点：机械力化学学科的发展历史；粉碎机械力化学作用的机理及应用。

（2）思政元素：学科的综合应用；事物发展的过程。

（3）融入路径：在机械粉碎过程中会同时伴随物理和化学变化，学科综合是当前自然科学发展的重要形式；在机械粉碎的过程中，物料发生的变化就是一个从量变到质变的过程。

8.8.3.6 分级及设备、分离及设备（12学时）

（1）知识点：分级和分离的联系与区别、相关设备的原理和应用。

（2）思政元素：广义和狭义；环保理念；事物的发展规律——螺旋式发展。

（3）融入路径：分离是广义的分级，分级是狭义的分离，引入广义与狭义这一对概念；从收尘设备引入环境保护，由以前生产现场条件恶劣（粉尘）引起工人尘肺病，再引入以人为本的理念。

8.8.3.7 混合与造粒、粉体输送设备（4学时）

（1）知识点：粉体的混合与输送。

（2）思政元素：联系的普遍性。

（3）融入路径：将物料混合可以得到两者单独存在时所没有的性能，引申到合作共赢的道理。

8.8.4　课程思政参考书目及网站

［1］习近平谈治国理政（第一、二、三卷）[M].北京：外文出版社.

［2］司马迁.史记[M].长沙：岳麓书社，2012.

［3］《学习强国》学习平台.

［4］《人民日报》微信公众号.

8.9　功能材料课程思政教学指南

8.9.1　课程思政说明

"功能材料"是材料化学专业的专业课（学时32）。先修课程有"无机化学""物理化学""材料科学基础"和"材料化学"等。在课程教学中，要把马克思主义立场观点方法的教育与科学精神的培养结合起来，提高学生正确认识问题、分析问题和解决问题的能力；要注重强化学生工程伦理教育，培养学生精益求精的大国工匠精神，激发学生以科技报国的家国情怀和使命担当。

8.9.2　课程思政目标

（1）通过介绍材料科学发展史以及我国功能材料发展史，激发学生以科技报国的家国情怀和爱校、爱专业的热情，使学生投身专业学习、逐梦无悔青春。

（2）在理论知识教学中，通过融入马克思主义方法论和强化工程伦理教育，引导学生树立工程意识和大工程观，培养解决复杂工程问题的能力和不畏艰辛、勇于探索的科学精神，培养学生正确认识、分析和解决问题的能力，提升学生的思辨力和创新力。

（3）结合工程实际案例，培养学生在功能材料相关领域内持续学习、追求卓越的精神；结合典型人物案例，引导学生树立进取精神、担当意识，形成良好的职业素养和职业伦理。

8.9.3　思政元素融入教学知识点计划与安排

8.9.3.1　绪论（2学时）

（1）知识点：功能材料发展概况；功能材料的分类及特点。

（2）思政元素："为中华之崛起而读书"的爱国情怀。

（3）融入路径：功能材料在我国社会主义建设、国防和军事方面的应用；爱国情怀和国家自豪感——"为中华之崛起而读书"的爱国情怀；理论联系生活实际，讲解功能材料在信息、航空航天等高精尖技术领域的发展；如我国的飞机制造商，C919客机就面临材料的制造问题，如形状记忆合金的开发及在医学等领域的应用。

8.9.3.2　电性功能材料（4学时）

（1）知识点：电性功能材料。

（2）思政元素："现象与本质"的哲学规律，辩证统一的唯物主义思想——内因决定外因。

（3）融入路径：人类对电性功能材料的认知很好地印证了"现象与本质"的哲学规律，其经历了一个"由感性到理性、由宏观到微观、由现象到本质"的过程。

8.9.3.3　敏感材料（4学时）

（1）知识点：敏感材料。

（2）思政元素：辩证统一——事物具有两面性，"月满则亏、水满则溢，人满则骄"。

（3）融入路径：气敏元件对酒精和一氧化碳特别敏感，广泛用于一氧化碳报警和工作环境的空气监测等。

8.9.3.4　超导材料（4学时）

（1）知识点：超导材料。

（2）思政元素：知行合一。

（3）融入路径：1987年美籍华人学者朱经武，中国物理学家赵忠贤相继发现了在78.5 K和98 K（寒冷液氮区）时出现超导现象的钇钡铜氧系高温超导材料。

8.9.3.5　磁性功能材料（2学时）

（1）知识点：磁性功能材料。

（2）思政元素：文化优势——坚定四个自信，即"道路自信、理论自信、制度自信、文化自信"。

（3）融入路径：讲述中国古代四大发明之一指南针的故事，充分展示中华儿女的聪明才智和在人类文明史上取得的不朽成就，增强学生的民族自豪感。

8.9.3.6　新型能源材料（2学时）

（1）知识点：新型能源材料。

（2）思政元素：科学无止境，探索永不停。

（3）融入路径：科学的思维方法和严谨的工作态度——基础学科在国家重大战略及关键领域的重要性，"九层之台，起于垒土"；结合光电效应；通过对日本科学家藤岛昭的科研经历介绍讲述，通过光合作用和半导体光催化的对比使学生了解到利用太阳能进行环境净化和能源转化的新技术。

8.9.3.7　智能材料与结构（2学时）

（1）知识点：智能材料与结构。

（2）思政元素：唯物辩证法的第二规律——质量互变，即事物的发展从量变开始，质变是量变的终结。

（3）融入路径：结合马氏体的发现典故，讲解马氏体的定义、组织特点和材料强化的一些方法，揭示唯物辩证法的第二规律——质量互变，即事物的发展从量变开始，质变是量变的终结。

8.9.3.8　化学功能材料（2学时）

（1）知识点：化学功能材料。

（2）思政元素：内因与外因的辩证关系。

（3）融入路径：介绍铁电体作为信息存储、图像显示用于仪器仪表、工业控制、家用电器、复印机、打印机、机顶盒、网络设备、游戏机、计算等领域的应用；学习的责任感与使命感——通过讲解这些介电材料的应用机理和方向，增加了学生学习的自豪感。

8.9.3.9　光学功能材料（2学时）

（1）知识点：光学功能材料。

（2）思政元素：科学是永无止境的。

（3）融入路径：介绍华裔科学家诺贝尔物理学奖获得者高锟是如何面对困难坚持不懈，最终在有关光在纤维中的传输以及光学通信方面获得突出成就的励志故事；科学探索——培养和激励了学生的不断钻研、精益求精的工匠精神，同时增强了学生的民族自豪感。

8.9.4　课程思政参考书目及网站

［1］史鸿鑫.现代化学功能材料[M].北京：化学工业出版社，2018.

［2］郭卫红，等.现代功能材料及应用[M].北京：化学工业出版社，2009.

［3］《学习强国》学习平台.

8.10　电池材料制备与性能测试实验课程思政教学指南

8.10.1　课程思政说明

"电池材料制备与性能测试实验"是材料化学专业的专业限选课（64学时），是学生学完专业基础课及实践教学基础上进行的单独实验课，是以实验为手段来研究材料制备和性能以及相应仪器、装置、基本操作和有关原理、方法、数据处理的一门课程。在实验教学中，要把马克思主义立场观点方法的教育与科学精神的培养结合起来，提高学生综合运用所学知识解决实际问题的能力，为学生开展电池材料制备与性能测试方面工作奠定扎实的实践基础。在进行知识传授、能力培养、人格养成的基础上增加价值引领目标，寓道于教、寓德于教、寓教于乐，让融入的"思政元素"成为学生求学、做人、做事的动力源泉。

8.10.2　课程思政目标

（1）通过具体显示典型实验案例，树立质量至上、生命至上的理念。

（2）通过本实验课程教学，学生进一步熟悉材料科学基础的理论知识，掌握电池材料制备实验的基本操作技术，掌握电池材料性能测试技术，并能初步学会设计实验，培养学生实事求是的科学态度和良好的实验习惯，有助于加深对材料化学理论的理解与掌握。

（3）结合实际案例，培养学生在电池材料制备及质量控制领域内持续学习的工程意识，引导学生树立进取精神、担当意识，形成良好的职业素养和职业伦理。

（4）在实验教学中，加强人文素质和情怀教育，引导他们认知自我、追求真理。培养学生正确认识、分析和解决问题的能力，追求卓越的精神，形成正确的世界观与人生观。

8.10.3　思政元素融入教学知识点计划与安排

8.10.3.1　实验一　沉淀法制备四氧化三钴负极材料（4学时）

（1）知识点：液相沉淀法制备原理；溶液配制、pH值调节；烘箱及马弗炉使用。

（2）思政元素：安全大于天，实验操作应具有安全意识、责任意识；环保意识、节约意识；对实验现象及结果应具有实事求是、理论联系实际的科学研究精神。

（3）融入路径：强调实验过程中注意自身安全的同时也要注意他人安全，防范风险发生，增强个人在实验过程中处理应对突发状况的能力；强调在化学实验过程中，科学回收处理废固、废液等废弃物，践行"绿水青山就是金山银山"科学理论；鼓励学生在实验过程中多思考多探索，具有怀疑和批判精神。

8.10.3.2　实验二　溶胶凝胶法制备钒酸钠正极材料（6学时）

（1）知识点：溶胶凝胶法制备原理；溶液配制、pH值调节；烘箱、马弗炉及离心机操作；实验操作注意事项。

（2）思政元素：时代新人的劳动素养；团队协作精神和节约意识。

（3）融入路径：讲解实验步骤中，滴加盐酸调节溶液pH值时，应控制好滴速，如果操作不规范可能会得不到溶胶，影响实验数据；在实验过程中培养学生耐心、细致的工作态度，良好的团队协作精神；不测数据时关闭设备电源，养成节约的良好习惯。

8.10.3.3　实验三　室温固相法合成氧化铜负极材料（4学时）

（1）知识点：室温固相法制备原理；烘箱、马弗炉及离心机操作；实验操作注意事项。

（2）思政元素：诚信意识、健康心态；"诚实是人生的命脉，是一切价值的根基"。

（3）融入路径：讲解实验过程中，应控制好实验参数，如果操作不规范可能会得不到纳米氧化铜材料；强调实验操作、记录应该自己完成及学习生活中的诚信等。

8.10.3.4 实验四 材料的理化性能测试（4学时）

（1）知识点：振实密度仪测试方法；设备结构及操作注意事项。

（2）思政元素：时代新人的劳动素养以及诚信意识。

（3）融入路径：强调实验过程中，应将装在量筒中的活性炭粉震实，并读准活性炭粉的体积，以免影响测试的振实密度数据；强调实验操作、记录应该自己完成及学习生活中的诚信等。

8.10.3.5 实验五 材料的热性能分析实验（4学时）

（1）知识点：热重测试原理；设备的结构；测试的注意事项。

（2）思政元素：诚信意识、安全意识、责任意识。

（3）融入路径：强调样品测试时应注意样品装填量及压紧程度；测试过程中将会使用氮气气瓶，强调注意操作的规范性和安全性，以免气瓶倒下伤人。

8.10.3.6 实验六 扫描电镜的样品制备（4学时）

（1）知识点：不同样品（粉末、块状和动植物）的制样方法；超声波清洗器使用。

（2）思政元素：时代新人的劳动素养及劳动技能培养。

（3）融入路径：强调针对不同样品（粉末、块状和动植物），其制样方法不同，否则影响测试效果；强调制样过程中注意操作的规范性，特别是几个粉末样品在同一样品盘上的制样，否则会导致交叉混样，影响测试效果。

8.10.3.7 实验七 材料的形貌观察（4学时）

（1）知识点：扫描电镜的构造以及测试样品的原理；能谱仪测试样品的元素组成。

（2）思政元素：马克思主义全面的观点；实事求是、理论联系实际的科学研究精神。

（3）融入路径：介绍扫描电镜可以利用多种信号去表征材料形貌，使材料形貌呈现的内容更加丰富，更全面，培养学生从多角度、全面地分析问题能力；通过性能衰减的正极材料的形貌测试，分析电池正极材料循环和倍率性能衰减影响因素，激发学生的学习兴趣；鼓励学生在实验过程中多思考多探索，具有怀疑和批判精神。

8.10.3.8 实验八 机械化学法合成锂离子电池正极材料（8学时）

（1）知识点：机械化学法。

（2）思政元素：安全意识，责任意识。

（3）融入路径：强调实验过程中注意自身与他人安全，防范风险发生，增强个人在科研工作中处理应对突发状况的能力；强调实验完成后离开实验室之前，须断开所有使用过的电源，增强安全意识。

8.10.3.9 实验九 锂离子电池正极材料粒度分析（4学时）

（1）知识点：激光粒度测试原理。

（2）思政元素：爱惜公共财产。

（3）融入路径：在实验过程中严格按照规范操作实验仪器设备，爱惜公共财产；实验完成后，使用过的溶液作为废液分类倒入废液桶中，保护好水体环境。

8.10.3.10　实验十　锂离子电池正极配方设计及浆料制备（4学时）；实验十一　锂离子电池正极极片制备（4学时）；实验十二　扣式锂离子电池制作（4学时）

（1）知识点：扣式锂离子电池制备主要工艺流程：浆料制备、极片制备、扣式电池组装。

（2）思政元素：实事求是、一丝不苟的科学研究精神；勤俭节约的生活习惯。

（3）融入路径：详细讲解实验核心步骤，要求学生严格称量试剂用量、控制浆料配制时间、砸制规则极片、滴加合适电解液、正确封装电池，这些均是获得理想实验数据的关键，培养严谨的科研精神；在实验过程中提醒学生控制好铝箔用量以及正极料、导电剂、黏结剂用量，培养学生节约使用试剂的习惯；规范使用手套箱，严格按照操作步骤组装扣式锂离子电池，爱惜公共财产。

8.10.3.11　实验十三　锂离子电池综合电性能测试（8学时）

（1）知识点：锂离子电池工作原理与电化学性能指标。

（2）思政元素：诚信意识、环境保护意识。

（3）融入路径：要求学生自己设计实验思路进行锂离子电池的电性能测试，遇到困难时需想办法解决；强调实验操作、记录应该自己完成及学习生活中的诚信等；测试完成后的扣式锂离子电池须集中放置，由环保公司拖走处理，避免废弃电池污染环境。

8.10.4　课程思政参考书目及网站

［1］钟洪彬. 能源材料与化学电源综合实验教程[M]. 成都：西南交通大学出版社，2018.

［2］陶文宏. 现代材料测试技术实验[M]. 北京：化学工业出版社，2014.

［3］《学习强国》学习平台.

［4］《人民日报》微信公众号.

［5］沈赤. 课程思政典型案例选编[M]. 杭州：浙江大学出版社，2020.